Chen Cheng Zhuan

Chen Cheng
Zhuan

陈诚传

刘波 ◎ 著

中国文史出版社

前　言

　　民国史是中国近代历史上一个既风云激荡、曲折多变，又充满复杂矛盾和激烈斗争的重要历史阶段。在这个特殊的时代，孕育了很多影响深远、独占风骚的历史人物。陈诚就是其中的典型代表之一。

　　陈诚（1898年—1965年），字辞修，浙江青田人，中国国民革命军一级上将，民国史上位居显要的风云人物，历任台湾省政府主席、中国国民党副总裁等职。

　　陈诚自1918年进入保定军官学校第八期炮科学习开始，戎马一生，在近半个世纪的炮火生涯中，职务从排长、连长……直到军长、集团军总司令、战区司令长官、参谋总长，军衔从少尉、中尉、少校……直到陆军一级上将，从军事指挥官、地方行政长官到国民政府和国民党中央最高决策层，成为仅次于蒋介石、主宰台湾政局的第二号人物。

　　陈诚相貌不出众，个头矮小，却凭借出色的才能和特殊的功绩，做到了位极人臣的高位，一生为政清廉，识贤任能，得到了蒋介石的宠信，也是自黄埔成立后蒋介石执政的心腹，有"小委员长"之称。

　　陈诚的一生跌宕起伏，沉浮变幻。

　　在大革命时期，他投身于为巩固两广革命根据地和消灭北洋军阀势力的北伐战争，在诸多战争中，以英勇善战、战功显赫，在军界崭露头角。在南京国民政府建立和巩固统治的过程中，陈诚军事集团是蒋介石的主要支柱之一，陈诚以功劳绩、谋略和战功，以其

1

对蒋氏王朝的忠心，成为蒋氏统治集团中权势显赫的核心人物之一。抗日战争时期，陈诚在正面战场上，曾参加和指挥了驰名中外的"淞沪抗战""武汉保卫战"，之后，又以远征军司令长官要职联合英美盟军谋划对日作战，为夺取抗日战争的胜利做出过贡献。

同时，陈诚军事集团又是蒋介石反共的骨干军事力量，他忠实地执行蒋介石"攘外必先安内"的方针，在江西指挥过第三、第四、第五次对工农红军的"围剿"，曾以前两次损兵折将的惨败、受处分和第五次"围剿"报捷奏功、胜负参半的记录载于史册。解放战争时期，他又在东北战场指挥国民党军队和人民解放军交锋，铩羽而归，受到朝野指责，不得不引咎辞职。在蒋介石退居台湾的初期，陈诚以省政府主席、"行政院长"的铁腕人物身份治理台湾，为蒋氏保留了一块安身立足之地；他主持土改、整顿金融、恢复和发展台湾的生产力、发展外向型经济，对促进台湾的经济"起飞"做出了奠基立业的贡献，台湾人民亲切地送给他"陈诚伯"的称号。他又主持谋划了多种图谋"光复""反攻大陆"的方案，并为阻挡大陆进取台湾在军事上做了诸多努力。但是，在他生命的最终时刻，他又终于丢弃历史的恩怨，不再重弹"反攻"论调。他始终坚持一个中国的立场，反对制造"两个中国"或"台湾独立"，因而受到人们尊重，正如周恩来在陈诚逝世后对他的评价"陈辞修是爱国的人"。

以人为鉴，可以明得失；以史为鉴，可以知兴替。实事求是地记述这样一位寓多种社会矛盾和时代特点于一身的历史人物，对于我们真实地了解这一段错综复杂的中国社会和历史，将会有所启发。

本书在研究和撰写过程中引用和借鉴了学术界的许多研究成果，除在参考书目中列举之外，尚有不少未提及者，在此谨致衷心的感谢。由于作者水平有限，本书错漏缺点在所难免，恳请读者批评指正。

目　录

第一章　作诗铭志，岂怯以貌取人

"春秋战国时吴国人要离也是身材瘦小，仅五尺余，腰围一束，手无缚鸡之力，但足智多谋，能折辱壮士丘祚，并献计残身灭家，最终成功刺杀有万夫不当之勇的吴王僚之子庆忌，人岂可貌相？现在革命正在用人之际，更不可以貌取人！"

蒋介石被说服了，脸上露出一丝丝喜色，连连点头。

耕读之家，顽皮小童

公元 1898 年（光绪二十四年），历史正准备跨进戊戌年，中国历史上著名的戊戌变法像一场酝酿已久的暴风雨，正蓄势待发。

1 月 4 日傍晚，浙江青田高市外村原本晴好的天气，突然间狂风夹杂着豆大的雨点一阵袭来。一户旧式院落中，陈氏家族一个男孩呱呱落地，孩子的响亮哭声惊动了这个瓯江之畔的浙南山村。

母亲看着怀里的孩子，心里高兴又激动，难道刚才的狂风骤雨预示着这个孩子今后将成为一个呼风唤雨的人？当然，这只是一个母亲当时对自己孩子的殷切希望，但日后这个孩子的成就足以让自己的母亲感到欣慰和自豪。

民国史上的风云人物，中国国民党政权中的重量级要员陈诚出生了。

陈诚，字辞修，别号石叟。陈氏是青田县的一个大姓，陈诚的

1

先祖是河南人，三百多年前，陈氏家族跨越黄河、长江，从河南迁往浙江青田。

浙江地处我国东南部，东临东海，南接福建，西与江西、安徽接壤，北与上海、江苏相邻，气候属亚热带，是著名的鱼米之乡。境内最大河流钱塘江，是一条充满青春活力的河流，钱塘江潮气势宏大，古今叹绝，因江流曲折，称之为浙江，省以江名。浙江历史悠久，文化灿烂，是中国古代文明的发祥地之一，更是吴越文化的重要发祥地。自古浙江海运发达，沿海有些著名的港口如宁波等。这里物产丰富，社会开放较早，文化昌盛，乃人文荟萃之邦。

青田县位于浙江东南部，瓯江中下游，因县城北隅麓水田盛产青芝而得名，故又名芝田。境内山峦起伏，溪谷纵横，奇山异景不胜枚举，素有"浙南漓江"之称的瓯江穿境而过，秀丽万千，九山半水半分田，人杰地灵，钟灵毓秀。

陈父应麟，字式文，自幼读书出众，为清朝秀才，后毕业于杭州初级师范学校。因最初开私塾教书，村里人都称呼他陈式文先生。后来到县城一所高等小学当了十余年校长，是一位忠于职守、刚直不阿的教育工作者。在潜移默化之中，他把朴实、坚强的品格传给了儿子。

陈母洪氏是一位典型的中国农村妇女，善良、勤俭、慈祥，一生不以子贵而稍改其常态，常年躬耕劳作，里外事务，亲身亲为。母亲的优良品格，以及给予儿子的淳淳母爱，也在陈诚的性格上打下了深深的烙印。

小时候的陈诚就在偏远的山村一天天长大，最初时他体弱多病，说话较迟，稍大一点儿之后，就变得聪颖、好动，三岁时就开始拆装家里的各种东西，是个无拘无束的小顽童。他童年时的生活与所有乡野顽童一样，喜欢摆弄木头枪、玩水、抓鱼等。陈诚尽管长得不高，却总喜欢打抱不平，因而出名。村里的儿童被人欺凌，他从不袖手旁观。当然有时免不了挥拳相助，即使打不赢，也不会后退半步。

有一次，陈诚和同村的几个孩童在村旁的小溪流玩捉鱼，邻村两个年纪稍大的孩子也来捉鱼，觉得陈诚他们捉鱼的位置更好一些，就要抢他们的位置，陈诚带头先和他们理论，结果邻村的两个孩子仗着自己年纪大，个头也高，根本不理陈诚，几句言语不对路，就和陈诚打了起来。几个人在小溪流里面抱摔滚打，身上脸上全是泥水，最后邻村两个孩子觉得在这个小个子身上占不到便宜，灰溜溜地跑了。因此，小时候陈诚的衣服裤子常被拉破，屡遭父亲责骂，但疼爱儿子的母亲总是默默地为他缝补好。

辗转求学，以诗铭志

1905 年，陈诚不满八岁时，开始从堂伯父上私塾，陈父也亲自督教。十岁时，陈诚入高市小学读书。

高市小学是一排排青石垒圆木盖的小平房，学校的条件和环境非常简陋。教室内的桌椅也是东拼西凑而来的，屋内墙壁破旧不堪，连老师们的办公室也都是挤在一起。这种状况一直维持了二十多年，直到成了国民党高级将领的陈诚回乡捐款重修，并捐助教材器具之后，才有了彻底的改观。

虽然南方天气很暖和，在房内不必穿很多衣服，但对于顽皮的孩子们来说，常常因调皮弄得一身汗，必须常常更换衣服。小学离陈诚家并不远，出了家门走几步路便是学校的操场。贫苦人家的孩子平常都是光着脚，欢快地踏着青石小路上学，而陈诚由于家境稍好则穿着母亲纳的布底鞋上学。

高市小学尽管只是一所偏远山村的小学，但它毕竟是近代教育的全新产物，与旧社会一家一户的私塾不同。学校的课程也比较全面，包括了文化、算术、常识、体育、音乐、美术等课目。

同时，学校更突出培养学生的集体性。不同的年级，组成不同的集体参加各种活动和集会，这样学生们慢慢开始有了一种集体的荣辱感。学校的日程教学活动也更加制度化，上下课打铃，按时按点；每天的课程，严格按课程表实施，周而复始，紧张有序。

一切都与过去的私塾完全不同，这使陈诚感到十分新鲜，学习劲头非常足。

陈诚天资聪颖，成绩非常好。除了读书、写字、背诵外，陈诚还常跟堂兄弟以及村里面的小朋友们一起上山砍柴、放牛，有时还一起到河里游泳。有时他和小朋友们还偷偷溜到树木葱郁的后山去玩耍，虽然大人们经常嘱咐山后面有蛇虫出没，但那里寂无人烟，小伙伴们可以在那里捉迷藏、抓蟋蟀，尽情玩个够。每逢节假日，他们可以参加家里和高市村组织的集体聚会和庆祝活动，这些场合成了陈诚和村里面的小伙伴们童年时最美好的记忆。

青田境内多山，从高市向西行四公里，便是全县及浙南著名的风景区石门洞。陈诚少年时，常从村后或江上来到这里玩耍。

石门洞有两座山峰临江悬壁，高数十丈，相对而立，形如两扇对开门，故名石门。当地人对这两座山峰的叫法各不相同，有的叫它们卧龙、伏虎，有的则称之为鼓山、旗山。实际上，从不同的方位看这两座山，姿态迥异，形似多象，每个人尽可以凭借自己的想象给它定义。

相传历史上著名的明朝开国功臣刘基（字伯温）曾经在石门洞读书，并在这里写下了脍炙人口的《郁离子》一书。

陈诚自幼深受石门风景和名人逸事的熏陶。有一次，陈诚和几个同乡来此游玩，感叹时事时，作诗一首：

> 旗鼓对峙镇山门，
> 昔日文成策主勋。
> 安得驰驱旗鼓出，
> 青天之下扫余氛。

此时的陈诚，以诗言志，自比全力辅佐朱元璋完成明朝统一大业的刘基，立志要冲出石门，干出一番丰功伟绩。

1912年，陈诚十五岁时从高市小学毕业。同村的小伙伴们毕业后大多务农。但陈诚父亲一心想让他留在家里学做小本生意，以分

4

担家里的经济负担，缓解一下同时抚养陈诚几个兄弟姐妹的压力，于是在本村中药铺为他谋了个学徒的差事。但是，陈诚从小便立志要干出一番成就，不甘心这样平淡无华，无所作为。但当时军阀割据，政客争权夺利，时局不宁。加上陈家家境并不富裕，陈诚只好居家，除了在父亲的督教下补习功课外，同时还要帮助操持家务，干一些力所能及的农活。陈诚虽然自小身材瘦小，并不强壮，但相当精干。他白天劳动一天，晚上则伴着一盏昏暗的小油灯读书。

1913 年，陈诚十六岁时瞒着父亲步行五十多公里到处州偷偷考取了浙江省立第一中学。看到儿子如此上进，父亲也只好改变初衷，让他继续念书。但陈诚只在浙江省立第一中学读了一学期便准备休学，因为两个弟弟也紧跟着要上中学，家里条件负担不起了。这时，陈氏家族的五叔公给他出了个主意，要他想法转入师范读公费生，这样可以减轻家庭负担。

有一天，父亲陈式文正在书房里看书，陈诚走进去，默默地站在书桌前。

陈式文见儿子好像有心事，把书合拢，问他："有什么事？"

陈诚犹豫了半天，吞吞吐吐地说："我想退学。"

父亲一时没有反应过来，问："怎么啦？"

陈诚脸色严肃地说："家里条件不宽裕，敬修、勉修两个弟弟还要上学读书。"

父亲听了不知该如何回答，只是问："起初是你自己好不容易考上的，现在退学了，不是太可惜了吗？"

陈诚如实说出了自己的想法："我想去考公费的师范，这样既可以继续上学，也可以减轻家中的负担。"

原来，儿子早已经有了主意，做父亲的感到非常欣慰，露出了满意的笑容。他摸了摸陈诚的头，并叮嘱了几句，便点头同意了。

1913 年初秋，陈诚身穿一件灰白色的旧长褂，肩挑几个包袱，在父亲的陪同下，来到处州十一师范学校入读本科第二班。

面对来之不易的求学机会，陈诚非常珍惜。入学后他学习异常勤奋刻苦，成绩优异，深得学校老师、同学的称誉和褒奖。除了文化成绩优秀之外，陈诚还特别喜爱体育，擅长单杠、双杠、足球、排球、尤其喜欢棍棒，每次体育课，对于陈诚来说，真是如鱼得水。每天清晨，陈诚都会比其他同学早起半个时辰，锻炼一番臂力。1913年秋冬时节，陈诚第一次参加师范学校运动会，就获得了个人总分第一名。

除了钟爱体育，陈诚还很喜爱数学和书法。在陈诚看来，这两门课具有一种特殊的魅力，它们可以培养人严谨的思维和诚恳的态度。因此，在师范学校读书的几年里，陈诚特别喜爱这两门课，这也为他后来严谨的处事原则和坚强的性格打下了基础。

1917年岁末，陈诚就要从师范学校毕业了。当时的师范学生是享受公费待遇的，入学的学生大多数都是穷苦人家的子弟。按当时学制规定，凡是师范毕业生必须先教书两年，才能从事其他工作。毕业的时候，同学们个个都心情喜悦，喜笑颜开。但陈诚不仅高兴不起来，反而暗地落泪。

同学问他为何闷闷不乐，他说："在师范学到的这些东西，还不足以踏上社会，自力更生，若想到其他高等院校进修，我家又无力支持我，今天毕业，明天就可能失业，哪里高兴得起来啊？"

师范毕业后，陈诚并没有马上找到工作。此时，陈式文还是青田县唯一的高等小学校长，陈诚到县城看望父亲时，正好该校缺少体育教师。高等小学的老师都知道陈诚体育不错，便让校长直接录用他，但陈式文坚决不同意。

陈式文说："现在青田很多绅士正在到处找我的不是，我若录用了自己的儿子，正好授人以柄，说我以公谋私，岂不是被人说道了吗？"

陈诚不愿给父亲添麻烦，便准备回家待业了。

邂逅同乡，入学保定

陈诚从县城回家后，一边帮助母亲和兄弟姐妹干些家务活，一边思考着自己的出路。正苦于无路可走时，报上登出了杭州体育专门学校招生的简章，陈式文即刻命陈诚赴考。陈式文的想法是：体专毕业当个中学教员，也比当小学教师强。

因此，陈诚又赶赴杭州，插班考上杭州体育专科学校。这所体育专科学校修业期限很短，只有半年时间，毕业后就可以参加工作。但陈诚毕业后，没有找到合意的工作。

此时的杭州一片安宁祥和，风景如画。秀丽的西湖迎接着游人一张张绽开的笑脸，平静的湖水被微风拂起片片涟漪，湖面上游人泛舟休闲，好不惬意。此时的陈诚觉得自己正像湖面上的一叶孤舟，飘忽无定；前途更是如雨后云雾中的楼阁亭台，虚无缥缈。灵隐寺前山石上的胖罗汉旁永远刻着一对名句：大腹便便，容天下难容之事；笑口常开，笑天下可笑之人。

陈诚脸上露出一丝苦笑，心里不禁暗自揣测：胖罗汉毕竟只是石雕的，它可以始终挺着大肚，笑口常开。但是如果它像人一样有血有肉，估计也不会有那样神奇的雅量了。

湖光美景，在此时的陈诚眼里都黯然失色。

陈诚心里满是惆怅，怀揣师范和体专两张文凭，却寻找不到一个满意的职业。于是，他来到杭州长途汽车站，决定先返回家乡青田，再从长计议。

人生的道路变幻莫测，真可谓差之毫厘，失之千里。正在为前途彷徨的时候，命运之神将好运气悄悄降临到了陈诚头上。

刚到杭州车站，陈诚巧遇同乡前辈杜志远，他刚刚当选北平政府国会议员，北上就职正好路过杭州。

杜持，字志远，小溪北山人，陆师毕业后，曾任中将师长。与当时北山的杜师业（冠卿）、杜师预（佐园）、杜师甫三兄弟一起被誉为"北山四杜"，蜚声遐迩。与当时的保定军校有密切关系。在皖系实力当初只有三师四旅时，杜志远就是一员师长。段祺瑞执政时，操纵北京政府，杜志远可谓炙手可热。而机缘巧合，杜志远与陈诚父亲陈式文是挚友，青田历任县长都不敢换陈式文的校长职位，可能就是因为他有杜志远师长做靠山。

杜志远在车站偶然之间听到熟悉的青田口音，回头一看是一位个头不高的小伙子，于是向陈诚走过去，杜志远请他帮助暂时看守行李，顺口问道：

"小伙子，你是青田人吗?"

"是，高市村的。"陈诚见是一位前辈，如实回答。

"可知道高市陈式文先生?"

"正是家父。"陈诚两眼一亮，心想难道碰到熟人了?

"太巧了! 令尊乃我挚友!"

车站邂逅，陈诚就如实把家世及此行的意图告诉了杜师长。杜志远看他举止稳重，言语有礼，谈吐得当，是位有志向的青年，便有意提携。

杜志远便说："北京是京畿重地，文化荟萃，进步的机会也多，你是否有意去那边寻求出路?"

陈诚一听，喜出望外，弯腰鞠了一躬："多谢前辈指点!"

杜志远说："那就好! 当下你就不要回青田去了，现在保定军校招生，我介绍你去考保定军校吧!"

陈诚喜出望外，满口答应。后经父母同意，陈诚便由杜志远带领，同赴北京。

此时，在人生的重要关口，陈诚要自己选择前进的道路。

北京，在陈诚的眼里，是一个更广阔、更新鲜的世界。而此时的陈诚根本无心观赏北京的名胜古迹，下车之后就立即到指定地点报名，参加体检。由于陈诚常年钟爱体育运动，身体壮实，除了身体略显矮小之外，各项检查都合格，顺利地过了体检关。

接下来的是学科考试，这对于陈诚来说是一场形势严峻的考验。按照规定，每个报考生都要进行中外地理、中外历史、英文、国文、物理、化学、代数、几何等科目的考试。因为陈诚中学读的是师范，课程设置与普通中学差异很大。此时，陈诚心里没底，显得有些紧张。

对陈诚来说，还有一件让他更担心的事，那就是他借用的是陈德的文凭，顶的也是陈德的名，而不是陈诚，在考官点名时绝不能摆了乌龙。

学科考试卷是密封的，试卷上紧贴着签名条，到交卷时才撕去，只有试卷的后上角藏有考生的号码。初遇这样严格的考试，加上心里还揣着小九九，陈诚不免有些紧张。

考试整整进行了三天，上午考两场，下午考两场。天气炎热，考试内容又不太熟悉，陈诚感到非常吃力，加上每场考试前都要叫号，又提心吊胆怕应错了号，精神异常紧张。这样坚持了三天，他感到疲惫不堪。

各门课程考完后，陆军部军学司司长召集全体考生发表讲话，宣布考生们一旦被录取，首先就要被送到连队去当兵锻炼九个月。他引用了一句孟子的话："天将降大任于斯人也，必先苦其心志，劳其筋骨，饿其体肤……"

陈诚没想到，两千多年前孟夫子的警世名句，今后将成为他的座右铭。

陈诚天生有一股闯劲，他一点儿都不害怕艰苦和锻炼。此刻他最关心的是能不能获得这种锻炼和吃苦的机会。

在令人煎熬的等待中，考试成绩终于出来了。可是陈诚的成绩不佳，未能入选录取名单。

没能正式录取，只能想其他的办法。

经过杜志远向陆军部军学司司长疏通，将陈诚列为备取第一名。这样既不违背正式录取的严格规定，又有很大的灵活性。但是按照规定，备取生只有当正式录取生出现临时空缺时才能补上；否则没有正式录取生空缺，哪怕是备取第一名也无法录用。此时的陈诚极度渴望能得到替补，心急如焚。

又是一个意外的机缘，帮助陈诚踏上了戎马生涯。

原来，获得考试第一名的考生突然不想投笔从戎，要去高等学府深造。

这真是一个千载难逢的机会！陈诚顺利得到了替补机会。他喜出望外，用"陈德"的名字，侥幸地跨进了保定陆军军官学校。

就这样，一次车站的机缘邂逅加一个意外的替补机会，开启了

9

陈诚一生风云变幻的戎马生涯。

保定陆军军官学校（简称保定军校）是我国近代创办的一所规模较大的正规化军事学校。它是清末以袁世凯为首的北洋军事政治集团在编练新军、结合东西方先进军事技术和军事教育体制的基础上创办的，素有"南黄埔、北保定"的美誉。1912 年正式开办，共办了九期，培养了步兵、炮兵、工兵、辎重兵等科初级军官六千五百余名，是当时培养军官的唯一的全国性学校。为了提高办学质量，从 1918 年起革新招生制度，专门招收大专学校的优秀学生入学。此举不仅提高了学校的声誉，也唤起了青年从军报国的志向。

任职保定军校的教官，不少是留学日本的，治学严谨，规定新生考试及格者，即录取为军官候补生。候补生分配到指定军队入伍九个月，经入伍鉴定合格者，再升入陆军军官学校。过去学生入伍是六个月，第八期学生增加三个月，因此，陈诚这批学员要经过九个月的入伍训练。所以直到 1919 年，陈诚才正式进入保定军官学校第八期炮科班学习。

投身革命，任教黄埔

历史的车轮滚滚向前，在风云变幻的大环境下，每个人都难以保证不受影响。正当保定军校办学进入正轨时，北京政权的争夺战导致保定军校停办。1917 年，国民政府总统是冯国璋，段祺瑞做国务总理。冯国璋属直隶派，段祺瑞为皖系，这样总统府与国务院之间的权力斗争一直没有停歇过，这两派貌合神离，积怨很深。

1920 年 7 月，以段祺瑞为首的皖系军阀和以吴佩孚、曹锟为首的直系军阀，为争夺北京政府统治权在京津地区发动了"直皖之战"。紧挨京津地区的保定军校，在战火纷飞的年代不得已只能暂时关门停办。直皖之战虽然只持续了一周时间，但几个月过去了，保定军校的开学日期仍然杳无音信，于是同学们纷纷到北京打探消息。而此时的北京政府已由直、奉两系军阀控制，政府内外各派系势力又开始了新一轮的明争暗斗，酝酿着新的权力争夺战，无人顾及保定军校恢复办学的事情。

陈诚与第八期的同学们彷徨在北京城，组成了"复校同学会"，奔走呼吁复校也无用。当时，还发生了一件军校学员流落大街而引发社会轰动的事情。

原来，保定军校第八期工兵队一名叫作张煦光的学员在复学无望、生活没有着落的情况下，穿上了军校给每位学员发放的军官服，租了一辆人力车，在北京的大街小巷招揽拉客。

"军官拉人力车，谋生计?"

北京的几家报馆和新闻媒体闻风而动，大肆报道这一奇闻，刊登了这位学员的照片，并对此事大加渲染，一时间社会舆论对北京政府一片倒彩声。

在此兵荒马乱、复学无望的情况下，一向景仰孙中山领导的民主革命的陈诚到广东投粤军一师三团，1920 年，陈诚加入国民党。1921 年 10 月，停课一年多的保定军校终于复课，陈诚又回到了保定军校学习，因此第八期的学生延迟到 1922 年 6 月下旬才毕业。

陈诚从保定军校第八期毕业后，分配到了驻绍兴的浙江陆军第二师第三旅第六团第三连樊崧甫连当见习军官，见习期六个月，一同去的还有他的同学周至柔、周博风、李进德等人。

当时，浙江的军政大权握在夏超手里，他虽是浙江青田人，但与陈诚素不相识，没有任何交情。夏超是前清武备学堂毕业，思想陈旧，观念落后，虽然曾投机革命，但他的初衷不是革命，而是只顾自己升官发财。

陈诚进入陆军第二师后，一直担任排长职务，因为在夏超眼中，陈诚没有社会地位和军事经验，加上陈诚身材不高，又经常受同乡长官的奚落，现实的处境使他内心很苦闷，感觉在这里很难有所作为，时刻都在思考着自己的前途命运。

1922 年 6 月，陈炯明背叛孙中山，邓演达 10 月密赴上海，向孙中山汇报广东和第一师的情况。同年冬天，邓演达奉孙中山之命联络第一师其他各部，配合滇桂军一起东下讨陈，并亲自担任讨陈前锋，很快便重占广州。

此时的粤军同湘军、滇军等部队一样，只是孙中山在广州大元帅府指挥的军队，而不是一支真正意义上的革命队伍。孙中山本人也曾说："我不敢以革命军的名号，加之于这些军队之上，因为他们的组成分子太多繁杂，既没有经过革命的训练，更没有革命的基础。"

孙中山先生为没有自己的革命队伍苦恼，而此时的陈诚也为待在没有革命理想的部队里而苦恼。

1923 年初，孙中山在国民党临时执委第十次会议上提出要筹办军官学校。

这时，陈诚在保定军校第八期炮科班的同班同学邓鸣汉任职建粤军，得知陈诚在浙江不大如意，就来信将邓演达筹建黄埔军校需要教官一事告知，并力邀陈诚去广州。邓演达曾毕业于保定军官学校，当过陈诚的区队长，与陈诚有师生关系。陈诚在浙江早就心灰意冷，加上本来就向往广州的革命，此时邓鸣汉来信邀请，正合陈诚心意，于是立即启程赶赴上海，再赴广州。

这时的陈诚，壮志不伸，穷困潦倒。恰时有一青田好友赵志垚在上海，认定陈诚是振翅欲飞的鲲鹏，非常赞成陈诚此举，认为这是有志青年奔赴革命之路。于是雪中送炭，让妻子卖掉一件皮袄，得光洋十元，给陈诚做南下广东的路费。因此，赵志垚被陈诚引为终身患难与共的知己，后来陈诚发达后，一直把赵志垚留在身边管理财务。而赵志垚也不辜负陈诚厚望。他勤政廉洁，富有才干，把陈诚部队及地方上的财务管得井井有条。

1923 年 3 月，陈诚赴任建国粤军第一师第三团中尉副官，此时的团长是邓演达，营长为严重（号立三，湖北麻城人，保定军校第五期工兵科毕业）。邓、严在军中威信都很高，陈诚来了之后也对严重很敬重。陈诚入职后，刻苦勤奋，严于律己，也得到了邓、严的赏识和信任。4 月，陈诚就调任上尉连长，担任孙中山大元帅府警卫。同年 5 月，陈诚随同孙中山出征西江，在肇庆与冯葆初部队作战时，不幸胸部中弹受伤，在医院治疗时，正好遇到时任大元帅行营参谋长的蒋介石来医院慰问伤员，对陈诚颇加赞赏，这是陈诚和蒋介石的初次结识。

1924 年夏，在国民革命风起云涌之际，中国近代史上决定中国命运的两个政党——中国共产党和中国国民党首度携手合作。中国国民党在苏联和中国共产党人的积极帮助和支持下，进行了改组。孙中山先生高瞻远瞩，决定创办中国国民党陆军军官学校，希望通过创建革命军，来挽救中国的危亡。

陆军军官学校坐落在前清虎门、长洲要塞附近的黄埔岛，四面环水，隔绝城市，地当枢要，实为军事重地，人们习惯称之为"黄埔军校"。这个小岛原本是清代陆军速成学堂和海军学堂的旧址，现在国民革命的紧要关头，它又成了培养挽救中国命运人才的孕育基地，似乎注定它的非凡历史定位。

军校采用军事与政治并重、理论与实践结合的教学方针，为中国革命培养了大批军事政治人才，如聂荣臻、徐向前、林彪、胡宗南、胡琏等。广大黄埔师生在反帝反封建、争取国家统一与民族独立的斗争中立下了赫赫战功，为中国革命做出了重大贡献。作为中国现代史上第一所培养革命干部的新型军事政治学校，黄埔军校后来的影响之深远，作用之巨大，名声之显赫，都是创建之初始料未及的。

黄埔军校创建之初，孙中山先生兼任军校总理，蒋介石为校长，廖仲恺为党代表。在黄埔军校首期学员开学典礼上，孙中山致辞："我们开办这个学校，要用里面的学生做根本，成立革命军，诸位就是将来革命军的骨干，创立了革命军，我们的革命才能成功！"

这时的黄埔军校，就像一轮初升的太阳，充满了革命朝气，生机勃勃。成千上万的有志青年投笔从戎，都纷纷南下广州报考黄埔军校，立志从军报国，一时间"到黄埔军校去"成了青年人奔走相告的口号。

同时赶赴黄埔来效力的还有各个部队的有识之士。粤军中就有不少将领赴黄埔效命。

粤军第一师师长兼军参谋长李济深先是担任军校筹备委员会委

员，后又担任教练部主任。粤军第一师第三团团长邓演达先是担任筹办黄埔军校考试委员会委员，后为教练部副主任兼学生总队长，副团长兼营长严重先为军校入学考试委员，后又成为战术教官。

邓演达和严重与陈诚不仅有上下级关系（陈诚是严重营的连长），而且有师生、同学关系。严重为人正派、谦虚、诚恳、廉洁，对军事学理论有独特的见解。他们与陈诚常有信件往来，通报军校情况。军校在各方人士的努力工作下，办得很有生气。到8月，第二期学生入校时，学校规模就扩大了，需要更多的干部，这时严重已担任了学生队总队长。他写信邀请陈诚到黄埔军校工作。陈诚一向敬重邓演达和严重，因此欣然应邀，9月，他离开粤军第一师到黄埔军校报到，成为军校校长办公厅特别官佐，担负校本部的保卫工作。

陈诚来黄埔之前已是建国粤军独立连少校连长。为了进入黄埔军校，他宁可接受较低的军衔。当他随邓演达来到黄埔时，学校已没有少校的职位，但他仍然愉快地接受了上尉特别官佐的衔职。

"辞修，到了黄埔军衔不升反降，你后悔吗？"时任军校教练部副主任的邓演达问陈诚。

"报告副座，只要能为革命贡献力量，什么军衔都一样！"陈诚很爽快地回答。

"好！说得好。"邓演达很高兴地拍了拍陈诚的肩膀，心里非常欣赏他这种不计一时得失的品格。

黄埔军校大门的上端装嵌着"革命者"的匾额，门两侧赫然醒目地立着"升官发财请往他处，贪生畏死勿入斯门"的对联。在这样的环境熏陶下，军校里面的每一个人都工作努力，刻苦学习。陈诚更是对自己严格要求，除做好本职工作外，一有空就找来孙中山的著作通读研习。

没想到，不久之后一个偶然的机会，竟为陈诚打开了"通天"的大门。

一天晚上，陈诚出外访友。他在广州有许多保定军校的同学。旧友相见，千杯恨少，免不了天南海北地交谈。这一谈，竟谈到了半夜。待他赶回学校时，天边已经泛起了鱼肚白。

同学间的开怀畅叙，使他兴奋不已，加之多喝了两杯，竟一下子无法入睡，索性点上油灯，取出孙中山先生的《三民主义》一书展开阅读。

陈诚读书一向认真，且有在书上圈圈点点的习惯。《三民主义》只是一本小册子，内容不算长，他今天圈圈，明天点点，已经使书上的圈点密密麻麻。此时，他又免不了再圈点一番。

这时的陈诚已是三民主义的"信徒"。他以为，中国只要有了三民主义，就能使混乱的思想和割据的土地凝聚到一起。

凌晨的雾气笼罩着大地，月亮和星星都失去了原有的光辉，大地张开双臂迎接黎明。

陈诚手持《三民主义》来到操场的单杠旁。他放下书，脱去军装，深呼吸两次，活动活动胳膊，便娴熟地在单杠上做起各种动作。

远远地有人向单杠走来。来人身材瘦高，身着一套整齐的军服，后面跟着卫兵。这个人便是黄埔军校校长蒋介石。

蒋介石是黄埔军校校长，办校之初，励精图治，身体力行，每天清晨必定到操场巡视，督训学生操练。平时，校长都是在大家起床出操前半小时动身，提前感受一下黎明前难得的谧静。

但今天，他远远地就看到已经有人提早起床在单杠上运动。

究竟是谁起得这么早啊？出于好奇，校长踱步走了过去。

就这样，命运之神第一次把这未来的君臣召集到了一起。

蒋介石走近一看，是一名上尉在操练单杠。旁边地上放着一本小册子，蒋介石觉得眼熟，一看原来是一本孙中山先生的《三民主义》。

蒋介石心里觉得奇怪，早晨操练，竟然还带着孙先生的书籍，这不寻常啊。

于是，他顺手捡起来，翻开一看见书上有很多圈圈点点，显然书的主人已经认真地反复阅读过了。从所做标记笔迹来看，对于三民主义的要义，似乎已经有所领悟。

这时，陈诚也发现了来人是蒋介石，便立即从单杠上下来，跑步来到校长面前，喘着气报告："报告校长，上尉特别官佐陈诚正在操练，请校长指示。"

"稍息。"蒋介石一边翻阅手中的小册子，一边发出指令。

"这些记号都是你做的吗？"蒋介石指着书上的笔迹。

"报告校长，都是卑职所画，今后还要深入学习领会总理的思想。"陈诚表示。

"你对总理的书研习得很仔细、很认真，很好。我们每一个革命者，都应该认真地阅读总理的著作，贯彻总理的主张。诗曰：风雨如晦，鸡鸣不已。你努力吧！"蒋介石以校长的身份做出了指示。

陈诚意识到，蒋介石的指示中，包含了对自己的褒奖。他恭敬地说："谢谢校长的鼓励。卑职一定牢记校长的谕示。"

此时的陈诚还在为得到蒋介石的褒奖激动不已，而蒋介石则觉得陈诚是个值得栽培的人。他把陈诚的姓名、职务都记到了笔记本上，准备之后找严重总队长打听陈诚的情况。

蒋介石绕着操练场转了一圈之后，走到战术教官严重跟前。

蒋介石望着远处操练的学员，貌似不经意地问道：

"刚才我发现一个人才，他叫陈诚，字辞修。据他说是保定第八期炮科班毕业的，曾在建国粤军第一师当过连长。我想你曾在这个部队干过，也许对他的情况有所了解。"

严重微微一笑，操着湖北口音答道："是的。他在邓演达团当连长，我是他的营长。他在保定军校受训期间，我和邓演达都当过他的队长、区队长。他学习很努力，作战很勇敢。"严重又从其他方面把陈诚好好夸奖了一番。

蒋介石点了点头，却又犹豫道："嗯，这个……这个作为军人，尤其是炮兵，他的身材似乎太矮小了一些吧？"

严重听蒋介石说到了陈诚身材矮小的问题，不禁想起了陈诚在保定军校时的情形，皱了皱眉。当时，正是因为陈诚其貌不扬而差点儿被埋没，现在蒋介石又因此发出疑问，他觉得自己此时的一句话很可能决定一个人才的命运。

严重想了想，说道："春秋战国时吴国人要离也是身材瘦小，仅

16

五尺余，腰围一束，手无缚鸡之力，但足智多谋，能折辱壮士丘祚，并献计残身灭家，最终成功刺杀有万夫不当之勇的吴王僚之子庆忌，人岂可貌相？现在革命正在用人之际，更不可以貌取人！"

蒋介石一边听着严重的话，一边脸上逐渐露出一丝丝喜色，连连点头。

"啊，你说得对。"蒋介石被说服了。

"既然是个人才，那我们就要人尽其用，让他当副官未免可惜，调他当炮兵教官，有机会还可以让他带兵啊！"

当时陈诚可能不会想到这次偶然的晨遇，使他在蒋介石心里留下了极好的印象，也为他日后的飞黄腾达奠定了基础。

后来陈诚青云直上时，国民党内一些眼红的人都说陈诚是蓄意用"灯下苦读"来引起蒋介石的注意，并使其留下深刻的印象。

不过，这些究竟是确有其事，还是嫉妒心使然，已经不值得深究了。

第二章　东征北伐，挥炮屡立奇功

　　陈诚指挥的炮击非常成功，蒋介石快步走出指挥部，来到阵地前，举着望远镜仔细观察，只见炮兵所掠之处，叛军无不死伤遍野，溃不成军。

　　他高兴地向陈诚竖起了大拇指："打得很好嘛！给我继续打，狠狠地打，一定要把这帮背叛革命的狗东西炸得屁股开花！"

　　就这样，陈诚在战场局势万分紧急的情况下指挥炮兵发射的炮弹百发百中，力挽狂澜，如有神助。他也因此得到了"神炮手"的美名。

棉湖神炮，东征扬名

1924年，国共合作的建立打开了中国革命的新局面。一时间，国内工农运动蓬勃开展，革命形势日新月异。

但国共合作开创的革命新局面并不是一帆风顺，反动势力不甘心自动退出历史舞台，广东革命根据地的政局顷刻间风云变幻。

广州革命根据地局势风起云涌，北方也不平静。

1924年10月，冯玉祥在北京发动政变，把贿选总统曹锟赶下了台；不到一个月的11月初，末代皇帝溥仪也被赶出紫禁城。北洋军阀自感南北对峙非长久之计，于是冯玉祥、张作霖、段祺瑞等联名邀请孙中山北上共商国是。

1924 年 11 月 10 日，孙中山发表《北上宣言》，主张"召开国民会议以谋求中国之统一与建设"。孙中山便委任大元帅府秘书长胡汉民为"代帅"，以民主革命家的胸怀，偕夫人宋庆龄，毅然离开广州北上。

就在此时，一直和孙中山有不同革命初衷的军阀陈炯明认为有机可乘，恣意蠢动，自称"救国粤军总司令"，公然出兵攻陷宝安、东莞、石龙等革命根据地。一场异样的硝烟在广东大地升起。

1925 年 1 月，陈炯明以为夺取广州时机成熟，便一方面勾结英帝国主义，另一方面暗中与在广州附近的滇、桂军联络，让他们做内应，然后会同潮汕林虎各部，于 1925 年 1 月 7 日分路向广州进犯。

广州革命人士和黄埔军人对寡仁寡义的陈炯明早已深恶痛绝，随时准备将其消灭，现在陈居然猝然反扑，无不义愤填膺，迅速做好应敌准备，发动了第一次东征。

这次东征"讨陈"，有湘、粤、滇、桂军人参加，号称"联军"。滇军将领杨希闵兼任总司令，同时负责左路军。桂军总司令刘振寰负责中路军。实际上这两人心怀叵测，按兵不动，甚至暗中与陈炯明叛军勾结，中途撤军，阴谋袭击革命军后路，企图夺取广州政权。革命军方面也有所预料，但形势所逼，只能暂且隐忍，徐图各个击破。所以这次东征实际上是以黄埔教导第一团、第二团（1924 年 12 月 3 日，鉴于国内形势的急剧变化，孙中山又指示扩充教导团，成立军校教导第二团，原教导团改为教导第一团）和粤军许崇智部的右路军为主。

蒋介石兼任联军总司令部参谋长，与苏联顾问加伦将军和政治部主任周恩来共同制订作战方案，于 1925 年 2 月 1 日，率黄埔教导团及军校第一、二期学生由黄埔出发，乘船到虎门太平坪。

军校学生虽随军出征，但当时第二期学生尚未结业，所以便在潮州设立分校为第二期学生补课。尔后蒋介石任命何应钦为潮州分校代校长，正式招生，共办了两期。其学员主要是一些收编的各路军阀部队中的中、下级军官。其目的有二：一是提高旧部队军官的素质。这些行伍出身的军官虽有作战经验，但文化素质很低，有的甚至不认字。二是经过改造，达到"杂牌嫡系化"的目的。因为潮州分校第一期结业时间与本校第二期相近，第二期结业时间与本校第四期相近，所以分校第一期享受本校第三期同等待遇，第二期享受本校第四期同等待遇。

当时作为右路军先锋的教导第一团和第二团成立不久，两个团兵员不过三千余人，但是士气旺盛，视数倍之敌如草莽，刚投入战斗便一鼓作气攻克淡水，使叛军受到强烈震撼，继而闻风丧胆。叛军头目林虎匆忙调集兵力一万余人，企图于揭阳、潮汕之间消灭教导团。蒋介石分兵御敌，命教导第一团向棉湖攻击前进，第二团抗击鲤湖来犯之敌。蒋介石亲自在教导第一团督战。

1925年3月12日拂晓，教导第一团在棉湖西北山地与叛军主力一万余人发生遭遇战，蒋介石下令将指挥部设在东北面高地上，炮兵营第一连在指挥部附近设下阵地。

数倍之敌如排山倒海向教导第一团压过来，尽管革命军个个奋勇，人人争先，但也难于阻挡这股"人潮"。蒋介石等指挥官用望远镜观察，发现革命军渐渐难于招架，便命陈诚以炮火支援。

炮兵连当时只有旧式七五炮六门，而且炮弹极有限。陈诚指挥炮兵发射，要求每炮必须命中。所以他总是亲自校准目标，亲自发口令，连续几小时下来，嗓子都喊哑了。步兵都用钦佩和骄傲的目光，注视着这支年轻的炮兵部队。

革命军在炮兵的有力支援下，逐渐扭转战局，稳住了阵脚。

正有转机之时，突然意想不到的情况发生了：炮兵连的六门炮，几乎同时打不响了！因此，那些刚刚被炮火压迫下去的叛军，顿时嚣张起来，再向革命军猛扑。

陈诚见六门炮都打不响了，顿时急得满头大汗，但又检查不出毛病。如果就这样将大炮留在阵地上而无步兵掩护，叛军攻来，就会被夺去，成为杀伤自己人的武器。所以，他急忙命令炮兵们把炮拆卸下来，退下去靠拢指挥部。当时部队兵器都很陈旧落后，大炮既无车辆运输，也无骡马拖拉，完全要靠炮兵们手抬肩扛，其艰苦程度可想而知。

革命军失去了炮兵支援，在叛军的疯狂反扑下败退下来，而且伤亡十分惨重。蒋介石不得不提前投入了预备队。但是叛军多如蝼蚁，铺天盖地般卷来，少数预备队投入，并不能阻挡住叛军的反扑。午后，形势更为紧张，一股叛军甚至攻到指挥部附近，团长何应钦亲率卫士排抵挡，并呼喊着指挥部全体人员都拿起武器参加抵抗。

蒋介石看到情况危急万分，一手握指挥刀，一手握枪，对左右侍从人员喊道："你们都去参加战斗！我们必须坚持住，等待教导第二团赶来支援。如果我们失败了，就无法再回广州，革命就没有希望了！"

他一转身，发现陈诚也拿起步枪，招呼炮兵们参加抵抗，便怒喝道："陈连长！你是炮兵连长，为什么不用炮轰敌人？"

"报告校长，大炮发生故障，打不响了。"

"都发生故障，都打不响了吗？"

"是的……"陈诚一时间也不知所措。

周恩来在一旁，见蒋介石暴跳如雷，便上前拍拍陈诚的肩头鼓励道："辞修，越是紧张越要沉着，我建议你去把炮架起来，检查一下，亲自试试。"

陈诚点头答应："好的。我亲自试一试！"于是他招呼炮兵们赶紧将大炮抬出去，架设在指挥部门前。陈诚等大炮架设好，随手抱起一颗炮弹，就近填入一门大炮炮膛，也没有校准目标便发射了。

"轰！"这一炮居然打响了！而且炮弹正中山下一处水沟旁，这里有一股进攻指挥部未遂，退到隐蔽处做休整，以图伺机再次反扑的叛军，炮弹正好在这伙叛军中间爆炸，可谓"中心开花"！这伙叛军被炸得哭爹喊娘、狼狈逃窜。

陈诚打响了第一炮也兴奋不已，大呼："打响了！打响了！大炮没有故障！大炮没有故障！"随即向炮兵们发口令："各就各位！目标，正前方……开炮！"

一瞬间，六门大炮同时吼叫起来，带着呼啸的炮弹，一枚枚朝叛军飞去，准确地落在人堆中间，瞬间人堆就变得血肉横飞。

叛军眼看革命军的大炮在他们中间"开花"，便一哄而散，弃枪逃命。革命军转败为胜，一路追杀，正好此时钱大钧率教导第二团赶到，进一步增强了革命军力量，叛军很快就招架不住，大部分缴械投降。

陈诚指挥的炮击非常成功，蒋介石快步走出指挥部，来到阵地前，举着望远镜仔细观察，只见炮兵所掠之处，叛军无不死伤遍野，溃不成军。

他高兴地向陈诚竖起了大拇指："打得很好嘛！给我继续打，狠狠地打，一定要把这帮背叛革命的狗东西炸得屁股开花！"

就这样，陈诚在战场局势万分紧急的情况下指挥炮兵发射的炮弹百发百中，力挽狂澜，如有神助。他也因此得到了"神炮手"的美名。

棉湖战役之后，在进行作战总结时，何应钦说："这次多亏炮兵连陈连长在关键时刻用炮火支援了步兵，否则后果不堪设想！"

周恩来也夸奖说："陈连长临危沉着，发炮命中率高，扭转了战局，立下首功！"

蒋介石事后也曾说："棉湖一役，以教导第一团，御万余精十之敌，其危实甚；万一惨败，不唯总理手创之党军尽歼，广东策源地亦不保。"

事实上，陈诚当时并没有检修大炮，只是在周恩来鼓励之下，姑且一试而已。他也没有想到居然打响了，而且几门炮都打响了。现在他还不能准确地说明原因，只是估计，大概因为大炮部件质量不佳，在一阵连续使用后，大炮发热，影响了钢材的硬度，撞针发软，不能将炮弹"底火"撞燃。经过一段时间停射，大炮冷却了，钢材恢复了硬度，所以又打响了。

这不能不说，棉湖之战中陈诚的表现既得益于他心理素质过硬，遇到紧急情况不慌乱，头脑清醒，同时也可以说是陈诚运气较好，敌人给他留下了大炮冷却恢复的时间。但不管怎么说，陈诚因为东征途中的棉湖神炮而扬名。

平定叛军，再立新功

就在黄埔教导团取得节节胜利时，革命军截获了杨希闵、刘震寰与叛军暗中勾结的情报。

原来，杨希闵曾在昆明参加辛亥革命，"二次革命"讨袁失败后，杨希闵回云南任连长。"护国运动"时，杨希闵随蔡锷入川，从连长一路升至团长。后随驻川滇军军长顾品珍率军回滇，赶走督军唐继尧，杨希闵也升至第三旅旅长。其时，孙中山就任非常大总统，积极准备消灭广西军阀陆荣廷和出师北伐。

随着响应孙中山号召的各省部队陆续到达，孙中山命令诸军先攻广西。在进攻广西的战斗中，刘震寰开始崭露头角。刘震寰，广西马平县人，同盟会会员。1911 年，为响应武昌起义，刘震寰同柳州革命党人宣布柳州独立。

"二次革命"时期，刘震寰成立讨袁军，但被沈鸿英发现后电告陆荣廷，说"刘震寰要发动叛变"。陆荣廷命令陈炳焜出兵镇压，刘震寰只身逃往香港。1917 年，刘震寰投奔陈炳焜，被委任为巡防营副司令。当广东各部队奉孙中山之命进攻广西时，刘震寰却临阵倒戈，使陆荣廷迅速溃败，由此被任命为广西陆军第一师师长。

虽然唐继尧来到孙中山麾下，但他只想着恢复云南地盘。1922年春，唐继尧率师回滇，就任孙中山云南北伐军总司令的顾品珍战败自杀，其残部退入广西。而刘震寰奉广州大总统府命令阻击唐继尧的部队时，却私放滇军过去，还送给唐继尧路费。随着唐继尧复辟成功，杨希闵的第三旅又投奔了唐继尧，杨希闵成了光杆司令。顾品珍残部进入广西后，杨希闵又被请回部队当"总指挥"。

时值陈炯明背叛革命，孙中山命杨希闵为中央军直辖滇军总司令，沈鸿英为中央军直辖桂军第一路总司令，刘震寰为直辖桂军第二路总司令，会同其他部队共攻陈炯明。杨希闵等在广西藤县白马庙举行会议，会商讨伐事宜。杨希闵为了麻痹陈炯明，特派滇军将领范石生等到广州，表示滇军志在回滇，请求资助军饷。陈炯明当即赠送广东银洋十万元和礼物若干。谁知杨希闵收下礼物后，立即出兵，于1923年1月率领滇、桂军直入广州，陈炯明残部退据东江。这时粤、湘等军也来会合，于是广州城内各军云集，出现"十三省司令部共存"的局面。

孙中山回广州后，任命杨希闵为广州卫戍司令、中央直辖滇军总司令等职。杨希闵为了扩充势力，将滇军扩编为三个军。正在此时，桂军沈鸿英突袭滇军总部。杨希闵、刘震寰在孙中山指示下立即反击，孙中山又亲自偕杨希闵督战，致使沈军大败，刘震寰在追击途中腿部受伤。

在国民党第一次代表大会上，杨希闵被选为中央执行委员，刘震寰被选为候补中央监察委员。生活清苦、没有地盘的刘、杨部队进入广州后，生活迅速腐化。

有一次，孙中山答应给滇军师长赵成梁做证婚人，但孙中山在婚礼上发现赵成梁极尽奢华后十分不满，还没等开宴就扭头走掉了。

杨希闵将总部设在广州市八旗会馆内。他们抢占了市内的繁华地区，委官设卡，很快掌握了税收大权。孙中山大元帅府成立八个月，财政收入三百二十八万元，而滇军的税收却高达三百一十九万元，桂军一百九十万元。滇、桂两军更以"黄、赌、毒"为业，仅"烟赌税"每月可得八万余元。刘、杨所部士兵毫无军纪，抢劫事件时有发生，人民饱受其苦，连促成白马会盟的莫雄也被滇军抢走了手枪。

孙中山曾气愤地说："我把你们召集来，要听我的话，听我的命令。你们戴着我的帽子，打着我的旗号，糟蹋我的家乡。"

之后，孙中山接受苏联顾问建议，决定创建正规化革命军队后，刘、杨也在广州积极扩军，他们的扩军行为甚至威胁到黄埔军校。1924年11月，黄埔军校从上海招来九十七名新兵，结果被滇军全部截留，蒋介石出面再三请求，才放回三十二人。为了与黄埔军校相抗衡，杨、刘也办起了军校。滇军的军校有一千多人，规模和黄埔军校相仿。前来投军的覃异之，就是先进了刘震寰开的桂军军校，后又转到黄埔军校的。

广州商团暴乱发生后，杨、刘对孙中山坚决镇压的命令阳奉阴违，在事后又抢夺缴获枪支。

虽然广州大元帅府任命刘震寰为广西省省长，但他却遭到新桂系李宗仁、黄绍竑拒绝，只得仍驻广州。1925 年 2 月，刘震寰到昆明联络，准备与唐继尧里应外合，拿下两广。当唐继尧的使者孔庚到达广州后，刘震寰带着他招摇过市。孙中山病逝于北京后，唐继尧宣布就任"副元帅"，出兵侵犯两广，但遭到李宗仁联合杨希闵将领范石生的共同抵御。刘震寰部准备接应，却被追随孙中山的滇系将领朱培德阻止。3 月 20 日，国民党中央否认唐继尧的就职有效，唐继尧却委任刘震寰为广西省军务督办，并准备任命杨希闵为广东军务督办。于是刘、杨联名指责国民党中央执委会。自 4 月 28 日始，滇、桂军不听广州政府的指挥，纷纷向广州集中。5 月中旬，杨希闵潜赴香港，与北洋政府、陈炯明、港英政府等处的代表密谋推翻广东革命政权。

而且，在第一次东征中，杨希闵和刘震寰分别负责左翼和中路进攻，但他们按兵不动，第一次东征胜利后，滇军却积极收编陈炯明残部。

以上种种，足以说明杨希闵和刘震寰早就背离了革命的理想和道路；再加上此时，蒋先云等人在陈炯明部将林虎的司令部查到了杨、刘的电报。胡汉民立刻命人去香港"说服"杨、刘，答应将大本营改组为委员制，杨、刘都可担任委员。但杨、刘二人根本不予理睬。

此时，代理大元帅胡汉民又致电蒋介石，说此二贼阴谋攻打大元帅府，企图夺取广州政权，然后与叛军夹击革命军。

因此，蒋介石感觉到杨希闵和刘震寰成了革命事业前进的一块大绊脚石，必须立刻铲除，于是决定停止东征，回师广州消灭杨、刘二部。

6 月 3 日，代理大元帅胡汉民给杨、刘发出最后通牒，要他们立即服从政府，但遭到拒绝。鉴于此，大本营正式宣布讨伐杨、刘。

但此时的杨希闵，自恃其兵力强大，他满以为革命军被陈炯明的叛军所牵制，即便不被消灭，一时也难脱身，只等陈炯明方面有回音，便动手夺取广州，截断革命军退路。

面对胡汉民的最后通牒，杨希闵嚣张地回答道："请代帅（胡汉民）命令先攻打我们三天，然后我们再回手。"接着，叛军相继占领了省长公署等机关。

然而，杨、刘对自己的部队和对"党军"的战斗力乃至广州人民的人心向背都估计错误。由于当时部队通信联络还十分落后，对于前线战况他们还一无所知。当革命军悄悄回师广州时，杨、刘二人竟然还在安稳地睡大觉。

13日拂晓，东方刚刚出现鱼肚白，大地一片沉寂。

突然，"轰隆！"一声炮响，打破了清晨的静谧。

陈诚指挥大炮，率先吹响了平定叛军的号角。

炮声就是命令。紧跟着炮声、机关枪、步枪和冲锋号也一齐响起。

一时间，地动山摇，杀声震天。

叛军安置在瘦狗岭制高点上的机关枪火力，在炮火中也变得有气无力。

陈诚果断、沉着地指挥着作战，每一发炮弹都准确地飞向目标。同时，步兵在炮兵的掩护下，协同向敌人扑去。革命军将士们一鼓作气，迅速占领了叛军的主阵地。

......

就这样，革命军得胜后的突然杀回，使杨希闵、刘震寰尚不能集合队伍组织有力抵抗，仅一天半的时间，杨、刘驻守广州的部队就在"党军"面前一触即溃，两人相继逃往香港，分散在广州各地的滇、桂军也缴械投降。

革命军再次大获全胜，军威大振，回到广州，国民党中央执委会决定以黄埔教导团为基础进行扩充，于是成立了党军第一旅，何应钦为旅长，并又成立教导三团，壮大革命军力量，做第二次东征之准备。

物以稀为贵，陈诚的炮兵连在棉湖之战中发挥了重要作用，因此炮兵受到重视，所以回到广州后，更加抓紧训练炮兵。

6月15日上午10时左右，陈诚正在操场教练，偶然眺望远处白云山头，隐约发现远处白云山树林中有旗帜晃动，顿觉可疑，于是当即派人前去侦察情况。

原来，杨、刘二部当时虽被击溃，但尚有少部分散驻在外埠，并未受到"清剿"，甚至不知主力已被歼灭。敌军胡思舜残部三四千人由增城方面向广州开来，这种部队本无纪律可言，行军更谈不上队形，自由散漫地在白云山中行走，像是一群赶集的老百姓。

陈诚得到侦察兵回报，知道情况十分危急，已经来不及向上级报告了，便当机立断，就在操场上向白云山发炮。虽是盲目之举，但炮声必惊动友军，他们就会迅速做出应敌准备。

不料，第一炮打去，正好击中军旗，敌军顿时死伤一片，接着炮弹又到，在敌军中"开花"，使得毫无准备的敌军犹如无头苍蝇，在白云山中乱窜。

炮声如同警报，革命军闻警而动，迅速集结，赶赴白云山，很快就将这股敌军全部围歼。

陈诚再次立功，受到蒋介石嘉奖，提升为炮兵第一营营长。当时军队正在扩充，由旅改为师，并扩充成六个团、两个师。第一师师长何应钦，第二师师长王懋功。而后，广东军政府改组为中华民国国民政府，设立军事委员会，取消各军阀部队地方称号，一律改称国民革命军。第一师和第二师编为第一军，蒋介石自兼军长，北伐开始时才由何应钦任军长；第二军军长谭延闿；第三军军长朱培德；第四军军长李济深；第五军军长李福林；第六军军长程潜。而后经汪精卫游说，李宗仁才参加了革命，他的桂军被编为第七军。北伐打到湖南，唐生智部被编为第八军。

虽然这时只有第一军两个师算是比较纯洁的革命军，但经过整编后，各派军阀部队都受到了节制，内部较为团结。此时，再进行第二次东征就比较有把握了。

第二次东征的主攻目标是陈炯明叛军据守的惠州城。

惠州位于广州东面，号称"天险"，一面靠山，三面环水，又有高大坚固的城墙防护，《惠州县志》中曾记载惠州城是"铁链锁狐身，飞鹅水上浮。任凭天下乱，此地永无忧"。

所以，陈炯明企图凭借这个"天险"消耗革命军的力量，然后再伺机反扑。

1925年10月11日，革命军首先扫荡了惠州城外围之敌后，占领了飞鹅岭。当时，陈诚所在的炮兵营阵地就设在飞鹅岭。惠州叛军头目杨坤如自恃兵力雄厚，防守严密，扬言"以逸待劳""后发制人"。

10月11日下午，革命军以第一师为总预备队，第二师第四团为攻城队，进入攻击位置。攻城计划：以炮火集中轰击北门城楼，奏效后，步兵爬城。首先登上城墙的，奖金一百元；随后跟进的奖金二十元；临阵退缩的，立刻枪决。陈诚的山炮连配合第四团攻城，阵地设在下角村南边高地。

13日，开始攻城大战。上午9时45分，陈诚指挥炮兵在下角堪附近开始射击。目标是：公园内敌无线电台及炮兵阵地、敌司令部、北门城楼、城楼左边敌机枪阵地、城楼右边突出部。西南城门由山炮连负责轰击。敌人试图用山炮还击，但只打了三发炮弹，就被东征军炮火击毁。敌人的电台和司令部等也先后中弹起火，北门城楼及矮墙亦被击毁多处。

同时，攻城部队组织了十几个登城敢死队，多为营连长或党代表领队，其中不少是共产党员。下午2时，攻城部队开始对惠州之敌实施攻击。

但是，革命军反复组织敢死队攻城，均被叛军密集火力压迫退回，伤亡惨重。

原来是由于革命军炮兵刚组建不久，只懂得射击城内敌之重点目标，缺乏步炮协同作战经验，没有集中火力摧毁敌人设在城上的重机枪阵地并轰开城墙缺口，为登城队扫除前进障碍。步兵也总是在炮兵还没有给自己攻城创造有利条件前急于冲锋，而城上机关枪阵地既稳又坚固，扫射激烈。

蒋介石因屡攻不克，也来到炮兵阵地，要求炮兵支援登城部队。

陈诚眼看自己的战友被敌人火力吞噬，十分焦虑。

陈诚向蒋介石报告说："报告校长，我军炮兵力量有限，火力不够炽烈，而且远距离射击，很难击中目标。部下建议将炮火集中于北门，近距离射击，摧毁城垛、城垣，打开缺口，为步兵开路！"

陈诚琢磨着炮兵之所以打不掉敌人的侧防机枪，是因为距离太远，观测不准。于是他想将山炮转移到离敌人更近的位置。

蒋介石略微思考，反过来提出了担心："但是炮兵深入是很危险的啊……"

陈诚答道："报告校长，部下认为可在夜间，利用夜幕掩护，将大炮移近北门，并事先调步兵集结于北门，一方面掩护炮兵，一方面做好攻城准备。"

蒋介石虽仍持谨慎态度，但最终还是同意了陈诚的建议，并立即命第三师主力集结于北门，组织好敢死队待命。

经过第一天的五次强攻，攻城步兵前仆后继，部队伤亡很重。除第四团团长刘尧宸、副营长谭鹿鸣牺牲外，冷、杜两营长也负了伤，四团的战斗力削弱了。

总指挥部里也出现消极失败的情绪，但在大多数人的议论下，大家统一了认识：目前剩下的炮弹已经不多，如果迟疑不决，或将战斗推后，势必贻误战机，让敌人派来增援部队，将给整个东征带来不良后果。因此，无论如何要把战斗进行到底，直到胜利。

当夜，东征军指挥部进行了总结，决定改变炮兵使用方法，集中炮火专打北门，以密集火力掩护步兵接近城墙，强行登城。

10月14日凌晨1时，陈诚趁着夜色带炮兵营悄悄潜至惠州城北门，先与第三师会合。同时，又将山炮一连调至距北门城楼约五百米的一个茅舍内，专射敌之侧防机关枪。

团参谋长顾祝同告诉陈诚：步兵已做好攻城准备，并引见第三师敢死队队长少校副营长方靖。

陈诚对方靖说："请你做好准备，我的大炮一响，你就率敢死队登城，不能迟延。"

方靖是久经战场的军官，他明白炮兵本身没有自卫能力，所以这时候是需要步兵协同掩护炮兵，在炮兵攻城时将敌人的火力吸引开。

攻城行动之前，革命军按照当时规定先行发放奖金。顾祝同将奖金交给方靖，方靖领了奖金，当即全部分给队员，自己分文不取。陈诚看了颇为感动，并对有这样一支敢死队配合充满必胜信心。

10月14日凌晨2时，攻城部队再次发起攻击。陈诚的炮兵首先发起攻城行动。他命令炮兵校准目标，一声令下，大炮齐鸣，瞬间就将敌侧防火力全都摧毁。

大炮一响，方靖迅速挥驳壳枪率敢死队乘机将竹梯移至城根下，冒险登城。第一次冲上去，因准备的云梯不够长，退了下来；接着第二次再上，石梯又被城楼上叛军推倒；方靖再接再厉，第三次再上。

城墙下聚集的敢死队战士越来越多，他们利用死角架起云梯，敌人从城楼扔下石头和石灰，但阻挡不住，东征军战士边爬梯边向城上扔手榴弹。

就在这时，陈诚指挥的炮火正巧击中了惠州守将杨坤如设在城上的指挥部，杨坤如见城防将破，大势已去，自己也被炮火击伤，匆忙逃窜。顿时，敌军失去指挥，阵脚大乱，慌乱溃散，方靖成功登城。

至10月14日下午4时，叛军弃城溃逃。号称天险的惠州，在不到三十个小时内，即被东征军所攻克。

第二次东征彻底剿灭了陈炯明叛军，这个投机革命的军阀终于退出了历史舞台。

陈诚因在登城战役中掩护敢死队再次立功，蒋介石传令嘉奖，犒赏大洋五百元，提升陈诚为校本部中校炮兵科长，果然是"大炮一响，前程无量"。

北伐先锋，平步青云

革命军回师后，扫荡残敌，平定商团叛乱，广州革命政权空前稳定。但是，内部争权夺利的斗争却愈演愈烈。

1925年8月20日，国民党左派领袖廖仲恺被刺身亡，广州革命政权内部争权夺利的斗争表面化。

原来，国民党改组以后，其内部分化为左、中、右三派。国民党右派反对反帝反封建的政治主张，反对孙中山的三大政策，打击共产党，破坏国共合作。国民党左派领袖廖仲恺与共产党人真诚合作，认为"想要打倒帝国主义，非与共产党亲善不可"。他积极赞助工农群众运动，亲自做发动农民的工作，全力支持反对帝国主义的省港大罢工。

为了维护孙中山的三大政策，廖仲恺不怕任何威胁，同国民党右派进行了不妥协的斗争。1925年7月1日国民政府成立以后，廖仲恺担任政府委员兼财政部长、军事委员会常务委员。此外，他还兼黄埔军校党代表，成为孙中山去世以后左派的核心、革命政权的中流砥柱。因此，他也就成了帝国主义、地主买办阶级、国民党右派仇恨和集中打击的目标。

从1925年7月起，一些右派分子在帝国主义指使下，多次召开秘密会议计划刺杀廖仲恺。很快，国民党右派分子的计划就付诸实施了。

8月20日早晨，廖仲恺偕夫人何香凝一同驱车去国民党中央执行委员会参加例会，就在惠州会馆门前下汽车时，埋伏在附近的反革命分子突然一拥而上，对准刚下车的廖仲恺连发数枪，廖仲恺当场倒在了血泊中。

廖仲恺被刺后，国民党左派、右派、中间派，还有汪精卫、孙科、戴季陶一些政客纷纷登台亮相。他们彼此暗中勾结，但又因各自心怀鬼胎，所以根本团结不起来，也难于形成一股强有力的政治力量。

这样，就使原本在国民党中地位并不很高的蒋介石有机可乘，他利用黄埔军校的力量，逼迫粤军总司令许崇智下野。

1926年3月18日晚，时任黄埔军校校长的蒋介石指使亲信，以军校驻省办事处的名义，到中山舰舰长（代理海军局局长）李之龙

31

家中传达命令，声称奉校长命令，要海军局速派得力兵舰两艘开赴黄埔。其实，这是蒋介石精心设计的第一步，即制造假命令将中山舰调出广州，以便为其编造罪名埋下伏笔。

李之龙接令后，随即通知中山、宝璧两舰于3月19日晨开往黄埔，向军校教育长邓演达请示任务。

邓演达得知情况后，反问李之龙："我不知道有什么任务啊?"

原来，李之龙接到的命令是以邓演达的"电话"为名转达的，而这个"电话"命令根本不存在，实际上是蒋介石等人玩的一箭双雕之计，为后面事情的发展做铺垫。因此，中山舰等当天下午返回广州。

这时，蒋介石和属于右派的孙文主义学会分子开始放出谣言，称"共产党要暴动""李之龙要造反"和"共产派谋倒蒋，推翻国民政府，建立工农政府"等。同时，蒋介石开始大举逮捕共产党人。3月19日深夜，蒋介石密令逮捕李之龙、解除中山舰武装，派兵包围省港罢工委员会及苏联顾问和共产党人的住宅以及全市共产党机关，还扣押了军内国民党左派党代表和政治工作人员四十多人，严密监视邓演达。

当广州市内一切布置妥当后，蒋介石电令驻扎潮汕的第一军，将全军党代表撤销并驱逐，迫使以周恩来为代表的全体共产党员退出该军，制造了著名的"中山舰事件"。

蒋介石一手制造的"中山舰事件"，目的是夺取在粤海军实力（蒋介石完全清除了国民党第一军的共产党员，完全掌握了第一军的军权，使其成为蒋介石的嫡系部队），清除军队中的共产党力量。此举背叛了孙中山制定的"联俄、联共、扶助工农"三大政策，是国民党右派势力分裂国共合作、企图夺权的信号。

"中山舰事件"后，汪精卫被迫离开国民政府，前往法国，国民政府主席由谭延闿代理。蒋介石打击共产党，逼走汪精卫，解散"青年军人联合会"和"孙文主义学会"，另成立以他为首的"黄埔同学会"，迫使共产党员退出第一军和黄埔军校，以致黄埔学生中一些共产党员纷纷退党。

1926 年 5 月，国民党二届二中全会召开，由蒋介石主持。会上，蒋介石提出并主持通过了《整理党务案》，出任军事委员会主席、国民中央组织部部长、军人部部长。会后，蒋介石又被推为国民革命军总司令。国民党的中枢大权，几乎已为蒋一人独揽。

蒋介石曾得意地自言自语道："党国危难，唯吾一身当之，小子可不自勉？"

面对蒋介石一系列的反共行径和夺权企图，已升任黄埔军校教育长的邓演达异常愤怒，并站出来公开反蒋，同时得到一些黄埔学生的拥护。

此情此景，陈诚很苦恼，他既担心最尊敬的师长的安危，又担心革命前途因为权力之争而毁于一旦。但当时他还算不上个人物，在沸腾的环境里他的呼声被淹没。于是忧心忡忡的陈诚去见训练部主任严重。

严重是比较保守之人，对陈诚说："我们是军人、带好兵，打好仗是军人的宗旨。目前我们在军校为人师表，言行更要稳重，教好学生军事科目，把握住本部门不出乱子，就是当前的首要任务。政治斗争说穿了不过是一些人利用政治主张，达到个人争权夺利的目的。我们不参与不等于无知，只干我们军人该干的事，本本分分，比为他人摇旗呐喊强得多！"

此时的陈诚已经二十八岁，从保定军校到黄埔军校，经历了许多变化，思想意识已经逐渐成熟。他很同意严重的话，认为职业军人还是不参与政治为好，以后他便刻意回避十分敏感的政治话题。

当时在北方的吴佩孚、孙传芳、张作霖、张宗昌等军阀蠢蠢欲动，革命军积极准备北伐。

1926 年 6 月 5 日，国民政府正式任命蒋介石为革命军总司令，李济深为总参谋长，白崇禧为参谋长，邓演达为总政治部主任，郭沫若为副主任，邵力子为秘书长，7 月 9 日在广州举行北伐誓师典礼。誓师典礼上，由孙科手捧孙中山遗像，国民政府主席谭延闿授给蒋介石总司令大印，国民党中央监察委员吴敬恒授旗。

1926 年 7 月，北伐正式开始。

参加北伐的国民革命军共有八个军。第一军军长何应钦，下辖五个师共十九个团；第二军军长谭延闿，辖四个师共十二个团；第三军军长朱培德，辖三个师共八团二营；第四军军长李济深，辖四个师共十三团二营；第五军军长李福林，辖二师共八团一营；第六军军长程潜，辖三师共九团二营；第七军军长李宗仁，辖九旅共二十一团二营；第八军是原唐生智师。

北伐开始时的部署是以李宗仁率第七军五个旅、第四军副军长陈可钰率第四军两个师支援在湖南作战的第八军。第七军留四个旅由黄绍竑统率守卫广西，第八军留两个师由李济深统率留守广州。其他第二、三、六军开赴粤赣、湘赣边界防备孙传芳。另外，蒋介石又派蒋作宾去联络张作霖，张作霖答应不给吴佩孚以军事援助。

北伐军十万之师兵分三路，向拥兵百万的各系军阀宣战。

北伐一开始，吴佩孚和孙传芳并没把蒋介石的北伐军放在眼里。当蒋介石在广州宣布北伐时，吴佩孚还在南口加紧进攻冯玉祥的国民军，等到7月11日北伐军攻克长沙，吴佩孚才发觉势头不对，可此时吴佩孚部主力正陷在和国民军的苦战中，无暇他顾，所以北伐军在湖南进展顺利，并未遇到太大的抵抗。8月，吴佩孚和张作霖联合击败冯玉祥的国民军，冯玉祥部退往绥远，吴佩孚才于8月20日晨率领数万人由保定南下。25日到达汉口，召开紧急军事会议，决定先守汀泗桥。当天夜里，国民革命军第四军已迫近汀泗桥。26日，第四军与吴军陈嘉漠、宋大需、董政国等激战一天。当夜第四军陈铭枢第十二师三十六团团长黄琪翔趁江水暴涨、吴军不备之机偷袭成功，正面叶挺独立团亦发起攻击。27日，北伐军克汀泗桥。8月30日，在李宗仁指挥下，第四、七两军会攻贺胜桥。此时吴佩孚主力第十三混成旅、刘玉春第八师已经赶到，加上陈嘉漠的二十五师及马济、宋大需等军共有十万人左右。当天李宗仁攻下贺胜桥。8月31日，北伐军抵武昌城下。

孙传芳原先是吴佩孚的老部下，北伐军开始北伐时，他正任皖、赣、苏、浙、闽"五省联军总司令"。孙传芳一直觊觎湖南和湖北的地盘，但因为吴佩孚是他的老上司，加上吴部训练精良，吴又颇精于打仗，所以孙传芳虽心怀鬼胎，却一直不敢对吴佩孚开仗。这次国民革命军北伐，他认为机会来了，想等到北伐军和吴佩孚都打得精疲力乏时，他再出兵，一石二鸟，既打败北伐军，也占了湖南湖北地盘。

可没想到吴佩孚部不堪一击，眼看就要失败。不得已，孙传芳于8月份决定援助吴佩孚，发表通电，限期北伐军退回广东。而此时北伐军正进展顺利，湖南、湖北唾手可得，蒋介石于8月25日拟订了进攻江西的计划。9月6日，北伐军三路进攻江西：由蒋介石指挥第一、二、三军为右翼，自赣南吉安沿赣江北上，攻南昌；程潜指挥第六军和第一军第一师为中路，自修水武宁攻德安，截断南浔铁路；李宗仁指挥第七军为左翼，从湖北鄂城、大冶一线进入江西。

为了配合上述作战，蒋介石又令何应钦、赖世璜部协同谭曙卿进攻吉安、樟树，以便参加会攻南昌的作战。从9月7日起，北伐军的第一、二、三、六、七军及起义的其他部队在江西全境和孙传芳部展开激战。9月27日，何应钦利用孙传芳部主力集中于江西作战，福建空虚之机，率部分三路攻击福建，和福建督都周荫人部展开激战。12月10日，何应钦击败周荫人，进驻福州，周军全部瓦解。12月22日，孙传芳部第一师师长陈仪宣布服膺国民革命、就任国民革命军军长职。1927年1月上旬，陈仪在浙江奉化被周荫人残部和段承泽师击败，陈逃往上海。在此之前的11月8日，北伐军占领南昌。

1927年初，北伐军分三路向长江下游的浙江、安徽、江苏进军。东路军由何应钦任总指挥，白崇禧为前敌总指挥，下辖周凤歧、王俊、白崇禧、冯轶裴、赖世横、曹万顺六个纵队，由福建攻杭州、上海。中央军由蒋介石为总指挥，分两路进军，江右军程潜指挥鲁涤平、程潜、贺耀祖三个纵队进攻皖南；江左军李宗仁指挥李宗仁、王天培、刘佐龙三个纵队牵制安庆孙传芳军，使其不得渡江南下。西路军由唐生智任前敌总指挥，辖唐生智、张发奎、陈铭枢、彭汉章四个纵队和朱培德的总预备队，主力控制在京汉线南段，确保中路军侧翼安全，并相机由武胜关进攻河南。

1927年1月27日，东路军开始进攻，不久即平定浙江南部。2月18日白崇禧部进占杭州。3月21日，在上海工人第三次武装起义后，白崇禧兵不血刃进驻上海。3月22日，何应钦部占领镇江。3月23日，程潜率军攻克南京。

至此，长江以南全部为北伐军占有。

北伐之前，陈诚正任蒋介石总司令部中校参谋。不久，陈诚在粤军时的老上级、曾任黄埔军校总教官的严重出任预备第一师师长，他非常赞赏陈诚的实干精神，调陈诚为预备第十师第三团上校团长。11月，预备第一师由广州开至韶关，转入江西，加入北伐军行列。

预备第一师由北伐开始前夕招训的新兵组成，在此之前，从未经过战阵考验。但是，北伐军毕竟是革命之师，自从北伐开始，军队所到之处，深受各地百姓爱戴和拥护，敲锣打鼓迎来送往，为北伐军运送粮弹、带路、传递情报等，使将士深受感动，所以士气极高。加之各级带兵长官都是黄埔军人，朝气蓬勃，斗志昂扬，也感染了士兵，所以投入战斗都奋不顾身，勇往直前。

1926年12月，预备第一师到达赣州，改番号为第二十一师，仍由严重任师长，第三团改为第六十三团，由陈诚任团长。此时南昌已经攻下，蒋介石调整部署，准备攻击长江下游各省，第二十一师受命隶属东路军，归前敌总指挥白崇禧指挥。1927年1月初，白崇禧率东路军一、三纵队薛岳、刘峙、严重、陈继承四个师自江西东北部进驻浙江衢州，不久，二、四、五、六四个纵队也在何应钦指挥下进驻衢州附近。孙传芳企图趁东路军刚入浙南立足不稳之机，击破东路军，乃于1月4日在龙游、兰溪一线发动进攻，并派其第三方面军总指挥孟昭月前往督战，东路军被迫稍作后退。1月29日，双方又在龙游的洋埠、游埠一带展开激战，孙传芳的孟昭月、卢香亭二部参战。孟昭月占领游埠高地，以猛烈炮火俯射北伐军，严重督率第二十一师冒着炮火冲锋，突破了孙军阵地。北伐军各部乘势进攻，孙军溃退。孟昭月退向杭州。

2月1日北伐军占兰溪，消灭守军两千余人。2月3日攻入严州，13日进至浪石埠。当天孟昭月率三师之众反击，双方在桐庐附近展开激战。孙军进攻被刘峙第二师击退，但过了浮桥，刘峙的第二师已因伤亡过多不能支持。

陈诚于是率六十三团在桐庐西北浪石埠过江，背水与孙军苦战。由于孙军人数太多，陈诚率部几次冲锋，均无较大战果。

当天傍晚，陈诚侦察得知敌司令部所在位置，便立即组织一支突击队，并亲率突击队潜至敌司令部近前，等到夜深人静，敌军酣然入睡时，一声令下，冲杀进去。孙军突受袭击，不知虚实，慌忙撤退。北伐军其他各部乘机进攻，孙军败走。

桐庐一战，陈诚六十三团损失惨重。三个营长，赵敬统阵亡，宋希濂、王敬久负伤。连排长伤亡更多。跟随陈诚夜袭孙军司令部的特务队，军官只剩一人，班长也只剩一人。桐庐一战孙传芳部孟昭月损失一万多人，基本上失去了再战能力。

这一役共歼敌一万余人，第二十一师担负主攻，第六十三团作战最卖力，所以受到蒋介石和前敌总指挥白崇禧嘉奖，陈诚升任第二十一师副师长兼第六十三团团长。

2月14日夜，陈诚率部追击占领新登。19日，二十一师与第一、第二师占领杭州。23日，占领嘉兴。3月18日，六十三团占领吴江、同里。3月21日午夜，陈诚攻入苏州，第二天追击到常熟，在常熟东门外河下截击直鲁联军张宗昌部毕澄庶军辎重部队和军官教导团。这股敌军被从苏州溃退的敌军冲击，已是惊弓之鸟，在慌乱撤退中又被袭击，根本无力抵抗，几乎全团缴械投降，辎重、武器等丢弃甚多，常熟城守敌亦不战弃城而逃，陈诚率部缴获了大量军械物资。

3月24日，中路第六军攻占南京；4月7日第二十一师集中南京，准备渡长江向北进攻。

北伐军东路军攻占浙江和苏州、镇江、上海一带，陈诚因战功卓著，受到了前敌总指挥白崇禧和蒋介石的嘉奖。因为陈诚个子矮小，人又非常瘦弱，有人就把陈部戏称为"童子军"。

在此次北伐过程中，陈诚所在的第二十一师师长严重曾提出，在军队中用人公开、经济公开；严禁赌博、嫖娼、吃空缺，每有战事各级部队长必须身先士卒等强硬措施。北伐过程中，陈诚在严重身边学到了很多带兵治军的方法，并加以总结补充，使其更加完整，为其后来创建第十一师并取得极大成功奠定了坚实的基础。

宁汉分裂，受蒋拉拢

就在北伐大军一路凯歌、士气大振之时，国民党内的政权斗争开始浮出水面。

原来早在北伐开始之前，在广东革命阵营内部就存在以汪精卫、邓演达、徐谦等人为代表的国民党左派，共产党、苏联顾问为一方，及以蒋介石、戴季陶等人为代表的国民党右派之间的斗争。由于蒋介石有战败商团、第一次东征、平定杨刘叛乱、第二次东征之功，又控制着国民革命军的大部分，所以在三方的斗争中，国民党右派占了优势。

1926 年 3 月 20 日的"中山舰事件"蒋介石逼走汪精卫、季山嘉，迫使共产党人退出第一军；1926 年 5 月蒋介石提出"整理党务案"，直接削弱了共产党在国民党中的势力。如此斗争之所以没有直接导致广东的国共合作分裂，主要是因为两个方面：

第一，此时蒋介石的羽翼尚未丰满，还需要国民党左派、共产党的合作和支持。他在制造"中山舰事件"后马上上书国民党中央，自请处分，掩盖了部分真相，并未敢把事做绝，主动表示愿重归于好。尔后，他提出"整理党务案"也是以"消除疑虑、杜绝纠纷"为名义，声称这是为了两党更好地合作。在其他一些场合，他也尽力地伪装成一种不偏不倚、和平中正的面孔，避免把国民党左派和共产党立即逼到他的敌对面去。对苏联顾问，他还需要苏联的武器、物资援助，因而极力容忍。

第二，共产党、国民党左派、苏联顾问此时并不掌握武装，到1926 年时，他们无力将蒋介石赶下台。蒋介石虽然有些值得怀疑的行为，但还未明目张胆地反对联俄联共，无可奈何，只能忍受。这时在广州的大多数人，目标是北伐，对统一战线内部的分歧是中立态度，既不支持左派，也不支持右派。这样，在内部存在重大分歧的情况下，各方面还是在北伐的旗帜下维持了暂时的一致。

因此，当北伐军攻占江南以后，大敌一去，内部矛盾便立刻成为主要矛盾。

1926年12月，国民政府宣布北迁，在定都武汉还是南京的问题上，使北伐以前在广州时就存在的矛盾骤然升级。而且随着各方武装力量的变化，又产生了新的分歧，除了原来从广东带来的国民党左派、共产党和国民党右派的"主义"之争，以及蒋介石和汪精卫的权力之争外，更实际的是蒋介石、唐生智、李宗仁、张发奎、朱培德、程潜、李济深等人的地盘和实力之争。

北伐军进入江西、福建和浙江对孙传芳作战后，留在湖北进攻武昌的只剩第八、四两军，后来由于战事需要，第四军受命入江西支援作战，这就使湖南、湖北两省处在了唐生智第八军的控制之下。他利用这个时机不断地扩充自己的军事实力，先是将第八军扩编为四个军，不久又扩编为七个军。接着北伐的第四军也要求扩编，将张发奎的第十二师扩编为第四军，张发奎任军长；将陈铭枢的第十师扩编为第十一军，陈铭枢任军长；原留在广东的第四军陈济棠、徐景堂两师，改称第八路军，由李济深任总指挥。

蒋介石的第一军也在扩编，除了收编吴佩孚、孙传芳旧部外，蒋介石将新运到广州的全部苏联军援物资都拨给了第一军。其他军需品，蒋也优先照顾第一军。

李宗仁后来回忆说："各军（北伐）出发以来，例须按期发放草鞋。然总司令部吩咐，他的第一军每一士兵发给两双；其他各军，却平均每一士兵连一双草鞋还领不到。"

蒋介石将第一军看作他的私产，他脑海中始终是以第一军为主体。第一军在北伐过程中的一切弹械补充、给养调剂、编制扩展等，一直都比他军要优厚。

一次战后，天寒地冻，南方战士非常不适应寒冷气候，很多人不是冻伤就是穿不暖。当军毯运到前线补给站时，蒋总司令即命令兵站总监俞飞鹏优先发给第一军的伤兵医院，此外赏赐慰劳银圆也照此办理。

俞飞鹏心中担忧地问蒋介石："总司令，每一医院中都有各军的伤兵，应当如何分配？"

蒋介石立刻说："你不管，你不管，他们自有他们自己的军长。"

俞飞鹏虽然觉得不妥，但又不好辩驳，只能照办。

对战利品，蒋介石也想一军独占。马口之役以后，白崇禧将所获战利品运回牛行车站，堆积如山。蒋介石和各军军长前往视察，感到非常高兴。这时白崇禧觉得参战各军损失都很大，当面请求蒋介石将这些战利品酌量分给各军补充。蒋介石未置可否。白崇禧误以为蒋介石已经答应，于是通知各军前来领取。各军得到消息，纷纷前来领取，蒋介石很不高兴，对白崇禧的做法颇为不满。但事情已经这样，也没办法。

各军本来就有为自己打算的想法，企图扩大地盘和实力。而作为总司令的蒋介石刻意壮大自己、消灭或削弱别人的做法，就使本来没有异图的人也对蒋产生了恐惧心理，纷纷为自己打算。

北伐开始后的八个军，分成了两个主要军事集团：武汉以第四、第八军为主；南京以第一、第七军为主。武汉由于有宋庆龄、邓演达、徐谦、汪精卫等人，在政治上占据优势。而南京方面有战斗力比较强的军队，蒋介石又占据国民革命军总司令的地位，加以江浙财团的支持，南京方面又是占据江苏、浙江、上海、福建、安徽等比较富庶的地区，在军事和财政上占优势。为了在对抗中取得优势，双方纷纷清理内部的不可靠分子，争取中立者。

1927 年 4 月 1 日，当宁汉之争正处于白热化的阶段时，汪精卫由欧洲回国，抵达上海。4 月 3 日，蒋介石致辞欢迎汪精卫，表示拥护汪精卫领导一切，但劝汪精卫不要去武汉。李宗仁和白崇禧等人也兴高采烈地拜会汪精卫，认为汪精卫"一旦恢复领导，则党内纠纷，立刻便会烟消云散"。

在反共问题上，汪精卫和南京方面并未取得一致。吴稚晖、蔡元培、李石曾、钮永键、蒋介石、宋子文、邓泽如、张静江、李济深、李宗仁、黄绍竑等一致要求汪氏留沪领导，并"裁抑共产党的越轨行动"。而汪氏则始终袒共，一再申述总理的联共联俄及工农政策不可擅变，同时为武汉中央的行动辩护。

1927年4月5日，汪精卫和陈独秀联合发表了《国共两党领袖汪兆铭、陈独秀联合宣言》，宣言声称两党将携手合作，绝不受人离间中伤。随后汪精卫离开上海，于4月10日到武汉，任国民政府主席。

4月12日，蒋介石在上海、南京等地发动反革命政变；五天之后的17日，武汉方面即宣布开除蒋介石党籍，免去其本兼各职，下令蒋介石的第一集团军改归军事委员会直接统辖，同时通缉蒋介石，要求"全体将士及革命民众团体拿解中央，按反革命罪条例惩治"。

在权力斗争的节骨眼上，武汉方面主动出击，以国民党中央和国民政府的名义相号召，师出有名，名正言顺，在政治上率先占据了有利地位。

为了摆脱被动局面，4月17日，蒋介石召开中央政治会议，决定定都南京，取消武汉国民党中央和国民政府，选举胡汉民为国民政府主席。这次蒋介石拉胡汉民，是想借助胡汉民在政治上的声望与汪精卫分庭抗礼；而此时的胡汉民也想借助蒋介石的实力东山再起。

于是在共同反对汪精卫的前提下，蒋胡两人一拍即合。南京政府成立后立即通缉陈独秀、鲍罗廷等一百九十七名中共党人和国民党左派人士、苏联顾问。此后双方函电交往，互相指斥。

于是，在国民党政权内部形成了一时难以调和的"宁汉分裂"，使大好的北伐局面遭到破坏。

1927年3月底的一天，蒋介石在南京城内三牌楼以北，对南京部队训话时说：

"现在，武汉国民政府，不发给我们武器弹药及粮饷，所以，我们只能在南京成立政府，即日起开始办公，不再受武汉国民政府约束，也不承认那个政府。我们要遵守先总理遗教，高举三民主义旗帜，把革命进行到底！"

接着，吴稚晖做补充讲话，把蒋介石难于启齿的话挑明了："共产党要把俄国的苏维埃制度搬到中国来搞实验，实行共产主义，这是不会成功的——共产主义不适合中国的国情。我们要实行三民主义，不能再跟共产党合作！"

4月初，南京金陵大学举行了一次"黄埔同学恳亲会"。面对黄埔学生，蒋介石直言不讳，对他的学生们说：

"国共两党合作，是共产党帮助国民党实行孙总理的三民主义，完成国民革命，而不是要实行共产主义。共产主义不适合中国国情，中国没有大地主、大资本家，只有大贫、小贫。所以不需要搞什么阶级斗争。只有实行孙总理的三民主义才能救中国。如果共产党把俄国革命的那一套残酷斗争搬到中国来，我们就会死无葬身之地！我们从现在起，就要坚决反共，决不妥协。

"今天来的都是总理的信徒、我的学生。我们要为实行三民主义、反对共产主义做出贡献。倘若我失败了，你们就要继承我未完成的革命事业。希望你们奋斗到底！"

在场的黄埔学生情绪激动，反响强烈，尤其是黄埔第一期的学生纷纷上台表决心："我们愿在校长领导下抱定有共无我、有我无共之决心，把实行三民主义、反对共产主义的事业进行到底。"

蒋介石听了心里非常激动，说："只要你们能够坚持这样的决心，我死也瞑目了。"

而当蒋介石发动"四一二"反革命政变后，原本对蒋介石就心怀不满的邓演达，在武汉通电斥责蒋介石，又密电第二十一师师长严重，劝其将部队带往武汉参加反蒋阵营。

邓演达的这一招釜底抽薪想直接削弱蒋介石的实力，而此时的蒋介石也已经意识到了这一点。接到邓演达的密令后，一向不参与政治的严重犹豫不决。

正当他举棋不定时，蒋介石传令召见他。

一见面，蒋介石就问道："立三，我知道你与邓演达关系很密切。当然，你也清楚邓演达在黄埔军校时期就反对我，妄想和我争夺黄埔领导权。现在宁汉分裂，他公然站在汪精卫一边，庇护共产党。这已经不是我和他之间的问题，是革命的大是大非问题。所以，我很想知道你的态度。"

严重坦率地答道："邓演达与我的关系，主要是保定军校同学，后来又在一起共事，意气相投。但是，关系到党国大事，绝不是私交所能左右的。我们是遵照总理遗愿，在广州誓师北伐。革命军沿途唱着'打倒列强，打倒列强，除军阀，除军阀……'的雄壮军歌勇往直前的。现在，帝国主义的军舰还停泊在江面上，就在第一、第二和第六军占领南京之时，帝国主义借口'保护侨民'，从军舰上炮击南京，打死打伤我军民两千多人！北洋军阀尚盘踞江北，对我革命军虎视眈眈。正如先总理遗言'革命尚未成功，同志仍须努力'。所以，我认为现在团结一致，继续北伐是首要任务，不应闹分裂……"

严重的意思表达得很明确，他希望蒋介石以大局为重，继续北伐。

没等严重说完，蒋介石就打断了他，很生气地说："是我蒋某人不要继续北伐的吗？是我蒋某人要闹分裂吗？汪精卫串通共产党，要把北伐的成果都抢过去，逼迫我把大权让给他们，是他们逼的呀！"

严重见蒋介石很激动，知道争辩也无用。

严重回到部队后，便对陈诚说："总司令怀疑我与邓演达的关系，我若再留下去，好不容易建立起来的第二十一师恐怕也要受连累。"

陈诚十分惊讶："怎么会有这种事呢？师座向来不过问政治的，也绝不会在权力之争中有什么倾向性啊。"

严重考虑再三，说道："现在的局势，已经不是我能左右，现在我能做的只有辞职，并保荐你接替我的职务。"

陈诚一脸惊讶："师座三思而后行啊！"

严重说："我已经仔细考虑过了，你就好好准备一下吧！"

陈诚："我们第二十一师现在刚有起色，师座一走，军心涣散，我的资历太浅，恐难服众啊！"

严重勉励陈诚道："自古将相宁有种乎？从东征到北伐，你已屡立战功，当之无愧。现在是革命时代，还讲什么资历？我马上写报告辞职并保荐你出任第二十一师师长。你要准备的不是接任的问题，而是如何应对总司令的质疑。"

严重所说的质疑，也正是陈诚深感苦恼的问题。

在陈诚心中，邓演达和严重都是他所崇敬的师长。但是，自从进黄埔军校以后，他看到邓演达十分活跃，锋芒毕露，便不以为然了。他认为进黄埔军校的目的就是为革命训练一支劲旅，以便用革命的武装打败反革命的武装，驱逐列强，振兴中华。作为职业军人，只能为这个目标服务，搞别的活动都不相宜。所以他刻意减少与邓演达的接触。

现在发展成了宁汉分裂，陈诚认为就更要注意这方面了。因为从小熟读史书的陈诚非常清楚，像这样的内部权力争斗导致的历史教训太多了：太平天国不就是打到南京以后，因内部争权夺利、相互残杀而导致革命失败的吗？现在北伐尚未成功，北方军阀拥兵自重，帝国主义虎视眈眈，刚刚建立起来的大好革命局面，随时都有被国内外敌人打垮的可能，哪里还经得起内讧呢？他实在弄不明白一些政党、一些人物，都自称为救国救民先锋，为什么却不能以革命大局为重，一个个迫不及待地跳出来争权夺利，甚至置主要敌人于不顾，急于彼此兵戎相见。

陈诚自己清楚他是不会支持搞分裂的，但是，蒋介石又如何能相信他不念旧呢？他要如何解释才能取信呢？

正当他在思考时，蒋介石的召见通知下达了，他立即奉召前往觐见。

"严立三保荐你出任第二十一师师长，你能胜任吗？"蒋介石开门见山。

陈诚迎着蒋介石的锐利目光答道："报告校长，部下的能力校长是知道的。只要有校长的指示，部下认为天下无难事。"

蒋介石的神色有些缓和："现在情况很复杂，宁汉分裂，军心不稳，部队的人选是关键。现在邓演达反叛，严立三辞职，你过去是他们的学生，我想知道你的态度。"

"校长说得没错，"陈诚答道，"严重、邓演达确实是我的师长、老长官。但是，那些旧日关系都应从黄埔军校以后重新划分。"

蒋介石非常清楚陈诚所说的这一点：在黄埔军校中，除学生以外，都来自旧部队，关系是十分复杂的，在黄埔军校中确实也重新划分了关系。

"是的。但在黄埔军校中一些人拉山头、搞派系，也不是清一色的啊！"

"部下投身黄埔军校是为了革命，黄埔军校是革命的军事组织，这就足够了。部下是职业军人，冲锋陷阵、督训士兵是部下所能。"

"军人以服从命令为天职！你如何理解？"

"报告校长，学生是黄埔军人，校长是黄埔领袖，黄埔军人只知服从领袖，别无所知！"

蒋介石终于笑逐颜开："好，好！你好好干，千万不要听信谣言。现在正是用人之际，你的前途是很远大的，好自为之吧。"

接见后不久，蒋介石即令陈诚为第二十一师师长。

第三章　军中沉浮，倚蒋大展拳脚

陈诚在得悉这一消息后，异常愤怒。若论资历，倒也无话可说，但是，警卫司令改任副师长，他觉得实在太委屈了。这几年，他平步青云，现在如同降职，面子上怎么都过不去。

于是，他直接离开南京奔赴上海，不愿就任新职。

对手陷害，愤然辞职

宁汉分裂后，国民党内部的斗争并没有平息。

陈诚接任第二十一师师长职务后，部队中对敬爱的师长离去，年轻的师长上任，不免有所议论，加之开始在部队中清党，更增加了混乱。陈诚对这种局面感到十分棘手，于是按严重的嘱咐，以挚友罗卓英为参谋长，做了一些人事上的变动，并仍按照严重的方法治理军队，才逐渐将部队控制住。

为了取得政治上的声誉，武汉和南京方面又都宣布北伐，目标是孙传芳、张作霖、张宗昌的联军。

1927 年 4 月 19 日，武汉方面在武昌东湖举行北伐誓师大会。4 月 21 日，武汉军队沿京汉铁路向开封进攻。5 月 1 日，南京政府正式下令北伐，所辖各军分为三路：第一路由何应钦为总指挥，任务是待第二路由安徽北渡长江成功后，从镇江渡江，沿大运河向北攻击。陈诚的第二十一师此时随第一军驻镇江。第二路由蒋介石自任总指挥，陈洞天为前敌总指挥。第三路军以李宗仁为总指挥，任务是接应第二路向徐州进攻。

5月7日，第三路渡江成功，李宗仁部连战皆捷，于5月22日占蚌埠、6月2日占徐州。蒋介石第二路军于5月11日渡江成功，孙传芳北撤，第一路和第二路未经大战便冲到陇海线。在此前后，武汉方面也已在临颍击败奉军主力张学良部，占领开封、郑州。冯玉祥部向东进占洛阳。

武汉、南京虽几乎同时北伐，但内争仍然未息。冯玉祥此时进入河南，也加入了宁汉之争的行列。冯玉祥因为地位超然，而且实力强大，成了武汉、南京竞相争取的对象。

1927年6月9日，汪精卫、谭延闿、唐生智、邓演达、张发奎等与冯玉祥在郑州开了三天会，决定将河南交予冯玉祥，武汉的国民军唐生智、张发奎部撤回武汉。

汪精卫此举，一方面是为了拉拢冯玉祥，另一方面也是为东征蒋介石做准备。但冯玉祥首鼠两端，取了河南地盘后，并未表示支持武汉方面。6月19日，蒋介石、冯玉祥、李宗仁等在徐州开会。会上冯玉祥劝蒋介石与武汉合作，共同北伐。会后，蒋介石召开军事会议，力主回师西上："先把武汉解决了再说！"由于李宗仁等人反对，南京方面继续北伐，6月25日占峄县，27日入临城。

此时，武汉方面正积极东征，蒋介石忙令李宗仁回南京，共商应付办法，最后决定第七军南撤，准备应付武汉方面的进攻，其他各军退守徐州。

然而，就在此时，武汉方面的形势发生了剧变。

早在5月初，由于爆发了工农运动，共产党人在武汉首先受到军队方面尤其是中下级军官的反对。三十五军军长何键纵容部下许克祥发动马日事变。5月31日，中共发动平、浏、茶、醴四县农民四万余人，围攻长沙，未能攻入城内，这使武汉的一部分国民党左派看了害怕，公开表示反共，这在以前的武汉方面高级军政人员中是没有的。在此前后，邓演达被迫出国。

6月1日，共产国际的代表印度人罗易将共产国际给中共的信件

47

先送给汪精卫看，文中大有由共产党取代国民党之意。汪精卫看后大怒，认为："斯大林的指示，随便实行哪一条，国民党就完了。"于是决定反共。

由于武汉内部国共斗争的产生和加剧，使武汉方面暂时延缓了东征，开始清理内部。7月15日，汪精卫宣布"分共"，而在此之前的7月13日，中共已宣布退出武汉政府，并开始策划武装起义。8月1日南昌起义发生，武汉政府严令第二方面军司令张发奎将其消灭。张发奎部的二十军贺龙、第四军二十四师叶挺的起义，使二方面军处于分崩离析的状态，自此，张发奎部实际上也脱离了武汉政府。张发奎部和唐生智部是武汉政府的军事支柱，张发奎部的脱离，使武汉方面实力大减。张发奎追击南昌起义部队进入广东后，又和广东第八路军李济深部发生了争斗。

武汉方面的反共浪潮急剧上升，使蒋介石大为高兴。但此时由于宁汉之争使南京方面北伐主力南撤，对孙传芳的战事又处于不利局面。7月24日徐州失守，败讯传到南京，蒋介石不顾李宗仁的反对，决定反攻徐州，并声称："此次不打下徐州，便不回南京。"

7月25日蒋乘专车北上，29日大举反攻，蒋亲自率部与孙传芳、徐源泉激战。8月初，蒋军被孙传芳部包抄袭击，大败。跟随蒋作战的陈诚二十一师，在徐州云龙山掩护总撤退，几乎全军覆没，六十一团被打垮，六十二团和六十三团兵员损失超过一半。大败之后，蒋诿过于前敌总指挥第十军军长王天培，将其扣押枪决泄愤。

武汉内部因国共内争引起分裂，实力大损，蒋介石徐州战败，孙传芳大兵迫近南京，并未缓和武汉和南京的争斗。

面对国民党内忧外患的形势，南京各大员和李宗仁等实力派主张武汉、南京摒弃内争，共组国民政府。汪精卫不反对"宁汉合流"，但前提是"蒋介石必须下野"。

汪精卫这一招可谓是一箭双雕，既可以进一步稳固自己的地位，还可以直接打击自己的最大对手。一时间，蒋介石被推上了是顾大局还是保个人地位的尴尬地位。

此时的蒋介石不仅面临着武汉方面汪精卫的步步紧逼，在徐州战败之后，南京方面也起了变化。何应钦早对蒋介石颐指气使的作风不满，李宗仁、白崇禧对蒋也有点儿看不惯。北伐军在徐州战败后，王天培被杀，使李、白、何更认为蒋刻薄寡恩，对王之死大有兔死狐悲之感，总怕有那么一天，蒋介石也会把替罪羊的帽子戴到自己头上。也就是从此时起，确定了何应钦与蒋介石二人之间以后若即若离的关系。

对于汪精卫的条件，蒋介石本不打算妥协。但南京的元老们大都认为蒋介石下野，武汉方就迁往南京，以南京为首都，事实上等于是将武汉的国民党中央和国民政府解散，是划得来的。而军方也希望蒋介石下野。

8月12日，南京中央执监委会议召开，咨询对蒋介石的去留意见。在会上，面对当时纷乱的政局，诸将领莫衷一是。只有刘峙明确支持蒋介石留任，他愤慨地说："总司令不要走，谁反对总司令，我们就跟他打！"

蒋介石对刘峙的态度虽很感动，但在当时刘峙还起不了大作用，他希望何应钦能明确表态，这样，起码北伐军中"嫡系"还有保障，可以借此与各方周旋。但是，何应钦心怀鬼胎，始终低头不语。

蒋介石此刻终于明白，何应钦还有别的心思，于是拍案而起：

"好，我走可以！但是我放一句话在这里，我正在训练的二十个补充团是北伐军的新生力量，我走之后，谁要解散这二十个补充团，谁就是我蒋某人的敌人，我和他今后势不两立！"

8月12日，蒋介石向南京政府提出辞职，8月13日蒋的《辞职宣言》在各报上公布。

蒋介石在下野时，将蒋系力量做了周密的安排，其第一集团军短时间内找不到合适的接替者，只能继续由何应钦统带，未有实职的军官由朱绍良负责在上海安排，以免生活无着走失，党务方面的人才，则由陈果夫在上海组织"中央俱乐部"负责招待和联系。

蒋介石拂袖而去，经上海东渡日本。

蒋介石下野后，孙传芳认为攻占南京时机成熟，便纠集十几万兵力，占领苏北、皖北。8月25日夜，率领五个师渡江，占领沪宁线、栖霞山和龙潭车站，截断宁沪交通。

蒋介石下野后，何应钦、李宗仁、李济深组成特别委员会应付局势。孙传芳渡江杀来，因为南京兵力不足，而栖霞山就在南京郊外，倘若孙传芳挥师向南京挺进，几乎唾手可得。因此，何应钦、李宗仁等不免慌神，连忙调集兵力应敌。

但是军需短缺，后勤补给困难，将士难于效命，只能就近指令第七军及第二十一师夺取栖霞山。

当陈诚听到蒋介石下野的消息时，犹如晴天霹雳。他当时对蒋介石突然下野内幕尚不清楚，只觉得追随的领袖离去，今后自己的前途莫测了，所以甚感彷徨。加之从北伐开始，第二十一师连续作战，少有休整机会，也疲劳过度。当何应钦以军委会名义发来攻击龙潭之敌命令时，他正胃病复发，却不得不挣扎起床，又因为多日未进食，身体虚弱，不能骑马，只得坐轿让士兵抬上前线督战。

孙传芳亲自坐镇，气焰十分嚣张，北伐军奋勇攻击，反复冲杀，经一昼夜，双方互有伤亡，却未分胜负。后来北伐军不断增援，加强围攻，才将孙军歼灭。

战后，第二十一师奉命集中苏州整补，陈诚正想乘机请假到上海治病，不料他坐轿上前线之事，被别有用心之人报告了何应钦。何应钦原来对陈诚印象颇佳，但由于后来发现陈诚紧跟蒋介石，而且颇受蒋介石垂青，便意识到陈诚有可能成为自己的对手，所以不免有所猜忌。现在听到如此报告，加上陈诚在龙潭战役中撤换因作战不力的李树森而遭黄埔一批同学的嫉恨，他们联合起来在何应钦面前告陈诚的状，何应钦感到扳倒对手机不可失，于是没有严查核实，就以陈诚作战不力为由，免去了陈诚第二十一师师长的职务。

陈诚没想到自己抱病上前线，拼性命督战，赢得了胜利，何应钦却将功喻过，见自己一时没了蒋介石的撑腰，就立刻打击异己，心里感到一阵阵心寒和无奈。此时，即使自己辩明是非，今后在何应钦手底下也不会有很好的前途，于是愤然离职。

短短半年时间内，陈诚经历了宦途上的第一次沉浮。在这半年之内，陈诚没想到蒋介石会因为政治立场不明而撤掉曾经倚重的严重，更没想到的是蒋介石刚一下台，何应钦便开始打击政治对手，难道这就是当前中国的生存现状？

陈诚尽管心中无限感慨，但是一时之间也没有更好的办法，他先将离职时的补饷寄回老家，然后只身到上海养病。

受蒋宠信，飞黄腾达

蒋介石下野后，宁汉分裂局面并未改善，各派争权而互不相让，自相残杀，根本不可能合作。

李宗仁、白崇禧、何应钦合兵在龙潭大败孙传芳后，仍旧主张宁汉合流。为了使武汉方面顺利响应，李宗仁拥护以武汉方面为正统。欢迎汪精卫去南京办公，呼吁蒋介石复职。9 月 5 日，汪精卫偕徐谦、顾孟余、何香凝、陈公博、朱培德、程潜等从武汉到南京，结果见到街上"遍贴反汪标语，词句极尽尖酸刻薄之能事"。汪精卫对此大为不满，转赴上海。9 月 12 日，由汪精卫、谭延闿和孙科出面，邀请在上海的国民党头面人物开谈话会，决定在三个月内召开国民党第三次代表大会，解决一切党内纠纷。

在大会开始前，以各方代表合组的"特别委员会"为党的最高领导机关。

9 月 15 日，特别委员会进行选举，结果蒋介石、胡汉民、李济深、白崇禧、何应钦、冯玉祥、阎锡山、唐生智、李宗仁等当选。9 月 16 日改组国民政府。17 日成立新的军事委员会，其中的十四名主席团成员为蒋介石、李烈钧、李宗仁、白崇禧、何应钦、冯玉祥、阎锡山、程潜、朱培德等。"特委会"成立后，汪精卫不仅未当上国民政府主席，几乎是毫无所得。所以会后汪精卫不再留在南京，而是返回武汉，回武汉后即宣布反对"特委会"。

实际上，"特委会"是桂系李宗仁、白崇禧联合程潜、朱培德及一些国民党元老如"西山会议派"、谭延闿等组成，对国民党内的汪精卫派、胡汉民派、蒋介石派都持排斥的态度。何应钦和白崇禧的私交很深，在逼蒋介石下野时他站在李、白的一边，但"特委会"组成后，何应钦也靠边站，未当上"特委会"中的审查委员。

1927 年 10 月，"特委会"成立后，李宗仁、何应钦、白崇禧即请严重出任军政厅长。

原来，严重自 4 月被蒋介石免职后，政治上曾一度十分消沉，索性去杭州天竺寺穿上了僧衣，拒会一切宾友。宁汉合流、蒋介石下野后，他又在各方的推崇下，担任了南京国民政府军事委员会军政厅厅长。

而此时，陈诚正在上海赋闲，当听说老上级严重出任军政厅厅长后，不甘心就此退出政治舞台的陈诚觉得这是个好机会，于是立刻前去拜见严重。

一见面，陈诚便向严重倒起了苦水："师座，辞修自被免职之日起，就一直觉得委屈得很……"

紧接着，陈诚就将龙潭大战中自己带病坚持上战场，打了胜仗结果却被何应钦冤枉免职的事进行了一番申述。

严重前一段时期遭蒋介石无故免职，正好有着和陈诚相同的经历，感同身受，便安慰陈诚："小弟，我和你一样啊，你看现在我不是又回来了吗？是金子，总要发光的。"

"现在我已经担任军政厅厅长，我希望你出任副厅长，不知你意下如何？"严重道出了自己的想法。

陈诚心里还是嫉恨上次何应钦听信谗言将他免职，愤慨地说："何敬之是非不辨，昏庸无能，我如何能在他手下干事业啊？"

严重看着陈诚，知道他的心结还未打开，便安慰道："辞修啊，三国时的刘玄德为了成就一番事业，也曾在曹操手底下委曲求全，韬光养晦，最终建立了与吴、魏三足鼎立的成就。古人尚且如此，如今你比当年的刘玄德年轻有为，屈忍一时又如何呢？"

经过严重的一番鼓励和安慰，陈诚也觉得老师长说得有道理，脸上露出了微笑。

对于严重来说，陈诚既是他的学生，也是他一直看重的小兄弟。在了解了陈诚被免职的缘由后，他就去向何应钦解释，并保荐陈诚出任军政厅副厅长兼军政厅驻上海办事处主任。

南京"特委会"不伦不类的样子很快引起了各方的不满。胡汉民、汪精卫两大实力人物均拒绝与其合作。

1927年11月10日，蒋介石自日本回到上海时，南京方面李宗仁、何应钦进攻武汉的战争已接近尾声，桂系势力发展兴旺，蒋介石大为不快，乃决定联合汪精卫，将桂系势力驱逐出国民党中央。只是此时蒋宋婚事正在筹办中，蒋介石无力他顾。

11月11日，李宗仁、白崇禧联名通电，敦促在广州、上海的国民党中央委员返回南京筹备国民党四中全会。在广州的汪精卫立即表示反对，声称："南京中央特别委员会之存在，足以妨碍第四次中央全体会议之进行。"提议在广州或上海举行预备会议。谭延闿赞同在上海举行，这样，会议的地址便定在了上海。1927年12月3日，国民党二届四中全会在上海召开，会议一致要求蒋介石复职。

1927年12月11日，共产党发动广州起义，更使国民党内慌作一团，于是纷纷谴责汪精卫是罪魁祸首。这个野心家既不能自圆其说，又不能平定局势，于是只好在12月15日宣布引退，悄悄溜往法国。

1927年12月，当京沪一带的政治气候开始不利于李宗仁、白崇禧时，严重离开了军政厅厅长的职位，军政厅厅长一职由陈诚代理。

1928年1月4日，蒋介石返回南京。1月9日，蒋介石宣布复职。

蒋介石之所以能于1928年初迅速复职，一方面是由于蒋介石下野后，南京政府处于混乱状态，内部蒋、桂、汪、胡和西山会议派互相倾轧的结果；另一方面蒋介石以北伐相号召，也起到了收买人心的效果。

1928年3月初，重掌南京政府政权后的蒋介石很快召见了陈诚。

一见到陈诚，蒋介石十分亲切地说："辞修啊，听说我离开之后，何敬之便撤了你的职，看来是我连累了你啊，你受委屈了！"

蒋介石的一番话，让一旁笔挺站立的陈诚心中顿感受宠若惊，激动地回答："报告校长，部下愿与领袖共进退，怎么谈得上连累和委屈呢？部下正因不能'义不食周粟'而自愧呢！"

蒋介石含笑摇头："啊，言重了！言重了！政府是革命的政府，军队是革命的军队，何敬之个人代表不了什么，你不脱离革命就是对的嘛，有这个觉悟就说明你是一名合格的革命者。"

陈诚抬起头回答蒋介石："辞修生是革命人，死是革命鬼！"

"很好！去年龙潭一役，你带病坚持作战，精神可嘉。现在革命进行到了关键时期，不知道你现在身体恢复得怎么样？能否继续担负职务？"

"报告校长，部下深知现在革命正是用人之时，部下愿为领袖事业鞠躬尽瘁！"陈诚心里清楚，此刻在蒋介石面前的表态，将可能决定自己的未来，于是斩钉截铁地表达了自己的决心。

"好！好！好！"

听了陈诚肯定的回答，蒋介石十分满意，说："现在我回来了，一切都要重新安排，包括你的前途，你要好好干！"

"是！校长。"陈诚双脚并拢，抬手向蒋介石敬礼。

此时，陈诚在心里对蒋介石的复职非常高兴，经过召见，更加对自己的前途充满希望。

果不其然，就在召见陈诚几天之后，蒋介石便任命陈诚兼任军事委员会军事教育处处长。4月初，又任命他为总司令部警卫司令兼炮兵指挥官，并晋级中将。

从1925年初东征讨伐陈炯明，到1928年初蒋介石复职，短短三年时间内，陈诚便由上尉炮兵连长一跃晋升为中将警卫司令，这在国民党内是绝无仅有的，也足见此时蒋介石对陈诚的信任已非同一般。

这一次蒋介石对陈诚的重用和1927年4月严重辞去二十一师师长，任命陈诚为师长一事是有根本区别的。1927年4月任命陈诚为二十一师师长，蒋介石的目的只是为了稳住二十一师，并不是特别看重陈诚；而1928年4月任命陈诚为总司令部警卫司令兼炮兵指挥官一职，这一贴近蒋介石的重要职位说明蒋介石已将陈诚作为亲信来培养了。

同时，蒋介石复职后还撤销了何应钦的第一路军总指挥部，改任何应钦为总司令部参谋长。何应钦原本是蒋介石在日本士官学校时的同学，蒋一向欣赏他。但何应钦这次逼蒋下野，让蒋介石心里非常不痛快，所以蒋复职后立即调整了何应钦的职务，实际上是剥夺了何应钦的兵权。

踌躇满志，又遭挫折

1928 年 4 月初，陈诚刚刚就任国民革命军总司令部警卫司令几天，便利用自己在总司令部任职的有利条件，迅速扩充自己的实力。他先后将何应钦的第一路军特务团改编为警卫第一团，由桂永清任团长，之后又将伤兵编成团改编为警卫第二团，由张木清任团长，将宁波成立的补充团改编为警卫第三团，由冯圣法任团长。

除了三个步兵团之外，还有炮兵第一团姚永安部、炮兵第二团杨德良部由陈诚直接管辖指挥，同时陈诚也兼任总司令部炮兵指挥官；宪兵第一、第二团也属陈诚直接指挥。

这样，陈诚这个总司令部的警卫司令，很快手握七个团的兵力，其实力比杂牌军的一个军还要强，这让陈诚一时间踌躇满志。

陈诚的总司令部警卫部队刚刚组建不久，就迎来了大展拳脚的机会。

1928 年 4 月 5 日，蒋介石以军事委员会主席兼国民革命军总司令的身份在徐州誓师，进行第二次北伐。

按照第二次北伐开始时的战略部署，基本上是以第一集团军沿津浦路北上，经泰安、济南、沧州一线攻击天津；第二集团军担任京汉路以东、津浦路以西的作战任务，东边与第一集团军联系，西边与第四集团军联系，会攻天津、北京；第三集团军出正太路，北上和第四集团军会师北京；第四集团军则沿京汉路，经郑州、新乡，径攻保定和北京。

陈诚率炮兵一、二团随第一集团军作战，由参谋长应三山代行警卫司令职。

此时，北方军阀张作霖、孙传芳、张宗昌、褚玉璞已经联合，他们决定以张宗昌部直鲁联军和孙传芳部迟延第一和第二集团军的进攻，并趁第四集团军还在湖南、湖北集中的时机，集中奉军主力，以保定为轴心，将已突出到深州一带的第三集团军阎锡山部一举歼灭。

这次北伐，冯玉祥原本有攻占北京的想法，但在分配作战任务时，北京是第三、第四两集团军的作战目标，冯玉祥军属支援地位，但他实际上并未放弃先占北京的企图。阎锡山也想攻占北京，他知道冯玉祥的企图，所以战事一发动，阎不待第四集团军赶上，就急匆匆地发动了进攻，兵临北京城下。但阎军实力远非奉军可比，遂陷入苦战之中。

此时冯玉祥部并无强敌，但冯不仅不前进，反而将部队撤回到原驻博野、安国一带。5月中旬，阎锡山部陷于困境，几乎被奉军三面包围，于是致电冯玉祥求援，请其北上解围。冯玉祥不仅不支援，反通令所部，禁止北上，"擅自前进者，枪决"。

原来，早在1926年8月，当冯玉祥的国民军在南口被吴佩孚、张作霖联军打败，撤往绥远经过晋北时，阎锡山下令截击，导致冯军在晋北的损失比在南口还大。一些冯军因失去和西撤冯军主力的联系，前进无门，后退无路，而部队缺饷又缺弹药，被迫接受阎锡山改编。

这种趁火打劫的做法，使冯玉祥早就对"阎老西"很是不满。现在，阎锡山部被奉军围困，冯玉祥想借奉军之手，报当年的一箭之仇。

好在阎锡山部被困不久，白崇禧率叶琪的十二军就赶到定县、新东一带，奉军向关外撤退。5月31日，三、四集团军攻克保定，并向北京攻击前进。

4月29日，第一集团军贺耀祖、刘峙等部在泰安以北围歼鲁军，张宗昌部下徐源泉率所部万余人投降。同时，第二集团军孙良诚部、第一集团军方振武部三面包围了济南城，陈调元军截断了胶济铁路。

30 日，张宗昌弃济南逃往德州。

5 月 1 日，陈诚随第一集团军方振武部和第二集团军孙良诚部开进济南城，驻于城内张宗昌督军署内。

就在北伐军进入济南不久，5 月 3 日，日军制造了震惊中外的"济南惨案"。

原来进入 20 世纪之后，日本对付中国的基本政策之一，便是挑起中国的内部争端，制造分裂，好趁机渔利。此次看到蒋介石大有统一中国之势，这对日本侵略并吞中国的国策不利，乃决定干预，制造事端，阻止北伐的顺利进行。

1928 年 5 月 1 日，第一集团军贺耀祖第三军团进入济南。2 日，蒋介石在原张宗昌的督办公署设司令部。同日，日军出兵济南，设司令部于济南西门外商埠区。日军将整个商埠区网上铁丝网，垒满沙包，架设好机枪大炮。蒋介石通过日本驻济南代总领事向日方提出通商和撤兵要求，并派外长黄郛和外交特派员去交涉，但被日方福田彦助拒绝，并公然表示日军此举是受政府指示行事。

5 月 3 日，南京政府驻山东外交特派交涉员蔡公时的交涉使署突然闯入了日军二十余人，先将蔡等捆绑毒打，然后将不屈服的蔡公时和使署外交官割鼻、挖眼、削耳、割舌，最后拖出枪杀。当天，福田彦助将黄郛骗到日军司令部扣押。福田和黄郛是日本士官学校同学，威迫黄郛在日方早已拟好的一个文件上签字，黄郛拒绝。5 月 3 日，第一集团军代表熊式辉和第六师团代表参谋长黑田周一也举行了谈判。熊式辉和黑田是日本陆军大学同学。黑田对熊更加凶恶，要求的条件也最为苛刻：一是济南城外商埠不准中国军队通过；二是胶济铁路、津浦铁路不准中国运兵；三是中国军队退出济南十公里外。

面对如此无理的要求，熊式辉拒绝签字。当天，日军向城内中国军民枪炮齐施，并将数团人缴械。

蒋介石为避免事端扩大，影响北伐顺利进军，严令北伐军各师师长约束部队，无命令不得开枪。

而这时的陈诚，正在雄心勃勃地计划着如何率警卫部队和炮兵部队，直开北京城，洗刷徐州惨败和龙潭遭贬的耻辱；突然接到蒋介石的紧急撤退令，感到十分不解。但军令如山倒，他不得不奉命带着贴身的特务队长邱行湘，骑马撤离了济南城。

5月11日，在日军攻击下，北伐军全部撤出济南，济南城内百姓一时之间任由日军蹂躏。整个济南惨案，中国军民死六千余人，伤近两千人。

济南惨案，南京方面委曲求全，深感屈辱。黄郛颇有感慨地说："日本人没有当我们中国人是人，这种耻辱与残酷，不仅自己从来没受过，恐怕在历史上都不曾有过。"

事后，黄郛辞去外交部长职务。蒋介石对此也深感耻辱，他信誓旦旦地说："如有一毫人心，岂能忘此耻辱乎！何以雪之，在自强而已。"

济南惨案发生后，陈诚指挥的炮兵第一、第二团，随第一集团军由平阴渡过黄河，继续北进；而陈诚则率领部分警卫部队回到了南京。

此时，北伐的主要敌人就只剩大军阀张作霖。此时北伐军比较统一，又无后顾之忧，所以战斗力极强，而军阀势力却如强弩之末，不堪一击。1928年6月3日，张作霖放弃北平，退回东北。次日，所乘火车却在皇姑屯被日寇所埋炸弹炸毁，张作霖身亡。12月29日，少帅张学良通电全国："力谋统一，贯彻和平，已于即日起，宣布遵守三民主义，服从国民政府，改旗易帜。"

至此，北伐获得初步成功。

可是，当陈诚从疆场折回南京时，等着他的，却是又一次丢掉乌纱帽。

原来，1928年秋，随着南京国民政府北伐讨奉的顺利进军，蒋介石开始着手整编十分混乱的军队，将军、师分别整编为师、旅，并授权何应钦负责。

陈诚原率总司令部警卫军的两个警卫团和曹万顺所率第十七军的四个团，被合编为第十一师。

一天，蒋介石在办公室接见何应钦，向他问询整编的意见时说起了对陈诚的安排："敬之，我准备让陈诚任第十一师师长一职，不知你的意见如何？"

何应钦一直以来都将陈诚视为自己的主要对手，此时得知蒋介石想将如此重要职务交给陈诚，心里非常不高兴，但自己又不能直接表达反对意见。

何应钦琢磨再三，想到了一个借口，回答道："总司令，我恐怕辞修的资历还不够啊。"

蒋介石没有应声，只是转过身去，背对着何应钦。

何应钦一时没有明白蒋介石这个转身动作的含义，只得接着说："现在，第一集团军经整理后的几个师长，如刘峙、顾祝同、钱大钧、蒋鼎文、方鼎英、卫立煌、陈继承等都比陈诚资历老得多，陈诚的功劳也没这些人大，资历尚浅，如果现在就让他和这些资历功劳都比他大得多的人平起平坐，恐怕会让人不服，以后也怕滋生话端啊！"

蒋介石慢慢移动的脚步突然之间停住了。

他听得出何应钦话中有话，何应钦是在暗示，陈诚担此重要职务，完全是因为他对陈诚的宠信，如果执意这样做，别人可能会说三道四。

"敬之啊，那你觉得谁适合担此职务呢？"

何应钦见蒋介石没有坚持原意，便道出了自己的想法："卑职认为曹万顺比较适合担此职务。"

"哦！说说理由！"蒋介石转头看着何应钦。

"曹万顺原本是福建督军周荫人的部下，周下野后，将部队交给了他。之后，曹的部队先是被缩编为第十七军，现在又缩为十一师，而且自从卑职率部攻入福建，曹万顺率军宣布服膺革命后，就一直协助第一军、第一集团军作战，颇有功劳，而且曹万顺为人平和，部队屡经缩编，毫无反抗。所以，卑职认为如若把曹万顺赶出去，会使北伐后被收编的杂牌军感到心寒，影响不好。"

蒋介石觉得何应钦说得也有道理，无奈之下，只得改变原方案，拟任命曹万顺为第十一师师长，陈诚任第十一师副师长。

陈诚在得悉这一消息后，异常愤怒。若论资历，倒也无话可说，但是，警卫司令改任副师长，他觉得实在太委屈了。这几年，他平步青云，现在如同降职，面子上怎么都过不去。于是，他直接离开南京奔赴上海，不愿就任新职。

后来，还是蒋介石派随从副官胡静安把他从上海找回南京，当面解释。

看着比自己矮半个头的陈诚，蒋介石微笑着拍拍陈诚的肩膀说道："当年，总理命许崇智攻打福州时，曹万顺率部投诚才打下福州，属于早期投诚的有功将领。敬之说如不用曹万顺，便会使杂牌将领寒心，不利于团结，我认为是对的。所以让他当第十一师师长。他的部队曾编为第十七军，后缩编为师，现在又缩编为两个团，已经无势可恃了。况且，嫡系部队将以黄埔学生为中、下级军官，黄埔学生能听曹万顺指挥吗？所以他这个师长，只不过是挂名而已。我派你去，人事、经济大权都交给你，授你以实权，又何必争名义呢？我已再三对你讲过，只要你好好干，你的前途我会逐步安排的。"

陈诚此时才恍然大悟，觉得蒋介石用心良苦。因此，不免感激涕零："蒙钧座知遇，辞修有生之年，当全心报答。"

9月上旬，陈诚在浦口就任第十一师副师长。同时，任命保定军校八期同学罗卓英为师参谋长，陈式正、冯圣法、霍揆彰、萧乾、关麟征等黄埔一期生为团长。

不久之后，陈诚又兼代第三十一旅旅长。这时，曹万顺虽名为师长，但实权完全掌握在陈诚之手。第十一师整编完成后，即开驻芜湖。

陈诚由大权在握的总司令部警卫司令一裁而成为副师长，无论怎么说，对陈都是一种贬抑。

此时，陈诚不仅悟到蒋介石对他的宠信，而且悟到了如何才能稳固自己地位的一番道理。

从进入黄埔军校至北伐，陈诚可谓平步青云。尤其是蒋介石复职以后，他竟一跃成了警卫司令，他认为以后只要紧跟蒋介石，就可以步步登高。然而，这一次的变故让他彻底醒悟了。陈诚意识到尽管蒋介石权倾朝野，也不能无所顾忌，不能仅为了扶植他陈诚，就不顾左右之人的反对，只用他陈诚一个人而不用其他人。而且从另一方面来讲，东征之时，何应钦由教导团长升为师长，他陈诚还只不过是上尉炮兵连长。现在的几个师长，顾祝同、刘峙等，不仅是他保定军校先期同学，而且在东征时都已当上了团长。相比之下，他陈诚的资历确实是太浅了。

因此，他明白了不仅要熬资历，按部就班地逐步升级，而且，必须在军队中建立起一股势力，才能巩固自己的地位。这也为陈诚后来建立自己的"土木系"奠定了思想基础。

陈诚素以"清廉"闻名，他在交接警卫司令部工作时，向蒋介石上交了该部的所有"结余"。这在一般国民党军官是很难做到的，因而深得蒋介石的赞许。

而此时，蒋介石心中已在筹划着，由陈诚去组建一支新的野战部队。

韬光养晦，再立新功

蒋介石此时整编部队，目的事实上是削弱各派系兵力，集中军权于自己一人之手。

而当国民革命军占领北京、天津，之后张学良东北易帜，冯玉祥此时成了最大的输家。因为在四个集团军中，他得的实惠最少。首先是地盘，北京、天津、河北都被阎锡山占去，冯玉祥只得了一个山东；其次是官位，冯玉祥只得了北平特别市市长和崇文门统税局局长；第三是财源，崇文门统税局每月收入能达二十万元，是最有油水的肥缺，但冯玉祥只得此一处，别处都为阎锡山占去。二十万元对有几十万军队的冯玉祥来说，杯水车薪。对此，冯玉祥深为不满。

因此，当1928年6月中旬蒋介石电邀冯玉祥、阎锡山、李宗仁去北京参加善后会议时，冯玉祥便托病不去，电令驻汉口的李鸣钟代表他向李宗仁解释。蒋介石对此甚感难堪。后经李宗仁派人劝解，冯才勉强表示参加。

7月9日，国民政府颁布裁兵令。7月6日和11日，蒋介石在香山碧云寺和汤山召开的两次谈话会中，先后提出了《军事善后案》和《军事整理案》，设想将全国陆军整理为五十万人、十二个军区，全部军费为两亿到两亿五千万元。

1928年8月8日，在南京召开了国民党二届五中全会，会议的中心议题之一仍是整理军事。会议通过的《整理军事案》决定：一是"军政军令必须统一"，"破除旧日一切以地方为依据，以个人为中心之制度及习惯"；二是"全国军队数量，必须于最短期间内切实收缩，军费在整个预算上至多不得超过百分之五十"；三是完成"国军"军事统一教育；四是"裁军为整军理财之第一要务"，实现总理"化兵为工"的主张；五是发展海军、空军及军港要塞之建筑。

蒋介石整理军事的目的，是集中军权于国民党中央，对地方实力派冯玉祥、阎锡山、李宗仁采取的是削弱的办法。在二届五中全会上，通过了冯玉祥为军政部长，阎锡山为内政部长，李宗仁为军事参议院院长。蒋介石希望他们三人"长期驻京"，想将三人调离其实力之所在。

而冯、阎一直将军队视为其私产，在长期的军阀混战中，他们知道军队意味着什么。迫于舆论压力，他们不能公开反对整理军队，但要求和蒋介石同步进行，不能单方面削弱自己的实力。至于说让他们离开自己实力所在的军队，简直就是与虎谋皮。冯、阎都是他们各自所部的家长，整个部队只服从他们一个人，让他们长期留在南京，那会发生什么情况也就可想而知了。李宗仁不怕在南京住下去，因为他有白崇禧、黄绍竑看家。

在裁兵上，李实际上也是主张和蒋同步进行的，他没有直接这么说，却把最最烫手的山芋扔给了蒋介石，李宗仁向蒋介石说："裁兵不难，裁官难，裁高级军官尤难。因士兵均系招募而来，军中逃亡风气很盛，任何军队若停顿一年不招兵，则士兵人数便可能降至半数，如着意裁兵，则下降速度就更快了。至于下级军官，退伍后转业也不难，如强迫他们退伍，尚不致引起抗拒行为。而师长以上将领就不同了。军人到少将以上，便成为一纯粹的职业军人，正如一只桐油桶，除盛油外，别无他用。如对他们任意裁撤，而不予适当安插，他们兵符在握，必然不肯就范，那就反使中央为难了。"

因此，李宗仁建议："由政府提供一笔巨额经费，将各军中的高级将领分批派遣出洋考察军事。一可以增长他们的见闻，再则可以做一回旋的步骤。他们回国后，可令入高级研究机关深造，其可继续任用的，仍给以军职，其不堪造就或自愿退伍的则由国家提供退休金，另谋他业。"

李宗仁的办法确实不错，但是蒋、冯、阎各有打算，因此他的这种想法也就只能是想法了，并不存在实现的条件。

1929 年 3 月 1 日，全国编遣会议在南京召开。会议推蒋介石为编遣委员会常委会委员长。3 月 12 日，会议通过《国军编遣委员会条例》，正式成立以蒋介石为委员长的编遣委员会及其下属机构总务、编组、遣置、经理四部。17 日，通过《国军编遣进行程序大纲》，大纲规定，国民革命军总司令部、各集团军总司令部、海军总司令部撤销，取消之后，设编遣区；全国共设七个编遣区，一、二、三、四区对一、二、三、四集团军进行编遣，第五编遣区编遣原山东省部队，第六编遣区负责西南各省；编遣后的全国陆军不超过六十五师、骑兵八旅、炮兵十六团、工兵八团，总计兵额八十万人。

早在编遣会议前的预备会议中，在"裁留标准"问题上已经发生分歧。开会正式讨论编遣，蒋介石提出了首先编遣第二集团军的计划。拿第二集团军开刀，冯玉祥当然不满。不久，冯就病了。而在此之前，阎锡山早已心急如焚，想出办法，终于让蒋介石允许他回太原一趟，结果他是一去就不复返了。

冯玉祥的病，也由于急于离开南京而日益加剧，"卧房里炭火熊熊，冯氏则卧在床上，盖了两床棉被，满头大汗，呻吟不止。好像真有大病的样子"。终于有一天，"冯氏竟秘密渡江往浦口，乘事先预备的铁甲车返回原防，并留书蒋主席道别"。

冯玉祥装病逃避政治窘境已有先例。早在1928年6月他和李济深、李宗仁一起去北京开善后会议时，大家一起去赴宴，"满面红光"的冯玉祥在李济深、李宗仁面前"频频咳嗽"。

待到宴会结束之后，李宗仁问李济深："你看冯先生在害病吗？"

李济深微笑地说："你看像吗？"

李宗仁哈哈一笑，不再作声。

冯玉祥上次装病倒没什么，这次他这么不告而别，编遣会议也就开不下去了。

3月25日，编遣会议草草结束。

陈诚就任第十一师副师长之后不久，蒋介石和桂系之间的矛盾终于浮出水面，并逐步发展到兵戎相见，陈诚很快便参加了1929年初春的讨桂战役。

原来，自从1927年宁汉战争李宗仁打败唐生智后，李宗仁就以武汉政治分会主席的身份，坐镇武汉，主持湖南、湖北。1929年2月，蒋介石和桂系李宗仁矛盾激化。蒋介石将大批军火经江西秘密运给了亲蒋的湖南省主席鲁涤平，但此事被何键发现，何键乃亲自前往武汉，报告了李宗仁。同时，蒋介石还派人拉拢李宗仁的部下十八军军长陶钧和十九军军长胡宗铎。但二人都是李宗仁在广西时的老部下，怎肯轻易背叛李宗仁，何况李对二人既重用又宽厚，所以二人就将蒋介石离间的事报告了李宗仁，并痛骂蒋介石此举"无聊"。

蒋介石的行为，使李宗仁和他的部下夏威、陶钧、胡宗铎一致认为蒋消灭桂系的计划已到最后实行阶段，乃决定先下手为强。2月19日，武汉政治分会做出决议，免去鲁涤平湖南省主席职，随后派兵赶走了鲁涤平，以何键继任湖南省主席。

武汉发生事变后，蒋介石立即下令"彻查桂军侵湘事"，并调动军队向武汉进攻，令缨培南、方鼎英师由江西进攻鄂南，夏斗寅、刘峙师由河南和安徽进攻鄂东北。此时第十一师正在安徽芜湖，受命归第三军军长朱培德指挥，参加讨伐桂系。大战一触即发。

3月13日，为调解蒋桂冲突李济深由上海去南京，由于李济深和李、白关系密切，蒋当即将李扣押，并派广东籍的孙科等人，到广州鼓动李济深的部下反李。与此同时，蒋介石又派唐生智携巨款到唐山，收买白崇禧部下的李品仙和廖磊。李品仙和廖磊均为唐生智第八军旧部，所指挥的军队也都是唐生智的老部下。所以唐没有费什么大力，就夺走了白崇禧的军权。

幸亏廖磊对白颇有感情，把部队已叛变的消息告诉了白崇禧，白崇禧化装秘密乘一日本轮船逃走。蒋介石对白崇禧非常嫉恨，必欲得之而后快，听说白崇禧所乘日轮将停上海，即下令上海卫戍司令熊式辉，等日本轮船到达时，立即将白崇禧逮捕枪毙。"如该日轮拒绝搜查，则令海军炮舰将其击沉。"这一消息让上海市长张定璠获得，张是白崇禧旧部，就把消息告诉了李宗仁的夫人郭德洁。郭于是设法派王秀文搭乘另一艘日本轮船，在吴淞口外使白的座轮停航，白中途换船，才逃得性命，潜逃回广西梧州。

在解决了李济深、白崇禧两部后，1929 年 3 月 26 日，蒋介石下令讨伐桂系。28 日令朱培德为讨逆军第一路总指挥，从九江、南昌攻武长路（武汉至长沙），截断桂军退往广西的路线；刘峙为第二路总指挥，沿长江西取武汉；韩复榘为第三路总指挥，由信阳、南阳进攻武汉；陈调元为预备队总指挥。蒋介石驻九江，亲自督师作战。

此时桂系武汉各军群龙无首。

4 月 3 日，李宗仁部师长李明瑞、杨腾辉宣布服从中央。夏威、胡宗铎、陶钧见大势已去，于是放弃武汉，向荆州、沙市、宜昌撤退。4 日，蒋军进入武汉，并追击桂军。4 月 21 日，经过和蒋介石几番讨价还价，夏威、胡宗铎、陶钧宣布下野，所部全被蒋介石包围缴械。

讨桂战事发起后，蒋介石起用张发奎为第四军军长，指挥第四师梁培南和第十一师曹万顺部作战。第十一师的行军作战计划是由副师长陈诚和参谋长罗卓英制订的，于 4 月上旬进入武汉。部队进入武汉后，陈诚亲赴汉口、武汉南湖督训部队。随后，曹万顺、陈诚指挥所部向鄂西北进军。1929 年 5 月，十一师到达襄樊一带，所部三十一旅驻柿子铺，三十二旅驻襄阳，三十三旅驻襄阳和双沟。

第十一师进驻襄樊后，南京政府即命第十一师协助改编人员对新编第五师李纪才部进行改编。

新编第五师是国民军第二军胡景翼旧部，士兵大多是陕西人。第五师和冯玉祥的关系很深。所以，蒋桂战争爆发时，冯玉祥曾企图利用和新编第五师的关系，派韩复榘、石友三向孝感、襄樊进军，但由于冯玉祥想坐观蒋桂死拼，待双方拼得差不多再出兵，以致贻误战机。桂军迅速失败，曹万顺、陈诚的第十一师迅速抢占襄樊。

第五师师长李纪才，兼任鄂北清乡司令，指挥所部驻湖北枣阳、襄樊、老河口一带。

此时，蒋冯战争爆发在即，由于襄樊一带战略位置重要，而李纪才和冯玉祥又有较深的关系，以致南京当局急欲改编新编第五师，赶走李纪才，并决定改编工作以第十一师武力做后盾。

1929 年 5 月下旬，由武汉行营参议宣介溪、张乃威等十人组成的宣慰队由武汉出发，前往新五师驻地宣抚。曹万顺、陈诚早已接到协助宣慰人员改编新五师的命令。曹、陈乃决定派关麟征率一营人马，护送宣介溪、张乃威前往新五师驻地。

当宣介溪、张乃威到达新五师时，师长李纪才已离开军中。军中以参谋长、代师长邓英，旅长李凌霄，团长公秉藩为首的支持改编派大占上风，改编顺利完成。

1929 年 6 月，陈诚因事去南京期间，曹万顺和黄埔出身的军官发生了冲突。

原来，第六十二团团长此时为萧乾，萧部有一连长吃空缺，被他查出上报师部，请予处理。曹万顺企图拉拢这个连长，使其忠于自己，不仅未予处罚，反而加以安慰。这个连长见有师长撑腰，更不把萧乾放在眼里，到处扬言"他萧乾有什么了不起的，老子吃空缺了，敢把老子怎么样？"

萧乾在此情况下，跑到武汉，向行营主任何应钦告状，第十一师的其他旅团长也纷纷抱不平。在此情况下，蒋介石将曹万顺调任新编第一师师长，十一师师长由陈诚升任，陈诚如愿以偿执掌十一师。

冯玉祥本打算趁蒋桂战争之机捞上一把，事实很快就证明他是赔了夫人又折兵。

当蒋桂战争发生后，蒋介石一面派邵力子和马福祥携重金见冯玉祥，一面又答应打败桂军后将武汉地盘让给冯玉祥。冯玉祥利欲熏心，竟然相信了蒋介石的话，于 4 月 8 日通电响应唐生智，声讨桂系。

由于桂军前线总指挥李明瑞临阵倒戈，蒋军进展极其神速，很快占领了武汉，但蒋并没有兑现诺言把武汉让给冯玉祥。再加上蒋介石又要陈调元部驻胶东，冯部控制山东的事有名无实，冯玉祥因此对蒋介石不守承诺的做法非常不满。4 月 20 日，冯通电不就任行政院长职位，26 日冯部孙良诚辞去山东省主席。蒋则立即任陈调元为山东省主席。冯玉祥因此大骂蒋介石不是东西。

4 月 24 日，冯玉祥在开封召开高级将领会议，决定收缩战线，撤退在山东的部队。随后韩复榘、石友三、马鸿逵、庞炳勋等也奉令率部从河南撤入陕西。冯还命所部将京汉路上武胜关隧道和陇海线上的重要桥梁炸毁，以延缓蒋军调动。5 月 15 日，冯部将领刘郁芬、孙良诚、韩复榘等通电请冯率部反蒋，冯部二十八位高级将领还联名通电请蒋下野。

蒋冯大战，一触即发。

蒋介石对付冯玉祥，采取了武力解决和内部分化两种手段。他令朱培德的第一路军集中于徐州、开封之间；刘峙的第二路军集中于信阳、襄樊一线；唐生智的第五路军集中于洛阳、郑州一带；集结主力在豫西、鄂西及平汉陇海沿线一带，静候冯部。

1929 年 4 月 8 日，蒋介石和韩复榘在汉口会晤，蒋收买了韩复榘。5 月 22 日，韩复榘、石友三通电"维持和平，拥护中央"，蒋立即任命韩为西北军总指挥统率驻陕甘部队，河南省主席石友三为讨逆军第十三路总指挥兼安徽省主席。同时，刘镇华、杨虎城、马鸿逵也都宣布叛冯投蒋。冯在无可奈何之下，于 5 月 27 日宣布入泰山读书。6 月，冯玉祥去山西，企图说服阎锡山共同反蒋，被阎锡山软禁在五台县建安村。

1929 年中秋之夜，阎锡山夜访冯玉祥，愿意共同反蒋，双方约定，由冯部先发动，阎军响应。

1929 年 10 月 10 日，西北军将领宋哲元等二十七人通电反蒋，然后兵分三路，进攻河南。

11 日，蒋介石下令讨伐。由唐生智率第五路军三个军，在郑州以西攻击孙良诚部；以方鼎英所率第一路军集中于叶县、舞阳、西平、郾城一带，对付孙连仲、刘汝明部；以刘峙所率第二路军，集中于鄂北广水、花园、襄阳、樊城、老河口一带，对付张维玺和吉鸿昌部；又命杨森部到荆州、沙市一带支援。

于是，双方在中原展开了一场地域辽阔的大战。

蒋冯战争开始时，陈诚部正驻在襄阳、樊城一带，受刘峙指挥。刘峙命陈诚部守襄阳，并指挥罗霖独立第四旅守南漳。10 月中旬，张维玺部进攻南漳，罗霖旅抵挡不住，激战一天，撤回襄阳。张维玺于是挥师经尹家集、隆中等地向襄阳城郊进攻，和陈诚部展开了激烈的攻防战。激战两天，蒋军援军赶到，张维玺军抵敌不住，向后败退。11 月 17 日，刘峙致电蒋介石，报告陕南冯军已被击败。

冯玉祥部出兵后，阎锡山的态度又有了变化。从内心里说，阎锡山也是反蒋的，但他知道不能信任冯玉祥，他的目标是蒋冯打得两败俱伤，最后都臣服于他。在阎锡山的小算盘中，最好是让冯军先败，使之锐气和实力得以削弱，不得不依靠和晋军的联合。

所以，一开始阎锡山就有意让冯军去吃一下苦头。另一方面，蒋冯战争开始后，蒋介石一直着意拉拢阎锡山。先是 10 月 18 日派方本仁前往太原，传达委任阎锡山为上将海陆空军副总司令的消息，接着蒋力推阎锡山的亲信赵戴文代理国民政府主席，最后又派何应钦亲自去太原，给阎锡山送海陆空军副总司令委任状。阎锡山一时间架不住蒋高官厚禄的拉拢，先是劝冯玉祥停战，后来就准备直接武力支援蒋介石了。12 月初，冯军全部败回陕西。

当蒋介石 11 月 20 日离郑州回汉口时，令唐生智全权负责对冯军事的善后工作，并调石友三部去广东。

但是蒋介石万万没想到，就在 12 月 3 日，唐生智忽然通电反蒋。同时，石友三因怕遭蒋暗算，拒赴广东，在浦口反蒋，并隔江炮击南京。受石友三的影响，韩复榘也通电反蒋。

唐生智在冯玉祥西北军反蒋时不与冯合作，猛烈攻击冯军，待冯部失败后，再举兵反蒋，据唐自己说是因为宋哲元太傲，他出兵拒冯，是想挫一挫宋哲元的锐气。实际上，这时蒋介石的部队和冯玉祥部刚经大战，正在追击；在南方和桂张军的作战也正在紧张进行阶段，后方空虚，唐生智趁机反蒋，正是最佳时机。

12月初，石友三在浦口宣布反蒋，炮击南京时，蒋介石正在南京，南京防卫空虚。但由于石友三胆小，事先又未准备渡江工具，炮击一阵过后马上向北撤走。蒋于是从容部署对唐、石的进攻。急调在鄂西北追击冯玉祥张维玺部的蒋鼎文、赵观涛、夏斗寅、陈诚四个师，由刘峙指挥撤回到平汉路南段迎击唐生智，使其不得攻占武汉。

12月5日，唐率刘兴、龚浩两师和门炳岳骑兵旅南下，经郑州、许昌，沿平汉路南下，直指武汉。并在沿途委派很多杂牌军的师长当军长，唐军行到驻马店、确山地区时，停了下来，等待响应部队支援。

这时，陈诚部已进入鄂西北的均县、郧县一带。蒋介石不得不急调第六、第九、第十一、第十三四个师火速撤回平汉线抗击唐军。

军情紧急，各师忙于开拔。

而此时，陈诚却不急于行动，他一面传令部队整装，一面找参谋长罗卓英分析当时的形势："汪精卫既已煽动唐生智、张发奎发难，必然还会去煽动两广新军阀起事。桂系军阀虽然新败，却死而不僵；广东方面早有异动，编遣会议对新军阀都不利；汪精卫活动能量很大，在广东方面又有影响，所以很容易煽动广东新军阀起事。唐生智是湖南军阀，在地方上很有影响，湖南省主席何键左右摇摆，如若他起兵响应，两广和湖南连成一片，危及武汉，蒋军将受到两面夹击！蒋军兵力有限，又不可能分兵抗击，所以必败无疑。"

罗卓英连连点头："师座分析得极是，必须想办法不让他们联合起来。"

陈诚对罗卓英说："所以为今之计，先要设法控制住何键。因为

69

两广起兵必经湖南，何键方面若按兵不动，对两广就起到阻碍作用，即便缓冲一下，等我们解决唐军后，再对付两广也容易得多。更何况只要保证湖南局势稳定，就可以抽调防卫武汉的兵力去抗击唐军，增加了抗击唐军的力量。"

陈诚接着说："据我所知，何键手下主力旅长王东原，是我们保定八期的同学，平日和你交往甚厚，所以我打算派你去说服王东原。只要王东原按兵不动，何键就无所能为了。不知你意下如何？"

罗卓英表示赞同："你考虑得很周到，我愿意去湖南找王东原。"

陈诚当即发电报请示蒋介石，蒋回电表示赞同，陈诚便命罗卓英启程去湖南。

罗卓英到湖南找到王东原，凭三寸不烂之舌，果然说服了王东原保证按兵不动。这样，蒋介石才放心调防卫武汉的第一师参加抗击唐军的战斗。

由于有王东原牵制，何键果然没有举动，加上桂张联军攻广州过早失败，这使武汉行营主任何成浚腾出了手来，何督率第五路军北上，参加讨伐唐生智的战斗。

陈诚率第十一师最后出发，昼夜兼程，每日行军达五十多公里，先后经武胜关、平靖关，向河南确山挺进。

急行军途中，陈诚要求部下军官：作战危急时刻，必须身先士卒；行军艰苦阶段，不得以车马代步。他本人身体力行，各级军官也不辞劳苦。部队进武胜关入豫南，行程千里，将士不免叫苦。陈诚中途集合部队训话，承认急行军全师没有饱餐机会，天寒地冻，行军困难，等等。

在行军的间隙，陈诚来到战士们面前，他勉励全体将士：

"自北伐以来，千千万万先烈为打倒列强、扫除军阀抛头颅、洒热血。北伐获得初步成功，但国家尚未统一，原因就在于各派新军阀拥兵自重，重蹈旧军阀覆辙。如果不消灭这些新军阀，北伐的成果便化为乌有，国家的统一无希望，先总理遗愿不能实现，百姓还受奴役，北伐以来死难先烈九泉之下不能瞑目！现在，打倒列强、消灭新军阀的重任，就落在我们的肩上了。

"所谓'养兵千日，用兵一时'，现在政府要用我们了，我们是军人，应视死如归！既然死都不怕，还怕眼前行军这点儿困难吗？前线在等着我们去支援，'救兵如救火'，我们只有以最快速度到达指定地点，并马上投入战斗，才能赢得胜利。"

由于长时间急行军，许多人脚上起泡了，士气大受影响。

陈诚又给战士们训话："起几个血泡算什么？你们看，我的脚上也起泡了！怎么办？是不是就这样瘸着脚上前线？

"不是！我们要像藐视列强和新军阀那样藐视这点儿伤痛，把脚抬得高高的，像砸在敌人头上一样踩下去。把血泡踩破，然后继续跑步前进！"

陈诚当众咬牙，使劲踩破了脚底板的血泡，紧接着各级军官也跟着照办。

经过陈诚一番鼓励，顿时士气大振，行军速度更快了。

刘峙的第二路军先赶到确山附近，与汤军发生遭遇战。夏斗寅率第十三师也赶到，当即投入战斗。几乎就在同一天，其他三个师陆续到位。这是唐生智始料不及的，慌忙布置兵力抵抗。

陈诚率第十一师部署在刘店以北地区。

当时，正值隆冬腊月，天降大雪，深可没膝，战士行动极其不便。但战斗正激烈进行，陈诚不能安坐指挥部，仍旧冒雪穿梭于各阵地，了解敌情，指挥作战。战士们亲见师长浑身雪泥，很受感动，因此人人奋勇，个个争先。

当时的兵器杀伤力远不及现代，但两军短兵相接，伤亡也十分惨重。唐生智部的骑兵旅门炳岳部以其优势，在战场上十分活跃，一度绕到刘店袭击第十一师指挥部。第十一师六十三团吴良琛部虽靠近师指挥部，但因大雪行动不便，且受到阻击，无法救援师指挥部。陈诚亲率特务营顽强抵抗。

关键时刻，第十一师六十五团自信阳押解弹药赶到，当即投入战斗，随后第一师闻讯也派团长丁德隆率部增援，才将门炳岳旅击退。

在冰天雪地作战，部队补给困难，将士不得休整，一些人思想发生动摇，认为这仗无法再打下去了。

陈诚勉励将士们："我们与敌人同在一个战场，我们的困难处境，同样也是敌人的困难处境。在这种情况下，坚持就是胜利——谁能坚持到底，胜利就属于谁，我们是久经战场、训练有素的中央军，敌人是叛军，乌合之众，难道我们的耐力还不及他们吗？"

唐生智起兵时，本是和广西部队进攻广东相呼应的，北方唐生智进攻武汉，南方桂张联军进攻广州。12月12日，桂张联军进攻广州失败，退回广西。

唐生智忽而拥蒋、忽而反蒋的行为，在唐部官兵思想中，造成了极大的混乱。

陈诚觉得这是一个可以利用的好机会，于是命人在前线展开心理攻势，利用双方歇火的间隙，向对方喊话：

"老乡们，你们想一想，唐生智在这一年之中，几次拥蒋又几次反蒋，是不是反复无常的小人啊！我们北伐军要打倒列强，消灭军阀，唐生智却勾结大大小小军阀反对中央，是不是造反啊？你们为什么要给他卖命啊？你们快过来吧。我们长官说，只要你们过来就是好弟兄，罪过都是唐生智一个人的！"

陈诚这一招非常奏效。很快，唐军中校团副罗少甫、少校营长杨乾吉率两个营在阵前向陈诚十一师投诚。

陈诚见唐军已动摇，便写信给唐部军长刘兴，历数唐生智反复无常及新军阀对国家统一的危害，劝其不要冒天下之大不韪，请速离去，来日尚有报国机会。他还派师部军需科长叶中青携现款五千元将信一并送去。刘兴果然弃唐投蒋。

刘兴的投诚，让唐生智顿感情况不妙。

此时，唐生智部队军心不稳，又遇大雪，要想摆脱困境，必须尽快突围。然而，唐生智此时竟然听信了一位江湖术士的话，延误了战机。

原来，唐生智行军打仗时，随身总带着一位姓顾的和尚，每有重大行动，必先请顾和尚算一卦。顾和尚本名顾子同，是扬州一带一个信奉佛教密宗的居士，能言善辩，精于政治手腕，擅长揣摩人心。1922 年顾和尚经人介绍，认识了唐生智，从此唐尊顾为老师，唐部官兵见顾如见唐。

此时是否突围，关系唐军存亡，唐生智请顾和尚算一卦。这位顾和尚用奇门遁甲给他算了一卦，说什么"吉人自有天相，危难之时必有贵人相助！"

不料，这番鬼话倒"正中下怀"，因为唐生智事先与阎锡山勾结，阎答应派杨虎城部相助。唐生智希望这支生力军的赶到能改变战局，所以听信了顾和尚鬼话，放弃了尚可突围的战机。

可是，唐生智万万没有料到杨虎城早已与蒋介石暗通消息。冯钦哉奉命率部由徐旗镇奔袭驻马店，截断唐军后路，使本已无斗志的唐军全面崩溃，纷纷缴械。

第四章 另起炉灶，"土木"渐成栋梁

多次的起起伏伏，使陈诚意识到"头衔"不过是虚名，有了足够的实力，不愁没有更高的头衔。

事实上，早在 1928 年 9 月陈诚就任第十一师副师长之时，他就明白，要想有所作为，必须在军队中建立一股属于自己的势力，这样才能巩固自己的政治地位和军事实力。

从零开始，打造嫡系

在河南确山大败唐生智后，陈诚率第十一师开赴武汉整训。

此次平定叛乱，论功行赏，蒋鼎文、赵观涛升任军长，但立下汗马功劳的陈诚并未升迁。1930 年元旦，蒋介石开庆功大会，授阎锡山一等宝鼎勋章，授张学良青天白日勋章，陈诚却只得了一枚三等宝鼎勋章。尽管他也意识到可能是自己仍旧"资历不够"，但心中还是不能了然。蒋介石心里也知道亏待了陈诚，于是授意他扩编军队，壮大实力。不久，陈诚就收编了曹万顺残部六十六团和徐声钰独立十三旅，使十一师成为三个旅九个团的甲种师，麾下两万两千多人，比拥有两个师四个旅八个团制的一个军实力还强。

这样，多次的起起伏伏，使陈诚意识到"头衔"不过是虚名，有了足够的实力，不愁没有更高的头衔。

事实上，早在 1928 年 9 月陈诚就任第十一师副师长之时，他就明白，要想有所作为，必须在军队中建立一股属于自己的势力，这样才能巩固自己的政治地位和军事实力。

中国的官场派系和主导势力，自古以来大多是以亲族、同乡、同学为基础。

居于首位的便是亲族和同乡。早在刘邦平定天下时，就大封刘氏子嗣，刘邦子侄为王为侯者，遍于天下，显赫一时。刘氏近亲吕氏、樊哙，也因缘而起。而自沛县起兵就追随刘邦的乡党故旧萧何、曹参、王陵、周勃、灌婴等人也先后出相拜将。至于历史上说的汉高祖屠戮功臣，被烹的"走狗"，只是韩信、彭越、英布之流，他们既不是刘邦的亲族戚族，也非沛县故旧。

除此之外，便是同窗。自东汉以后，经学兴盛，一些高官饱学之士聚徒讲学。而这些学徒受教之后，又受高官饱学之士推荐，出而为官。于是师徒相捧、同窗互荐成为风气。到了东汉末年，一些累世不衰的经学大家，如出生了袁绍、袁术的袁氏和出生了杨震、杨修等的弘农杨氏，已是"门生故吏，遍于天下"。以后，这种以师生、同学为纽带的关系进一步得到发展，以至于得了功名的学子都成了主考官的"门生"，同年考中的进士、举人，成了类似同学关系的"同年"。

陈诚既不是王侯将相之后，也没有高官厚爵之缘，因此，陈诚清楚只能依靠同乡和同学，一切从零开始，一步一步打造自己的嫡系。

陈诚决心以整训第十一师作为自己事业的起点。他上任副师长之后，就立马开始对其所属各部队进行严格的整训。师长曹万顺知道陈诚是蒋介石的亲信，自己只是过渡人物，很多事情也就不多加干涉，加上自己又是出身草莽，大字不识几个，对于现代部队正规训练懂得也很少，于是放手让陈诚去干。而陈诚对曹万顺表面上也十分敬重，这使曹对陈也颇为信任。

既然要建立属于自己的势力，首要条件就是用好人。而陈诚的用人之道，就是其后来成功的秘诀之一。

此时，十一师共有三旅六团，在整顿方法上陈诚基本上效仿严重在二十一师时的做法，即"三公开"原则："经济公开""人事公开""意见公开"。陈诚主要使用黄埔军校毕业生，在当时六个团长中，关麟征、陈又新、吴良琛、霍揆彰、滕云都是黄埔毕业生，只有李明是曹万顺带来的旧人。三个旅长罗卓英、林蔚、桂永清更是在后来成为国民党军中精英，罗卓英在很长时间内作为陈诚的副手，后来还就任中国远征军司令，桂永清后来成为国民党海军总司令，而林蔚则历任军令部次长、参谋次长、蒋介石侍从室主任等重要职位。

曾经，陈诚重用黄埔学生的做法，一段时间内被很多人指责，说是讨好蒋介石的手段。因为，大家都清楚，蒋介石是黄埔起家的，黄埔学生是蒋介石政权的基础。但事实上，黄埔军校毕业生在当时出任中下级军官确实是比较合适的，因为黄埔军校毕业的这些青年军人，有知识，受过专门训练，颇有抱负，更有一定的军事专长。因此，陈诚用人的原则是：不论亲疏，只要有才能、会带兵、能打仗、没有不良嗜好、不贪财，都是陈诚欢迎的人。

宋瑞珂后来回忆说："陈诚任师长后，曾多次要我们介绍黄埔三、四期同学来十一师工作。三期以营长或少校团副任用，四期以连长或营副任用。他要求的条件是会带兵、能打仗、没有不良嗜好、'不贪财，不怕死'，要能为蒋介石的统治卖命的人。"

实际上，早在黄埔军校时，陈诚就是严重的部下，严重对陈诚期望殷切，督教也十分严格。陈诚也处处以严重为榜样，以师长尊称，并长期伴随身边辅助。加上严重和陈诚严于律己，公正廉洁，处事公道，生活简朴，在广大学生和官兵中，产生着潜移默化的影响，赢得了广泛的口碑和敬重。

北伐开始时，严重在二十一师提出"官长士兵化，士兵民众化，民众革命化"的口号，意思是说，各级长官在执行任务时，要和士兵同行；各级官兵要与百姓和谐相处，获得平民百姓的拥戴和支持，同时还要教导民众支持革命。

在这个口号发布后，时任十一师副师长的陈诚首先以身作则，带头在全团做表率。各连排长、指导员都肩背马枪，与士兵同吃同住；不仅官兵纪律严明，与民众相结合，同时也引导民众接受革命号召，与国民革命军融为一体。每到一地，都召开军民联欢大会，宣传革命道理。

同时，他还主张实行"民主治军"，部队各级官长可以互相批评，以区别旧军阀的部队。

陈诚非常注重部队日常的训练，他规定：部队驻防三日便要出操上课；驻防期间，必须制订详细的训练计划，严格落实。另外，部队还要经常进行实战演习、实弹射击，他认为平时训练的成果是战场打胜仗的基础，训练的好坏直接决定了战场上形势的走向。陈诚不辞劳苦，终日奔波，在三个旅团穿梭巡视，督促加强训练。

一天，他来到第三十一旅旅部。恰逢随旅部驻扎的第三十一旅六十二团第一营正在操练队列，他观察一会儿，发现第一营一个连在操练时步调与其他三个连不一致，而且队形颇乱。

他看了许久，营长始终不能将其纠正过来，越看心里越烦躁，便将营长叫过去训斥道：

"我看了这么久，你都没能把部队训练好。你这种能力，怎么能当营长呢？"

营长受训斥默默无言，陈诚拂袖回转旅部，余怒未消地质问桂永清：

"那个营长叫什么名字？连队列训练都组织不好的人，怎么能留在十一师呢？叫他另谋高就吧！"

左右之人见陈诚动怒，都面面相觑，不知如何回答是好。

此时，旅部中校参谋黄维挺身而出，直言道：

"报告副师长，刚才那个营长姓方名靖，字海镰，早年在粤军许崇智部服务，任少校营长，后进潮州分校第二期毕业，是我们营、团长中资历较深的一位，而且作战很勇敢。东征攻惠州时，他率敢死队第一个登上惠州城。副座刚才在操场上看到的四个连，其中之一是原曹师长警卫营的一个连编遣下来的。该连长自恃是师长的人，不听营长指挥，所以才发生这种混乱之事。方靖曾将此事向团长报告过，没有得到解决。此事部下也听方靖讲过，请副座明察！"

黄维这一番话涉及多人，又事不关己，一般人是不肯讲的，但

77

黄维秉性耿直，嫉恶如仇，竟不顾得罪数人而直言了。

"啊，竟是他吗?"陈诚想起了在惠州攻城时，与方靖曾有一面之识，因此颇后悔当时过分急躁了。

他转而质问团长陈又新:"方营长向你报告后，你为什么不处理? 下级不服从上级，怎么能把部队训练好? 这样的下级，你还留着他做什么?"

陈又新惶惶答道:"报告副座，部下已接到调陆军大学受训命令，只等新团长来接任就离职了，所以……"

陈诚一听，顿时明白对方是不愿在即将离任之时，还得罪下面的人，更何况这个连长又是师长的亲信。因此他十分不悦地说:"啊，你急于脱身是吗? 那好，你要走现在就走，把职责暂交副团长代理就是了!"

陈又新受到训斥，十分惭愧，次日便向副团长李守维办了移交，去陆军大学受训。

陈诚在旅部住宿一晚后，次日天明又到操场。

此时第一营还在操场做早操，陈诚将方靖叫到跟前，抚慰道:"方营长，昨天回到旅部，听黄参谋报告，才了解你营的情况，确实难为你了。昨天是我不了解情况错怪了你，希望你不要挂怀。关于那个连长的事，我已吩咐将其调开，这样你就好训练部队了。我们在惠州曾有过一段并肩作战之谊，望你今后好自为之。"

很快，副师长向营长道歉的事传扬到了十一师各部队，影响深远。因为第十一师是由几个部队合并组建的，军官们都在其他部队干过很长时间。其他部队，一师之长高高在上，极少与下级军官接触。发号施令完全凭主观判断，错了就错了，绝不允许下级反驳指出。

陈诚却能当众向一个营长认错，这在别的部队绝不可能，很可能的是将错就错，把这个营长撤职或调离。而陈诚这一举动，赢得了部下们的爱戴和拥护。

除了开明用人和重视日常训练之外，陈诚对财务管理也非常严，他本人更是以身作则，在这一点上他受严重的影响也很大。严重离开二十一师时，将师部所有的公积金全部移交给了陈诚，这在过去的部队里是没有的。当时部队的财务是在师一级，公积金就等于是师长的小金库。师长离任时，通常都会带走。而陈诚离开二十一师时，仿效严重，将手里的公积金全部移交给了下任师长陈继承。实际上，早在1928年6月，陈诚的国民革命军总司令警卫司令部被遣散时，陈诚就将该部结余全部交给了蒋介石，这让蒋介石对他人为赞赏。陈诚用自己的言行为底下官兵做出了榜样，因此陈诚使用军官的条件之一，便是"不贪财"，对军队中出现的吃空额、克扣军饷等现象，更是恨之入骨。

1929年6月的一天，驻守襄阳的陈诚吃完晚饭，散步到澡堂洗澡，洗完离开时，有两个洗好澡的十一师士兵在休息，看到师长出来，起立敬礼。

陈诚见是自己手底下的士兵，于是吩咐卫士为二人付账，并顺便问起了他们的情况。

"你们是哪个部队的啊？"

两名士兵如实报告了自己的部队番号，但没有多言。

"你们所在的部队现在士气如何？"陈诚接着询问。

两名士兵一听师长要打听具体情况，支吾再三，低下头，不吭声。

陈诚一看他俩不回答，心里明白这里面一定有蹊跷，于是追问。

"怎么不说话啦？如实回答，我不会追究你们。"

两个士兵颤颤巍巍地说："报告师座，现在部队士气低迷，日子也不好过。"

"怎么回事？快说。"陈诚急促地问道。

"报告师座，现在我们已经两个月没有发饷了，好多人都在骂娘。"

陈诚一听，心想：自己苦心整训部队这么久，各部队士气都不错，怎么还存在这样的事？

于是，陈诚立刻吩咐随从回师部了解情况。

陈诚回到师部后立刻询问会计科长，科长回答："报告师座，各部队军饷均按照师座要求按时发放，无一漏缺。本月的军饷已于月初发到各团部，上个月的已经发下去一个多月了，各团也报告已经发放至各连队，至于连队是否发放到个人手上还不清楚。"

陈诚立即命令彻查那两名士兵所在连的军饷发放情况，经调查得知，原来是该连长挪用了饷银一个月。

军法处按军法条文，判处该连长撤职并判刑，而气在头上的陈诚决定杀鸡儆猴，批示将该连长枪决。

除了彻查各部队的军饷发放情况之外，陈诚还要求各部队严查吃空饷、贪污、赌博等情况。

1928年春，陈诚派宋瑞珂到飞机掩护大队任队副，有人向宋报告该大队大队长张有余吃空额五名，工兵连还有五名。宋瑞珂立刻来向陈诚汇报，陈立即下令查办。由于陈诚对挪用军饷、贪污、吃空额打击严厉，经过一段时间的整顿，所辖各部几乎再没有敢触犯者。

陈诚不仅在平时的训练和管理中严格要求自己的部队，在作战行动中更是要求战士们严守战场纪律。

早在陈诚迎击唐生智时，所属各部均是轻装出发，沿途翻山越岭，昼夜不息，结果部队取水做饭的水桶、饭锅丢弃净尽，被迫向民间取用。部队到达酱园店，陈诚一看，非常生气，集合队伍训话说："我见你们队伍常挑老百姓的箩筐与水桶，甚至连锅子都挑来了，形形色色，如同土匪，还算得上是革命军吗？这种情形，难道你们都看不见？以后如再有违反纪律乱挑百姓用具，我要同你们拼命。"

开明的用人制度、严格的内部管理、融洽的官兵关系、正规而合理的训练和严明的纪律，使陈诚的十一师各部战斗力迅速提升，很快就成了南京政府的主力部队。

中原混战，身先士卒

蒋介石连败桂、直两系军阀，之后又平定唐生智叛乱，使得各

80

系军阀人人自危。尤其是阎锡山，他越来越感觉到蒋介石下一个打击的目标就是他了。

1930年1月，阎锡山以统一国民党和结束分裂为号召，要求蒋介石"礼让为国"，并表示愿与蒋同时下野。

蒋复电批驳，称："时国难正呕，非我辈自鸣高蹈之时。若因反动派谋叛不已，而轻弃党国赋予之重责，以张若辈之气焰是乃助乱奖争，与礼让为国之旨适得其反"；"礼让为国"，"无异为反动者解除本党武装，阻止本党革命"。

蒋介石拒绝了阎锡山的主张。

2月19日，阎锡山致电胡汉民、谭延闿、王宠惠三院长，以民主政治相号召，反对个人以党的名义搞独裁，声称："君主是一政治之轨道也；民主是一政治之轨道也；党主是一政治之轨道也。君主政治有挟天子以令诸侯者，必动全国之兵；民主政治有挟国会以行专制者，亦必动全国之兵；弟意党国政治亦然……一二三四集团军之军权交于党，党国之基础必能稳固。若交于人，党国之危险，恐有甚于今日者。"

阎锡山的声明中明确表示全国的军权不能交给一个人，事实上是反对蒋介石独裁。随后，阎又提出了由全体党员总投票解决全国党争，将四个集团军交给党的办法。

旅居法国的汪精卫一直不甘寂寞，时时希望东山再起。除了蒋介石嫡系外，冯玉祥、阎锡山、陈济棠、李宗仁、唐生智、石友三、何键等都是汪派政客游说联系的对象。唐生智、石友三反蒋失败后，汪派势力与太原方面联系更加频繁，汪的干将频频活动于上海、太原之间。汪精卫本人也亲自致电李宗仁："希望捐弃前嫌，共为改革本党而奋斗。"

2月21日，上海二届国民党中央执委会和汪精卫同时发表宣言，斥责蒋介石和南京政府等同于北洋军阀，李宗仁和张发奎声称必须打倒蒋介石，才能使党国统一。

蒋介石意识到北方各军阀和汪精卫有联合之势，开始采取行动。

22日，蒋介石致电阎锡山，表示不再与阎通电辩驳，要求阎要么和冯玉祥一起出洋，要么取消阎共同下野的要求。

23日，阎锡山发表对时局的主张，要求蒋介石对内通过全党投票决定国是，平息党争；对外采取强硬措施，保护国家权益。此主张获得全国广泛同情，共有四十五人联合署名。汪精卫于24日致电阎锡山，表示赞同："若行总投票，则全体党员之公意也。此表现与全体党员大会无殊。其所取决，无论何人，均当服从，望公提倡进行。"

这样，反蒋势力逐步开始携起手来，形成了一个反蒋大联合。

鉴于蒋介石毫不妥协，1930日2月26日，阎锡山于建安村将冯玉祥迎回太原，解除对冯的幽禁。28日，阎、冯等三十四人在太原召开军事会议，决定："一、各将领联电挽阎，中止出洋；二、积极准备对蒋作战；三、预筹军费；四、征集粮饷；五、派人联络友军；六、晋陕军同时出发，全力攻击京汉与津浦线；七、策动中立军队参加反蒋战争；八、太原军器厂赶制军器。"

3月6日，蒋介石下达讨伐命令，讨伐冯、阎。14日，第二、三、四集团军五十七名高级将领电请蒋介石下野。

15日，五十七名将领联合推选阎锡山为中华民国军总司令，冯玉祥、李宗仁、张学良为副总司令，集各系杂牌部队六十余万人，共同反蒋。同时汪精卫派和西山会议派开始在北平酝酿扩大会议，准备组织新的国民党中央和国民政府。3月20日，太原各党部联合办事处，正式迎汪讨蒋。

4月1日，阎锡山在太原宣誓就职，设总司令部于石家庄，开始调兵遣将，准备开战。

4月5日，蒋介石以国民政府名义正式下讨伐令，从此拉开中原大战的序幕。

在对阵阎、冯、李等军阀的交战中，蒋介石已多次获胜，所以对此次声势浩大的攻势，蒋介石一开始并不惊慌。他分析情况，认为奉系军阀张学良尚不至于率部入关，李宗仁尚未恢复元气，其余乌合之众，都不足为虑，最担忧的是冯玉祥，他虽两败却都并未伤其主力，阎锡山实力最为雄厚。所以实际上只需要集中优势兵力击败冯、阎，其余便会"树倒猢狲散"，稍事扫荡即可。

战争开始后，阎、冯、李方面以李宗仁、张发奎部为第一方面军，李宗仁为总司令，黄绍竑为副总司令，下辖张发奎、白崇禧、黄绍竑三路大军，北上经湖南进攻武汉。冯玉祥部西北军为第二方面军，冯玉祥为总司令，下辖孙良诚、刘郁芬、宋哲元三个军团，主攻平汉路和陇海路，以武汉和徐州为攻击目标，然后与第三方面军会攻南京。第三方面军总司令阎锡山，下辖孙楚、傅作义、杨效欧和张荫梧四路军，作战方向为陇海路正面和津浦路，进攻徐州和南京。第四方面军石友三、第五方面军孙殿英协助陇海线作战。第八方面军樊钟秀在平汉线作战。

南京方面以韩复榘为第一军团总指挥，守黄河南岸；刘峙为第二军团总指挥，守徐州、汤山、宿县；何成浚为第三军团总指挥，在许昌以南布防；陈调元部为总预备队，与马鸿逵部防守鲁西济宁、曹县一带。由何应钦任武汉行营主任，指挥武汉方面对李宗仁、张发奎及鄂西来犯军事。任杨杰为总参谋长，协助蒋指挥全军作战。5月11日，蒋介石下达总攻击令，向陇海线发动全线进攻。

蒋介石选择的第一个攻击目标便是夺取商丘。因为商丘是陇海线上的一个战略要地，取得商丘则北可控制济南，进攻平津，东可下徐州，威逼南京。

鉴于陈诚十一师的强大战斗力，加上十一师现在士气又高，因此，蒋介石调陈诚师作为强攻商丘的主力部队。

1930年5月初，陈诚率部经徐州向西推进。5月7日，陈诚部的六十四团率先接敌，经过简短接触便驱散了刘堤围、万选才部派出的侦察部队。次日，十一师独立旅攻占马牧集。全师跟踪追击，占领朱集车站并包围了商丘城。随后，与冯轶裴的教导一师协同攻占商丘，冯军万选才部师长万选才的弟弟万殿英被十一师俘虏。随后，十一师继续向柳河、宁陵推进。

知己知彼，百战不殆。陈诚在每次作战行动发起前，都会详细了解对手的情况，尤其战斗指挥员的个人情况，并根据对手的特点制定相应的战法。尤其是劝降纳叛这一招，在对各军阀部队的作战

83

中，陈诚更是屡试不爽。

这一次，在行军途中，陈诚得知宁陵的守将是保定八期毕业的同学刘茂恩。陈诚觉得这又是一次劝降的难得机会。于是，陈诚立刻派人手书一封给刘茂恩：

吾兄：

　　良臣择主而事，良禽择木而栖。祖国灾难深重，百姓渴望统一，军阀背天理、逆人情，已成垂死挣扎之困兽。兄若能弃暗投明，弟当于蒋公台前力保前途勿虑。

辞修

此时，刘茂恩刚投诚冯军不久，在蒋军大军压境的情况下，决定弃冯投蒋，于是将万选才扣押，率九个步兵团和一个炮兵团开城迎接陈诚。

陈诚当即将劝降刘茂恩一事报告蒋介石，蒋介石闻知大喜过望，当即委任刘茂恩为第六十六师师长，参加对晋军的作战。

这样，陈诚出师大捷，未费一枪一弹，便占领了宁陵和睢县。

大破敌阵，有勇有谋

受初战告捷的鼓舞，蒋介石将司令部设在朱集车站，刘峙进驻柳河，督饬所部全线发起进攻。刘峙、顾祝同、陈继承、张治中等师向兰封进攻，晋军第一路关福安军在曹县附近被赶回兰封，损失颇大。同时，蒋鼎文师和赵观涛师逼近杞县；陈诚师攻击兰封、杞县之间的杨润集、柿树集。

晋军历来擅长防守，开战以后，又在兰封、杞县一带构筑了坚固的工事，加以冯、晋两军都长于夜战，很快双方在兰封、杞县附近形成了艰苦的拉锯战。从5月下旬起，双方一直处于胶着状态，蒋军伤亡日增，十分被动。6月初，为突破晋军防线，陈诚自告奋勇，提出中间突破的作战方案。企图由十一师在杨涧集打开缺口，然后左右席卷。6月12日，陈诚部进行了激烈的攻击作战。拂晓，陈诚指挥两个旅由褚庙、吴家一线，猛攻冯军宋哲元的突出部，先后攻占蒋凹、石槽、王楼、张牌楼等地。但突遭冯部炮兵袭击，两旅损失颇重。陈诚于是使用预备队，以一个团向寄岗方面警戒，另一个团向汤庄砦进攻。

由于冯军顽强抵抗，陈诚仍无进展，只好命令所部原地构筑工事，待机进攻。6月12日一天，陈部伤团长一名、营长三名，阵亡营长两名，副营长以下官兵伤亡七百多名。

蒋介石见进攻不利，就在定陶、曹县、民权、尹店集、沙河集一线构筑防御工事，抽出蒋鼎文、赵观涛、陈诚三个师向左翼扩展，被冯军梁冠英、孙良诚、吉鸿昌等部从杞县方面阻击，攻了几天，都无进展。蒋又令这三个师从杞县以南迂回，企图取道通许、陈留奇袭开封，也遭到庞炳勋、梁冠英等的坚决抵抗。从6月21日到30日，在魏寨、陈庄一带展开激战。

蒋军攻陇海线正面，损失巨大，逐渐失去了攻击能力。冯、阎方面调整部署，从6月中旬，开始进攻作战。冯、阎方面，仍由阎军守住正面，冯军孙良诚、吉鸿昌、庞炳勋部向蒋军左翼包抄；同时，石友三和刘春荣部向蒋军右翼包抄；晋军孙楚也由正面发动反攻。此时蒋介石在朱集野鸡岗车站指挥，冯玉祥也在罗五东站督阵。

冯军进攻，孙良诚、吉鸿昌部首先战胜陈诚。

6月24日，第十一师三十一旅六十一团刘天锋的陈庄阵地被梁冠英部夜袭突破。

陈诚正因前几天在西线第六十四团霍揆彰的团部被敌人偷袭攻占，团旗和大炮的炮栓被敌人扛走之事十分不快，现在又发生这样的事，更是火上浇油，命第三十一旅旅长李默庵亲率第六十一、六十三两团反攻，甚至下了"夺不回陈庄提头来见"的死命令。

因此，李默庵亲到第一线督战，将士也奋勇冲击，激战终日，伤亡甚重，却未攻下阵地。最后李默庵肾囊中弹负伤，部队才撤退下来。

第六十二团团长萧乾见此情况十分激动，拉着副团长方靖去请战，方靖是很谨慎的人，他劝萧乾："连日作战失利，士气低落，第六十四、第六十一团相继丢失阵地，李默庵又负伤，师长正在气头上，倘若请战不准，后果不堪设想！"

萧乾也自知性格急躁，有方靖这样沉稳的帮手，正好刚柔相济，所以颇能接受方靖的意见。他对方靖说："霍揆彰是师长在第二十一师时的老部下，之前被敌偷袭所以尚能网开一面。而此次刘天锋失守陈庄，又导致旅长李默庵负伤，二罪齐加，他的处境危矣！"

方靖与刘天锋私交颇厚，听了萧乾的话，当晚便去第六十一团劝刘天锋："你失守陈庄，又因此使旅长负伤，师长震怒，恐怕于你不利。我看你不如暂避风头，过一两年等事情过了，再出来也不迟，那时我们大家在师长面前保一保，你还可以再干的。"

刘天锋也自知责任非轻，但他却不肯走。他说："因为打了几个月的仗，经费不能及时发下来，团里还欠我两千多块钱，我若走了，这钱岂不是丢了？"

方靖一听刘天锋还想着钱的事，忍不住苦劝："老兄，所谓'留得青山在，不怕没柴烧'，你若不走，师长做出处分决定，你就后悔莫及了！"

刘天锋不肯舍财，反冷笑道："我一个上校团长，打了败仗，就算责我作战不力，按军法又能把我怎样？就算处理一个连长，也要交军法处按律论罪，他师长能把我团长怎么样呢？顶多也不过撤职查办罢了。更何况，我叔伯还是他的顶头上司，他敢怎么样？"

原来，刘天锋之所以这么不在乎，是因为他的叔伯正是陈诚的上司刘峙。

可是，陈诚此刻已经下定决心，秉公执法。

陈诚打电报向蒋介石汇报陈庄失守情况，并请示要枪决刘天锋。

蒋介石了解了事情的经过之后，毫不含糊地回答："好，是该杀几个以振军威了！"

得到了蒋介石的首肯，陈诚立刻命警卫连长逮捕刘天锋，并执

86

行枪决。

陈诚敢拿顶头上司的侄子开刀，可见作风的严厉和蒋介石对他的信任。

正当冯、阎与蒋在中原相持不下时，进入湖南的李宗仁、张发奎军开始陷入失败。桂张军发起进攻后，进展顺利，6月13日，桂张军占长沙，蒋军朱绍良、夏斗寅、钱大钧退入湖北，何键避往湘西。6月8日，桂张军占岳阳，预计6月15日占武汉，北上与冯阎会师。这时，出现了不利于桂张军的变化，6月10日，粤军蒋光鼐部攻占了桂张军后方重镇衡阳，桂张军被迫后撤，围攻衡阳不下。不得已，于6月底撤回广西。

6月下旬以后，冯、阎军队在陇海线上大占优势。在平汉线，张维玺也击退了何成浚。

但关键时刻，冯玉祥犯了一个要命的错误。

原来张维玺击退何成浚时，蒋军在陇海线也处于全面后撤阶段，为减轻陇海线的压力，蒋命何成波全力反攻，并派飞机助战。此时冯玉祥若置京汉线不顾，和晋军一起全力攻击陇海线上的蒋军，非常可能将蒋军主力打垮。但冯却调集孙连仲、赵承缓、高树勋、葛云龙等部于平汉线，冯玉祥也亲自到许昌坐镇。

冯玉祥调陇海路部队用于平汉线，不仅减轻了冯、阎军在陇海线上的攻击力，也使冯、阎军在陇海线上失去了统一的指挥，蒋介石趁机稳定了已经出现动摇的蒋军阵线。

因冯玉祥离开陇海线，还错过了一个有利时机——此时傅作义部已占济南，蒋军韩复榘败走胶东，陈调元撤往鲁南。晋军穷追不舍。傅作义、张荫梧分别率兵向东、南追击。蒋军徐州行营主任贺耀祖策划在兖州、曲阜一线堵击晋军，便令从泰安撤出的马鸿逵派骑兵一个团掩护万耀煌十三师进入曲阜，构筑防线。6月31日，十三师刚抵曲阜，晋军第四军李生达部即赶到，经激烈交战，十三师退入曲阜城中固守，晋军一面包围曲阜，又派兵南下向徐州攻击。

冯玉祥前往平汉线后，击败何成浚，何失败南撤。冯并未乘胜追击，而是率孙连仲等部又回了陇海线，这使冯部失去了乘胜占领武汉的机会。

这时，蒋军在湖南对付李宗仁、张发奎的战事尚未结束，为支援中原战场，蒋介石急调蒋光鼐、蔡廷锴的十九路军和夏斗寅师北上。7月初，蒋决定调集大军先打垮津浦线的晋军，任命贺耀祖为徐州行营主任兼津浦线总指挥，调王金钰十三路军、徐源泉十六路军、杨虎城十七路军、蒋光鼐十九路军、上官云相第九军和萧之楚第十军到津浦线作战。同时，调李韫珩赴青岛解救被围的韩复榘，调陈诚十一师兼程开往曲阜。

7月1日，蒋介石电令陈诚增援曲阜。陈诚接到命令后，连夜率部乘火车到达山东滕县，然后又步行赶往曲阜，昼夜行军，不准设营就宿，不准埋锅造饭。陈诚也和普通士兵一样，徒步空腹前进。由于连续行军，部队过于困乏，在一次小休息时，官兵倒地就睡，都不愿起来继续行军。

独立旅一团迫击炮连连长韩应斌见此情形，就取出饭碗，到河里舀了一碗水喝了，然后对大家说："兄弟们，都站起来，前面的兄弟部队等着我们前去增援，现在时间就是生命，坚持就是胜利。何况，如今师座也和我们一样都在坚持，我们还有什么理由不坚持呢？大家喝碗水，继续前进吧！"

陈诚虽然也觉得疲劳不已，但也不禁对该连长大加赞扬，顿时部队士气大振，继续向曲阜增援。

1930年7月10日下午4时，陈诚率部到达距曲阜二十公里的孟林，接到刘峙电话，刘峙说："本晚12时以前，曲阜失守，你可不负责任；若12时以后失守，你当分担责任。"

陈诚连夜进军，11日晨与守军内外夹攻，围攻的晋军被击败，向汉河沿岸退去，曲阜之围解除，晋军全线退至宁阳、吴树、尧山一线防守。

由于陇海路战场一直处于胶着状态，1930年7月下旬，蒋介石决定调整作战部署，将主力调往津浦线，先打垮阎锡山的晋军。7月27日，蒋介石从河南柳河赶到山东克州，决定发动兖州以北会战，刘峙也赶到了兖州。7月28日，蒋军进攻。7月31日，刘峙下总攻击令。8月1日，蒋军全线总攻，以陈诚十一师由津浦线正面进攻；第六十、第六十一师为右翼，由泗水向北攻击新泰；教导第一师冯轶裴、教导第二师张治中为左翼，沿津浦线西侧向汶河南岸攻击前进。

陈诚十一师三十一旅于8月1日出击晋军石莱阵地，晋军丰玉玺部不支，向后溃退，三十一旅遂占宫里、楼德镇。此时十一师三十二旅和独立旅向晋军李生达部发动进攻，李部被击溃，十一师占领莲花峪、华丰、磁窑。十三师也攻占南驿。

晋军北撤时，正赶上天降大雨，山洪暴发，晋军从大汶口铁桥上通过，拥挤堵塞于铁桥上，秩序大乱，加以南京方面又派空军轰炸，大汶口以南的晋军将炮兵和辎重全部丢弃，甚至连李生达等高级将领的小汽车也为十一师缴获。晋军败后，傅作义部退到泰山红岭、界首、肥城一线。8月上旬，陈诚部挺进泰安以西地区，在红岭、界首、白马寺一线展开，和傅作义作战。

陈诚督师首先突破以两列铁甲车为掩护的晋军阵地，于9日下午5时，占领大官庄、大辛庄、王家堂一线；又连夜冒雨进攻，于10日拂晓，占领了红庙南方的几个阎军阵地。这时，晋军以李服膺师增援，抵抗甚力。陈诚于是派一旅迂回包抄，另以主力加强正面攻击。11日，迂回部队占领凤凰庄、白马寺、小陆庄等战略要地，这一天，晋军由于后方要地白马寺丢失，组织军队猛烈反攻，陈诚部顽强坚守，不退半步，双方死伤都很大。晋军夺不回白马寺，军心动摇。

13日，陈诚指挥正面主力攻占界首。同时，蒋军左路和右路进展顺利，将晋军主力大部歼灭于泰安附近，晋军小部撤到济南外围的党家庄、归德镇一线。

大战态势未从根本上改变，东北军张学良对大战持观望态度。蒋介石极力争取张学良派兵入关支援蒋军作战，为使张消除疑虑，乃决定争取军事上的胜利，以促使张学良早下决心。所以在蒋军攻占泰安后，即悬赏二十万元，奖励最先攻入济南的部队。由于此时山东晋军已大部被歼，于是各部均奋勇向前。

陈诚部仍沿津浦线正面进军，先后占领万德、张夏、崮山、党家庄等地，直逼济南城下。济南晋军见蒋军来势凶猛，为避免被围歼，于 8 月 14 日撤出济南。8 月 15 日，陈诚和蒋光鼐相继进入济南城，缴获了晋军撤走时遗留下的三架飞机和大批物资。

8 月 15 日，蒋介石升蒋光鼐为十九路军总指挥，蔡廷锴为十九军军长，陈诚升任十八军军长兼十一师师长。

为支援晋军在津浦路作战，8 月 6 日，冯玉祥下令在陇海线上实施总攻击。冯军孙良诚、吉鸿昌、孙连仲、孙殿英、郑大章和晋军在陇海线上的部队一齐发动。此时蒋军精锐部队都在津浦线上作战，在陇海线上处于劣势。蒋介石于是在徐州召开军事会议，准备退兵据守鹿邑、太和、阜阳、蒙城、永城、夏邑、亳州等地，缩短战线。此时冯军进攻民权、柳河核心阵地的石友三已发动进攻，并突破了流通集、曹庄寨阵地，陈调元自告奋勇，率部对石友三部反击，石友三部受挫，加以后援不继，急忙退兵。而在陇海路南面进兵的孙良诚、吉鸿昌、宋哲元、庞炳勋部也因连日大雨，进展迟缓。这样，进入 8 月中旬，冯军进攻陷于停顿。

8 月 21 日，蒋介石飞往济南，召集刘峙、韩复榘等师长以上将领开会，决定刘峙、韩复榘所部都西调参加陇海、平汉路方面作战。在兵力部署上，决定再次组织左翼军、中央军和右翼军，仍采用中央突破、两翼挺进的战术。

但因为过去采用这种战术，都陷于艰苦的阵地战中，无法迅速取得战果，因而蒋介石又接受杨杰的建议，不再采用一点突破，而是多点突破，一旦突破，便不顾一切地钻进去，这就是所谓的"锥形战术"。

"锥形战术"以能独立应付作战，既有攻击能力，又不易为冯军包围歼灭的纵队为作战单位，每纵队由两个师组成，作战目标为冯军指挥中枢郑州。

9 月初，蒋介石由济南赶到陇海路柳河东站坐镇部署，陈诚从徐州赶到柳河面见蒋介石，蒋介石对他说："我们同冯玉祥打阵地战，吃了不少苦头。这次我决定用锥形战术，大胆钻隙，钻进去就是胜利。我们打算在陇海路、平汉路的正面和两侧，编成十三个纵队，以郑州为目标，不顾一切地钻进去，以瓦解冯军的阵地，把冯军压迫于黄河南岸歼灭之。待津浦方面的部队集中后，即开始行动，你看如何？"

陈诚回答说："这个计划很好，但一定要各纵队有独立作战和自我牺牲精神。"

蒋介石对陈诚的理解非常满意。

蒋军在陇海线和平汉线上的作战态势是：陇海路东段郑州与兰封之间正面和侧面为第一、三、五十三师和教导第一、二师，陈调元的五十五、五十七、六十师，刘茂恩的第六十四师、六十五师；平汉线上为顾祝同指挥的第二、九师，何成浚指挥的四十四、四十八、五十四师；陇海路的荥阳、汜水，为王金钰指挥的上官云相四十七师、郭华宗四十八师；平汉路东侧为夏斗寅指挥的十一、十三师。此时，参加津浦路方向作战的其他各部如蒋光鼐、蔡廷锴的十九路军、徐源泉十六路军、杨虎城十七路军等也已到达陇海、平汉路战场。

9月6日，蒋军十三个纵队在陇海、平汉路全线发起攻击。按作战计划，陈诚率十一师绕到鄢陵附近，和夏斗寅师会合，然后一起从西华、鄢陵和临颖、许昌的中间地区向北挺进。夏斗寅师行到五女店附近，被许昌冯军张维玺部阻住。陈诚师占领石象镇后，一部夜袭和尚桥，钻进到达董家店，方靖团到洧川南双洎河岸的一个村子，西有长葛任应歧部，北有吉鸿昌部，陈诚部进攻也被阻住，相持不下。但很快，"锥形战术"就发挥了作用。

"锥形战术"对付善于打阵地战的冯玉祥很奏效，冯军阵地很快就有几处被突破。在陈诚部进至洧川附近的同时，王金钰纵队已经迂回到陇海路的荥阳、汜水，正在向郑州突进，并切断了冯军退路，冯军前线将领开始有人叛冯投蒋。

眼看蒋介石战胜冯、阎，1930年9月18日，张学良通电入关，迅速占领了北平、天津一带。阎、冯军队雪上加霜，出现倒戈风。9月27日，吉鸿昌派其副官处长王慈博到石象镇见蒋介石接洽投诚，蒋任吉鸿昌为第二十二路军总指挥，吉鸿昌交出防地开往淮阳，陈诚师趁机进到洧川北边一线。

此时，郑州冯军外围阵地已支离破碎，蒋介石急令各部进击，并宣布先入郑州城者重赏二十万元。重赏之下必有勇夫，顾祝同、蒋鼎文、蒋光鼐等纵队率先以优势兵力压向许昌，冯军樊钟秀旧部焦文典投降，张维玺、田金凯、任应歧等部撤到新郑，被顾祝同、蒋鼎文、蒋光鼐三个纵队包围。蒋介石派张之江前往劝降，张维玺、田金凯、任应歧部被迫投降。10 月 1 日，蒋介石将作战部队分为左、中、右三个军团，准备会攻郑州。

此时，冯玉祥在郑州附近还有大批精良部队，所以蒋军各部都不敢贸然急进，以免陷入包围。

10 月 5 日，陈诚突然获得郑州传来的"敌将全线撤退"的密报，军中将领分析后大多认为冯玉祥计谋百出，疑为冯诱敌轻进之计，不可轻信。而陈诚分析时局，认为现在冯玉祥为了保存实力，只剩撤退一条路可走，心中不免暗喜。

后来，陈诚又派出侦察分队前往郑州城内查探虚实，得知冯玉祥果然将郑州守军主力悄悄撤走，验证了陈诚之前的分析判断。

但陈诚此时也不敢大意，因为他知道冯玉祥不同于一般军阀，他能征善战，诡计多端。于是，陈诚又命令手下骁将萧乾、方靖，率第六十一、六十二团攻击前进，不可大意。

为了将占领郑州的捷报抢先向蒋介石报告，陈诚事先拟好捷报电稿，只须填上确实占领郑州时间即可发出。当时部队通信设备还很落后，攻击部队无法及时报告进展情况，所以陈诚又派随从副官石心志骑马随攻击部队前进，只要攻击部队一入城门即飞马回报。

10 月 6 日黄昏，萧乾团在二里岗击溃冯军掩护部队后，跑步由郑州南门入城，石心志看占领郑州已成定局，便飞驰回师部，向陈诚报告。陈诚立即填上时间向蒋介石发出了告捷电报。

蒋介石收到陈诚电报后非常高兴，对左右人说："陈辞修就像浑身是胆的赵子龙一样有勇有谋！"于是兑现之前的承诺，传令嘉奖第十一师，并犒赏二十万元。

事实上，首先攻到郑州城门口的并不是陈诚部。当陈诚部攻至郑州南郊二里岗时，上官云相的第四十七师搜索部队也前进到了郑州火车站附近。但由于怕城内冯军尚多，没敢进城，结果到手的一座空城让陈诚抢先进去，上官云相懊悔不已……

不过，当陈诚得知此事后，对参谋长罗卓英说："我听说第四十七师上官云相的先头部队早已于 6 日黄昏到达郑州东站，只是怀疑城内有重兵埋伏，不敢轻易入城，失去了率先入城的机会。如今，上官云相得知被我们抢了先入城，再加上现在我们还得了重赏，心里就更不好受了。更何况，如果没有友军的协助，我们也不可能顺利地率先入城。所以，我担心如果这次不妥善处理好和四十七师的关系，恐怕对我们下一步的行动产生不利啊！"

罗卓英回答："师座所言极是，将来一段时间四十七师很可能还会和我们合作，所以这次我们必须谨言慎行。"

陈诚思索片刻之后，说道："我打算将赏金分一半给第四十七师，你以为如何？"

罗卓英听了衷心佩服："师座如此大度，我当然赞成！"

于是，陈诚立刻命人向蒋介石发去电报："卑职得以首先占领郑州，上赖钧座指挥有方，下靠官兵用命和友军协助之力，承蒙钧座厚赐，赏金不敢独受，拟分半数给四十七师，以便更多将士感受钧座恩宠。"

"好！辞修果真乃大将之风啊！"蒋介石收到陈诚的电报，非常高兴，当即回复予以表彰。

这件事更增加了蒋介石对陈诚的宠信。他对左右人说："陈辞修如此不称功、不贪财，这在别的将领是做不到的。"

而第四十七师的上官云相心里更是感激陈诚的慷慨大方，其他将领闻知，也纷纷称赞陈诚"做得漂亮！"

占领郑州后，蒋介石命令刘峙挥师穷追溃逃的直军。直军的张维玺部在许昌附近被歼灭，孙连仲部被切断，包围在黄河南岸汜水一带。孙连仲见大势已去，将士不肯拼命，再撑下去只是徒劳，于是派人去找陈诚，请求向蒋介石转达投诚之意。

通常，面对即将可以歼灭之敌，一般将领都不会接受敌人投诚，而陈诚却接受了孙连仲的请求，而且向蒋介石请示由孙连仲担任第二十六路军的总指挥，这让孙连仲对陈诚感激不尽，表示"来日必当厚报"。

眼看中原大战胜利已成定局，10月8日，蒋介石在郑州中国银行召开了一次军事会议，布置任务，将前线指挥权交给了何应钦。

1930年10月9日，蒋介石返回南京。11月4日，冯玉祥、阎锡山致电张学良，声明下野。

蒋介石对打败冯玉祥、阎锡山，心中感到非常高兴。据说当他得胜回南京时，在车子里不停地哼小曲，但哼得一点儿都不着调，惹得随从参谋汤恩伯想笑又不敢，憋得脸通红。蒋还一反他严肃古板之态，沿途向士兵、难民撒钱慰劳。

蒋介石对中原大战中表现颇为不俗的陈诚大加赞赏。当中原大战结束后，蒋命十一师开往湖南平江、汨罗、岳阳一带整训扩充，建立正式的十八军。

治军有方，"土木"成形

虽然陈诚在攻下济南被任命为十八军军长，但由于中原大战正在进行而且陈诚资历比较浅，受他指挥的仍只是一个十一师。十一师开往湖南后，蒋介石将教导第三师拨归十八军，于是，陈诚开始了对教导第三师的整训，这是陈诚收编的第一支军队。

此时南京政府下辖的教导师共有三个，即冯轶裴教导第一师、张治中教导第二师、钱大钧教导第三师，三个师鼎足而立。教导第三师是钱大钧任国民党中央陆军军官学校武汉分校教育长时，以武汉军分校的队长、学生为骨干，收容被俘的唐生智部士兵和招募一部分新兵扩编而成的，其主要军官都为黄埔军校毕业生，装备也是一流的。

钱大钧为保定军校毕业，由于长期从事军校教育，长于军事理论和战术作业，但对于指挥作战和训练士兵、统率部队，他就差些了。加上教导第三师的官兵，又自诩为蒋介石的御林军，养成了骄横疏懒的习惯，眼高手低，战斗力薄弱，在鄂北广水、花园及湖南岳阳、云溪各地附近作战时，被红军消灭了两个团，声名更为狼藉。

在此情况下，蒋介石决定将教导第三师交给干练果断的陈诚整顿。

因为教导第三师是钱大钧的班底，钱深得蒋介石信任，加以主要军官又为黄埔毕业生，很难整顿，所以陈诚最初并不想将其编入十八军。

他曾对蒋说："教导第三师已由钱师长整顿得很好了。但是，钱师长对部队的训练，像对军校学生一样，偏重战术作业教育，部下带第十一师是偏重实战训练，这样，如果归并到第十八军，骤然改变整训方式，恐怕各级军官很难习惯。所以倒不如拨给部下一些新兵另行组建，反倒好整顿些。"

此时的教导第三师，共辖两个步兵旅和一个攻城旅，共有九个团，另有炮兵、工兵、辎重等特种兵营。为了使陈诚顺利接管，1930年11月，蒋介石由南京到武汉，邀陈诚到武汉陪同检阅该师，以使之熟悉教导第三师情况。1931年1月，陈诚奉命到武汉改编教导第三师。

教导第三师的团长们疏懒惯了，不愿过太过束缚的生活。加以陈诚以治军严谨闻名，待部下严厉，手段厉害，所以他们都不愿陈诚来当他们的上司。

为了赶走陈诚，教导第三师的九个团长齐集到第二团团长夏楚中家，情绪激昂地开了一次会，大家议定，不接受陈诚的命令，拥护钱大钧继续当师长。

会后，夏楚中和第六团团长张鼎铭觉得陈诚深得蒋介石信任，连钱大钧都要退让，他们反抗无益，接受改编已不可避免，决定改变态度支持陈诚改编。陈诚对夏、张二人在关键时刻支持他非常满意，便亲自到这两个团讲话，对夏、张二人表示格外好感。

这样，教导第三师内部阻挡陈诚的阵线也就瓦解了。

陈诚将教导第三师改编为陆军第十四师，自己兼任师长，调他在保定军校的同期同学、原第十一师独立旅旅长周至柔为十四师副师长，帮助处理一切并代管日常事务。编制由原来的三旅九团改为二旅六团，由夏楚中任十四师四十旅旅长，张鼎铭升任十一师三十一旅旅长。其他对陈诚不服的团长如张达、张本清、张世希等陆续被撤换，而将黄埔二、三期毕业的方天、吴继光、李精一、史克斯等提拔为团长。原属教导第三师的攻城旅，改为师部直辖，由李延年为旅长。陈诚精明强干，周至柔待人和蔼，用钱大方，很快就把十四师稳定了下来。1931年8月，陈诚十四师师长兼职由周至柔升任。

新组成的十八军辖两个师一个攻城旅，当陈诚接管第十四师时，十一师师长由副师长罗卓英升任。十一师仍辖三个旅，每旅下辖三个团，每团两千人；师部直属部队有炮兵、工兵、通信兵、辎重兵各一个营和一个特务连，全师约两万两千人左右。第十四师二旅六团，加上师直属部队炮兵、工兵、通信兵、辎重兵各一营和特务连、骑兵连，全师一万五千人。攻城旅三个团，约六千人。全军共十八个团四万三千人左右，在当时来说，这样的编制已是相当难得了。

十八军的装备，在当时来说也是全国军队中最好的。刚成立时，主要火力为步枪、重机关枪、迫击炮和自来得手枪。每个步兵团有步枪千余支、重机枪十二挺、八二迫击炮四门。战斗兵携步枪一支、子弹一百五十到二百发、手榴弹一至两枚、重机枪随机枪弹三千发、迫击炮随炮弹八十至一百发。团部设有输送连，代为输送弹药。通信器械方面，营以上通有线电话，旅以上通无线电报。1933年南京从欧洲购回各式轻机关枪，配备给十八军的有德制自动步枪、德制轻机枪、捷克制轻机枪等。这些轻机枪的装备，大大加强了连以下机构的作战能力，因为轻机枪重量轻，操作简便，便于携带。十八军进入江西与红军作战时，还配备有日造七五山炮、三七平射炮。

除了增加军事装备外，十八军的训练仍是相当严格的，每每抓住休整时间，开办各种军官训练班及军士教导队。训练时间三至六个月不等。陈诚尤其重视军官训练，1931年在江西吉安办了两期军官补习班，由戴之奇、韩文源等任教官或队长。1933 年在南丰每个师都办了一个军士教导队。以后，在宁都办了更大规模的军官教育团和军士教导总队。

陈诚在十八军提出了"人事公开"的口号。这主要是针对当时军队中的人事安排混乱情况。

在国民党军队中，军事干部历来都是下级由上级任命或保荐，陈诚的十八军也是如此。一级军队的长官任命后，其辅助官员，大都由长官保荐。例如，任命了师长，师参谋长一般由师长保荐，而师长保荐的人，一般都是和师长合得来的。各级财务主管，更是要由主官亲自遴选的，如师长选择军需处长，必用自己的亲信，目的自然是中饱容易。这种做法，优点是官员之间合作密切，缺点是容易导致引用私人，共同舞弊。陈诚深知此中奥秘，尽管他也是让自己的亲信主管军需。但为把十八军造就成一支相对廉洁的军队，他决意将各级主官和军需分开，不让主官有随便选择军需人员的权力，为此，他提出了"人事公开"。

陈诚到十四师时，他集合师部人员讲话说："部队是国家的部队，你们是国家的人员，为国家做事，不是为某一主官做事，绝不可一朝天子一朝臣，近日来已有向我请辞的，我决不会批准的，希望各人安心工作。"

这时，钱大钧留下的副官处长想，副官处和师长的关系最为密切，师长们都愿选贴近的人任副官处长，别的地方的人可以不辞职，但副官处长是不能不辞职的。于是，依例递上辞呈。

陈诚见此大怒，当即批复："副官处长违抗命令，着特务连扣押。"

自此再也没人敢上辞呈了。钱大钧离任时，师部军需处长随钱离任，陈诚此时没有现成人选。如调十一师军需处长赵志尧，不仅罗卓英处无人，而且也等于承认军需处长随师长进退的事实。于是，他嘱咐赵志尧仍安心地在十一师工作，让他另介绍人担任十四师军需处长。赵志尧就把军需学校的一个毕业生介绍了来，经陈诚考察，认为身体精神都不合格，于是予以辞退，另请别人。

以后，陈诚在对全军连以上军官训话时说："本军之人事与管理绝对公开。你们当团长的初到差时，请勿带军需人员，报上来我是不会批准的。你如认为以前之军需不好，也得用些时候，不一定是你保荐的人。你如认为你保荐的是好军需，我会在别的单位予以安置。"

陈诚还派赵志尧在南京挂出十八军驻京办事处的牌子，负责向军政部领取经费和装备。此时军政部长为何应钦，他对十八军的经费从不克扣和刁难，总是按期如数拨给。

以"经济公开、意见公开、人事公开"作为口号，陈诚将十八军治理得井井有条，逐渐成为蒋军王牌，不仅表明陈诚有军事指挥能力和军队训练能力，在当时的情况下还表明陈诚有绝非一般的管理能力和创新的勇气。

特别是中原大战十一师攻占郑州后，陈诚将得到的奖金二十万元平分给上官云相四十七师一半，表明陈诚有全局观念，顾全大局；之后又将余下的十万元，四万元发给全师官兵每人两元，六万元作为公积金创办"十八军南通残废军人工厂"和"吉安农场"，收容十八军残废军人和老弱士兵。这样，陈诚既照顾了士兵的眼前利益，使之打胜仗得奖金，保持士气的旺盛；又为伤残和老病士兵以后着想，使士兵无后顾之忧，这当然会激发士兵的士气。这种举措可以说，既现实，又具有远见。

此时的陈诚得到蒋介石的充分信任和重视，就不足为奇了。由于陈诚的起家部队是十一师和十八军，十一合而为"土"，十八合而为"木"，所以以后形成的以十一师和十八军为核心的陈诚军事集团，被人称为"土木系"。

第五章　愚忠领袖，矢志"围剿"红军

当陈诚听闻第十一师几乎被全歼的消息时，当场差点儿晕倒在地，痛哭流涕，不能自已。

这也难怪，第十一师向以强悍著称，它的惨败使国民党军心瞬间动摇。各路"进剿"部队纷纷后撤，改攻势为守势，一时风声鹤唳，草木皆兵。

蒋介石更为恼火，对陈诚大加指责，在给陈诚的手谕中写道："唯此次挫失，凄惨异常，实有生以来唯一之隐痛。"

休妻再娶，至仁至义

中原大战结束后不久，1930 年 11 月，蒋介石派陈诚、钱大钧、黄毓沛、潘竟、李国梁等人前往日本参观秋操，同时考察日本的军事教育。陈诚由湖南岳阳驻地先到南京，由南京转上海，然后去日本。

日本自中日甲午战争打败中国后，一直抱有灭亡中国的野心，尤其在其少壮军人中，此种论调更是甚嚣尘上，根本不把中国军队和中国军官放在眼里。

陈诚到日本后，除参观了日军秋操外，还在东京、名古屋等地参观了日本士官学校、陆军飞行学校，访问了孙中山的老友宫崎寅藏等人。

这是陈诚第一次出国，看到日本军事教育如此发达和军队装备精良、训练有素，感到非常欣赏。

在东京访问一位日本高级将领时，陈诚把自己年轻时曾有过进日本士官学校的想法说了出来，不料这位日本将领看了看陈诚，对他说："看你身体矮小，而且并不强壮，似乎不适合做军人呢！"

日本人话虽说得委婉，但藐视之意非常清楚，陈诚听了颇有受侮辱的感觉，心中非常不快。

还有一位日本高级军官，当面颇有讽刺意味地问陈诚："你个子这么矮，又如此年轻，怎么当上了上将，难道你们中国没有人了吗？"

陈诚觉得日本军官不仅是在侮辱自己，也是在侮辱中国人，应声反问道："你们日本人普遍个子也不高吧，你们的天皇不也很年轻吗，怎么就当上了天皇？"

在日本人心目中，天皇的地位是神圣而不可侵犯的，陈诚的一番话让那位日本军官异常愤怒，但又不知该如何回应，憋得满脸通红。

陈诚当众如此问答，日本方面认为这是对日本的侮辱，因此向中国方面提出了严重抗议。

中国外交官找到陈诚，问应该如何处理。

陈诚回答道："不用担心，是他们日本人先挑衅的。"

后来由何应钦出面向日方解释，才平息了这段外交上的口舌风波。

陈诚此次出访日本，深深地感受到了日本对中国侵略之心的强烈和对中国的轻视。

1930 年 12 月 19 日，陈诚一行回国。回国后不久，蒋介石即召见陈诚。陈诚起先以为蒋介石会追问他在东京之事，却不料蒋介石提了个他意想不到的问题。

在蒋介石办公室，陈诚笔直地坐在会客厅大门一侧的椅子上。

蒋介石面露微笑地问陈诚："辞修啊，我听说你夫人现在还在青田老家，是吗？现在情况如何啊？"

蒋介石冷不丁提出这个问题，让陈诚顿时觉得不知所措。

"报告总司令，部下妻子如今还在青田老家侍奉老母亲。"陈诚只能如实回答。

"哦，我听说，几年前你和她闹出过不愉快，有这回事吗？"

陈诚一听，顿时觉得尴尬不已，心里想：我的家事怎么会弄得他都知道了？

陈诚根本想不到正因为他这几年飞黄腾达，又得蒋介石赏识，早已引起不少人忌妒，背后恶语中伤者已多不胜数。像如此的"家丑"，更是忌妒者茶余饭后的谈资，常有好事者以此来诋毁陈诚的人品和素质，不经意间传到蒋介石耳朵里，只不过是迟早的事。

因此，蒋介石知道此事也很正常，而且蒋介石对这种事毫无反感，因为他自己就是"休妻再娶"。

陈诚此时觉得，蒋介石似乎对这件事并不在意，于是如实禀报了事情的原委。

原来，陈诚1918年就结了婚，妻子是他在浙江省立第十一师范的同学吴子漪的胞妹吴舜莲，二人感情还好。以后陈诚到保定军校读书和投奔广东，1925年四五月间，陈诚父亲去世，陈诚返乡葬父，因军务在身，急于归队，使妻子误会他有了外遇，便出现了吴舜莲自杀的事，自此，陈、吴感情名存实亡，而吴舜莲也未生下子女。

1930年初他在确山打败唐生智，因唐是北伐名将，陈非常得意，便很有休妻再娶的念头。在班师回汉口时，陈诚特邀当时任中将参谋长的保定同学、湖北籍老朋友朱怀冰同行，途中对朱怀冰半开玩笑半认真地说："我和湖北人的关系最密切，希望将来能做个湖北女婿，怎么样？帮帮忙吧！"

朱怀冰老实不客气地回绝说："可惜我没有储备人才，这杯谢媒酒，恐怕吃不成啰！"

1930年9月，行政院长谭延闿去世。谭延闿，字组庵，湖南茶陵县人，1880年生，1904年中进士，授翰林院编修，1909年任湖南谘议局议长。1911年辛亥革命后任湖南督军，1912年加入国民党。

从谭延闿的身世看，他在二十四五岁时便已取得功名，不属于穷极无聊被逼上梁山参加革命那种。他参加革命后，也未被高官厚禄束缚住，为保官保位而倒向北洋军阀。谭为人做事都极为圆滑，向有"甘草"之称，但以其出身和参加革命时的地位，能够保持为国为民的进取精神，已属不易。1922年陈炯明叛变后，谭先是变卖家产将穷途末路的孙中山迎往上海，随后他又聚湘军一万多人，讨伐陈炯明。1924年，谭被孙中山任命为北伐军总司令，以后又任国民政府主席和行政院院长。

蒋介石和宋美龄能够结婚，谭延闿是主要功臣。谭延闿的母亲是丫鬟纳妾，每当吃饭时就侍立桌旁，为全家人添菜添饭，而不能同桌。谭母死时，谭延闿已有功名，又是长子，但灵柩仍不能出正门，只能从旁门抬出，谭延闿以长子身份，伏在灵柩上，才从正门出葬。由于母亲的遭遇，谭对封建习俗颇不满，誓不纳妾。谭妻生了一子三女，很早便去世了，临终前嘱咐谭延闿，望他不再婚娶，将几个子女带好，谭对夫人的遗嘱颇能信守。

谭延闿在孙中山落难之际全力扶救，使孙大为感激，孙、谭关系也更加密切。此时宋美龄已从美国留学归国，孙中山有意将宋美龄介绍给谭延闿，并让谭延闿认宋的母亲为干妈。谭以"我不能背了亡妻，讨第二个夫人"为由拒绝了。

孙中山去世后，谭延闿和蒋介石的关系日渐密切，1927年12月，蒋介石和宋美龄结婚，谭延闿为介绍人。蒋介石第一次下野重新上台后，蒋任国民政府主席，谭延闿任行政院长，两人在工作上和私下里经常有交往。

谭延闿经常到蒋介石私邸漫谈，每去必带三女儿谭祥。谭祥，字曼怡，上海女子学校毕业，是宋美龄在美国留学时的同学，当过南京陆军子弟学校教员。谭祥才貌双全，加上嘴甜招人喜爱，所以甚得蒋介石夫妇喜爱，便认来做了干女儿。

1930年9月，谭延闿患脑溢血，病中嘱托蒋氏夫妇在青年军官中为谭祥择夫，并嘱蒋在他死后替他照看第二军将士。

谭延闿去世后，谭祥更是经常登门看望蒋氏夫妇，称蒋介石为爸爸，称宋美龄为妈妈，蒋氏夫妇对她视如己出，十分钟爱，便决定在年轻将领中为干女儿选择"乘龙快婿"。

当时，胡宗南和陈诚都是年轻将领中的佼佼者，两人都在蒋介石夫妇的考虑范围之内。胡宗南既比陈诚年轻，又没有结过婚，蒋氏夫妇首先考虑的应该是胡宗南。但出于政治目的，蒋介石夫妇最终选择了陈诚，因为考虑到胡宗南是黄埔军校第一期学生，是"天子门生"，对蒋介石忠诚不二，可以放心。而陈诚曾经和严重、邓演达关系密切，蒋介石便决定利用这桩婚姻笼络陈诚。

1931春，蒋介石和宋美龄在去上海的专车车厢中为陈诚和谭祥撮合，蒋先派副官将陈诚叫来，问他原配离婚手续是否办妥，陈诚回答已办好，蒋介石就介绍他与谭祥见面，他指着陈诚说："这是百战百胜的陈诚将军。"又指着谭祥说，"这是新从美国留学回国的谭小姐。"

谭祥问陈诚："现居何职？"宋美龄答："军长。"谭祥又问："哪一军？"蒋介石忙在旁边说："是十八军。"

谭祥早就听说十八军是一支主力部队，一听陈诚是十八军军长，就低下头不再说话，表示同意了。

陈诚听到这个消息，自然是满心欢喜，但仍像以往在蒋介石面前一样，表情严肃地举手行礼说："一切听从领袖安排。"

谭祥温文尔雅，颇有大家闺秀的风范，而陈诚个头虽小，但面目清秀，颇有一副英气勃勃的气概，所以两人一见钟情。陈诚返回江西"剿共"前线后，和谭祥书信往来，并商定在1931年10月10日双十节结婚。

谭祥嫁给陈诚，条件是正娶，可陈诚是有妇之夫，虽然陈诚说和吴舜莲已解除婚姻，但没有个正式手续，谭祥总觉得不放心，依法也说不过去，就对陈诚说："你和她总得有个手续吧！可否给我看看？没有这个手续，我们的婚期只好推迟，再等一等吧！"

但与原配吴舜莲离婚却没有那么简单，吴舜莲在陈家多年，已是名正言顺的陈家媳妇，岂肯轻易同意脱离夫妻关系？

谭祥的几句话，急得陈诚团团乱转，连忙给在江西十八军军部的吴舜莲的哥哥吴子漪打电话，要他赶快到南京。

吴子漪是陈诚在浙江省立第十一师范时的同班同学，陈诚进入广东粤军后，一直在陈诚手下管理军需，并随陈诚的升迁而提升。陈诚任团长，吴是团军需主任；陈诚任师长，吴是师军需处长；陈诚任军长，吴是军军需处长。吴子漪赶到南京，陈诚就让他回青田，劝他妹妹同意离婚。

吴子漪也觉得陈诚和吴舜莲的婚姻早已名存实亡，而且陈诚官越做越大，吴舜莲又未生育，婚姻破裂已成定局。于是便应陈诚所请，回去说服妹妹，陈诚又托吴家的亲戚、当地德高望重的杜志远帮忙，终于使吴舜莲同意了办离婚手续，条件是"生不能同衾，死后必须同穴"。吴舜莲不识字，便由吴子漪代写了一张离婚协议书，又由吴子漪代为签名盖章。这些手续都办完后，谭祥又要见吴子漪，在吴当面保证以后不出问题后，谭才放心。

蒋介石和宋美龄

陈诚和谭祥的婚事议定后，发生了"九一八事变"，陈诚决定取消原定婚期，随时准备率军北上抗日，谭祥也颇为理解。后来，战事继续扩大，乃决定于 1932 年 1 月 1 日结婚。

1932 年元旦，陈、谭在上海结婚。宋美龄做双方介绍人，男方由杜志远主婚，女方由谭泽闿主婚，证婚人为蒋介石。婚礼热烈又隆重，之后，二人便去杭州度蜜月。

陈诚和谭祥结婚后，吴舜莲仍旧住在陈诚在青田高市的家中，照常侍奉陈的母亲，陈的母亲也仍将吴当儿媳看待，常说"舜莲孝顺"。街坊邻里也仍认吴舜莲是陈家的媳妇。

谭祥很重视名正言顺的名声，对于吴舜莲仍以陈家媳妇的名义和陈诚的母亲住在一起不怎么满意，她很想让陈诚的家里人接受她是陈诚妻子的事实，就怂恿陈诚带她回青田老家，并将陈母接到南京，和她一起住。对吴舜莲，陈、谭二人商定在青田县城给她盖一座洋房，让她离开高市陈家。

1935年4月，陈诚与谭祥、弟弟陈敬修、弟媳庄秀慎一同回高市老家。这时陈诚已任军政部常务次长，他的老搭档罗卓英正率十八军驻在丽水，罗卓英便派专车和警卫人员相送。

到高市陈诚老家后，看到谭祥雍容大方，邻里亲友都夸陈诚娶了个好媳妇，陈诚母亲当然更高兴，吴舜莲也自知不如。过后，陈诚将母亲接到了南京；同时，在青田县城新寺巷八号盖了一座二层洋楼给吴舜莲住，并给了一大笔钱，算是安排好了吴舜莲的往后生活。

陈诚此次回家，还应邀到高市小学参观讲话。陈诚为小学写了一首校歌，这首校歌，即使现在看来，水平也是相当高的，歌词是："学校是我们的第二家庭，它指导我们做人的方针。莫忘了前辈缔造的艰苦，莫忘了父兄期望的精诚。尊师力学，日新又新，忠党爱国，努力前程，做一个健全的国民。"因为歌写得好，陈诚官又越做越大，后来附近的小学都采用当校歌。

陈诚和谭祥共生有长子履安、次子履庆、三子履碚、四子履洁；长女幸、次女平。所有儿女学业均佳。

吴舜莲离开高市陈家后，独居县城，收养了一个叫春花的养女。1948年9月，陈诚见国民党在大陆失败已成定局，便派吴舜莲的侄儿吴玉屏带人将她接到了台湾，陈诚给了她一所住房。每逢过年过节，谭祥都要孩子去看她。1965年陈诚去世后，谭祥仍负担吴的生活费，直到1978年吴去世。

从某种意义上来讲，陈诚夫妇总算没有失信于这个可怜的女人，也可谓至仁至义。

东追西赶，无功而返

中原大战爆发的同时，中国共产党在江西逐步建立起苏维埃政权，红军发展到几万人之多。

当时，蒋介石认为各派新军阀都拥兵几十万，而且在地方上根深蒂固，相比之下，红军一时还难成气候，所以便集中主力发动中原大战。而对江西红军，先只派鲁涤平为总指挥，率十万杂牌部队，进行第一次"围剿"。

1930年12月19日，南昌行营主任鲁涤平指挥十二个师三个旅共十四万人向红军发起进攻。朱德、毛泽东指挥红一军团黄公略第三军、林彪第四军、罗炳辉第十二军和三军团彭德怀第五军、李杰第八军、孔荷宠十六军应战。

12月29日，张辉瓒率领十八师师部及两个旅进至龙冈，陷入了红军的包围。30日，时任红四军军长的林彪率红四军等部队向敌人发起了猛攻，很快，张部全线溃败，全军覆没。

张辉瓒见大势已去，便换上了一套下级军官制服，躲进了万功山东坡的茅草丛中。

林彪一声令下，兵分几路，围住万功山，一定要抓住张辉瓒。

在搜索过程中，红四军一名战士先发现了张辉瓒的狐皮大衣，然后在一个山洞前又发现有人影，战士鸣枪警告。

张辉瓒从洞中钻了出来，大叫："不要开枪，我是前敌总指挥张辉瓒……"

龙冈战斗，蒋军被歼九千余人。

龙冈战斗结束后，谭道源惊闻张辉瓒全军覆没，不敢恋战，向东韶方向逃去，欲向其左路军毛炳文、许克祥部靠拢。

毛泽东见蒋军左、右路军均已成惊弓之鸟，于是下令红军于当夜10时对东韶的谭部实施追歼，当谭部进至东韶，还没有来得及在山上构筑起工事，就被红军包围，红军立即四面出击，喊杀声震天，谭部仓皇应战，很快被消灭。混战中，谭本人率少数部卒侥幸逃脱。

这样，红军在五天时间内，在龙冈、东韶接连打了两个胜仗，俘敌一万余人，粉碎了蒋介石的第一次"围剿"。

胜利后的毛泽东诗兴大发，写下了《渔家傲·反第一次大围剿》：

万木霜天红烂漫，天兵怒气冲霄汉。雾满龙冈千嶂暗，齐声唤，前头捉了张辉瓒。

二十万军重入赣，风烟滚滚来天半。唤起工农千百万，同心干，不周山下红旗乱。

第一次"围剿"红军失败之后不久，蒋介石又于1931年4月初，以何应钦为总司令，调集二十个师和四个独立旅，共二十万人，发动了第二次"围剿"。江西红军基本上都参战。5月16日，王金钰第五路军公秉藩二十八师在东团附近白云山下将军帽被红军围歼，随后协同作战的郭华宗四十三师也在东团被歼灭。同时，上官云相第四十七师在九寸岭被红四军击溃。5月中旬，高树勋二十七师于中村被歼。5月29日，刘和鼎五十六师在建宁被击溃，这样，第二次"围剿"又告失败了。

第二次反"围剿"胜利之后，毛泽东又诗兴大发，写下《渔家傲·反第二次大围剿》：

白云山头云欲立，白云山下呼声急。枯木朽株齐努力，枪林逼，飞将军自重霄入。

七百里驱十五日，赣水苍茫闽山碧。横扫千军如卷席，有人泣，为营步步嗟何及。

就这样，国民党连续两次以优势兵力对付红军，不仅没占到便宜，自己反倒损失惨重。尽管客观上说，杂牌部队战斗力弱，而且不肯卖命，但是，以十倍兵力而不能取胜，这就使蒋介石认识到不得不认真对付红军了。

1931年6月，蒋介石坐镇南昌，亲自担任第三次"围剿"总司令，下辖朱绍良的左翼集团军、陈铭枢的右翼集团军、卫立煌的总预备军，共十九个师两个旅又五个空军大队三十万人。准备采取"长驱直入，分进合击，猛打穷追，速战速决"的战略方针，实际上这一方针仔细一看仍然急于求成，自恃拥有绝对的兵力优势，对红军的力量缺乏正确认识，为最后的失败埋下了伏笔。

之前，陈诚的十八军在中原大战中，战无不胜，攻无不克，成了蒋介石手中的一张"王牌"，此刻，急于消灭红军主力的蒋介石，决定启用这张"王牌"。

蒋介石调陈诚的十八军前往江西参加"围剿"。于是，陈诚奉命率十八军从湖北开赴江西。陈诚所部十八军编在左翼集团军，由陈诚任第三路进击军总指挥，下辖十一、十四两个师。

到达江西南昌后，蒋介石召见陈诚时说：

"辞修，我万万没有想到，共匪居然在我们眼皮子底下壮大了！如果听任发展下去，后患无穷啊。所以此次围剿将你调来，是希望你的第十八军发扬中原大战时的勇猛战斗作风。我让各路军配合你，让你的第十八军和红军进行决战，一举全歼红军！"

"总司令放心，卑职定当全力以赴。"陈诚含糊回答。

此时，陈诚心里非常清楚，江西山区地形复杂，红军官兵大多是当地人，地理条件占优势，而且打仗是双方主帅各自运筹，不能一厢情愿。要在地形复杂的山区，迫使弱小的一方与强大的一方主力决战，那是极其困难的。但他看出当时蒋介石已十分急躁，不便多说。

"很好！等你凯旋，我亲自犒劳全体将士。"蒋介石对陈诚充满信心。

尽管心里没底，陈诚仍然率领第十八军经南城、黎川、太和好、傅坊、长桥、白水、新安、头陂至宁都，再转而西进至古龙岗，又转向北进经雄口、表湖、约溪至龙冈、潭头。

面对来势汹汹的蒋军，红军决定由兴国万安突破富田一带，然后由西而东，向敌之后方联络线上横扫过去，让敌主力深入赣南根据地，置于无用之地。然后当敌回头北进疲劳之际，红军乘隙打其可打者，即"避敌主力，打其虚弱"。

7月21日，红军按预定计划由兴国向富田开进之际，被蒋军发现，蒋介石急电陈诚堵截。陈诚率部由潭头直扑富田。红军从俘虏口中知蒋军已先期到达富田，只得改变计划，再返高兴坪集中，寻机歼敌。

陈诚获知，迅速率部队经东固赶往龙冈，其他蒋军也向龙冈奔出。红军处于西临赣江、东南北三面受敌境地，在紧要关头，毛泽东决定中间突破，向东面兴国县的莲塘、永丰县南的良村、宁都县北的黄坡方向突进。

为了隐蔽意图，造成对方错觉，8月4日，红军第三十五军和第十二军二十五师及部分地方武装向西行动，诱惑陈诚十八军和蒋鼎文师继续向良口、万安方向前进，而红军主力则于8月4日晚上，巧妙地穿过两路蒋军之间二十公里的空隙地带，迅速转到莲塘地区。8月6日傍晚，在莲塘北五里的大圳，与上官云相第九军郝梦龄的四十七师一个旅遭遇，红军迅速展开包围，7日上午全歼该旅和由良村派来的一个侦察营，击毙旅长谭子钧。接着红军又进围良村蒋军第五十四师的第一百六十旅，将其歼灭，击毙旅长张变。

陈诚闻悉第九军遭袭，调兵向良村移动进行救援，而红军已离开良村。红军的主力以三天的行程赶到黄坡，歼灭蒋军毛炳文师约四个团。

红军七天连打三仗，三战三捷，缴枪万余支。黄坡获胜的当夜，红军又撤往君埠以东地区休整。

蒋介石发现红军主力东去，从8月9日起，将其所有向西、向南的部队调头东进，以密集的大包围姿态接近红军的集中地。这样，陈诚的十八军还没赶到良村又被调奔黄坡。

等到蒋军快接近时，红军又以第十二军（缺第二十五师）向乐安方向佯动，诱引蒋军主力向东北方向进发，主力秘密由蒋军十九路与十八军之间的十公里间隙的尖岭脑大山中巧妙地跳出包围圈，返回兴国地区的山沟里隐蔽休整，坐观蒋军动向。

当陈诚率十八军赶到空坑时，未见红军，只好在龙冈附近转圈子。

就这样，陈诚的十八军被红军牵着鼻子在山区里转了两个多月，几乎要把部队拖垮了。蒋介石第三次"围剿"红军的行动再次陷入了极度被动。

第三次"围剿"开始时,第十八军将士们都士气极旺,真犹如一头下山的猛虎,在山区不分东西南北一阵猛扑,却连红军的影子都没有见到。山地道路崎岖,将士皆有军械负重,增加了行军的艰难。军队给养难于及时接济,再加之江西夏季酷热,将士苦不堪言,体质下降,疾病丛生,就连陈诚也闹腹泻,沿途掉队病号倒毙者不计其数,士气顿挫。

陈诚打算休整数日,忽然得报第九军四十七师和五十四师于8月6日至8月8日在莲花塘、良村一带被红军击溃;11日,第八师毛炳文部又在黄坡、小市遭到猛烈袭击。陈诚只得勉强率部赶去救援,但到了之后红军又去向不明。

9月初,宁粤战争爆发,两广出兵北上,分袭湘、赣。蒋介石不得不命令进攻苏区部队总撤退。红军得到情报,抓住战机,在老营盘歼灭第九师一个旅,又在方石岭包围韩德勤的第五十二师。蒋介石急电令第十八军驰援,但此时第十八军已经疲惫不堪,勉强赶到富田,得悉第五十二师已被歼,除一个补充团留在吉安外,两旅四团损失殆尽。旅长张忠烦、王副乾阵亡,韩德勤本人也是化装成伙夫才得以逃出来,狼狈至极。

正当蒋军在江西欲进不能、欲退不得的时候,发生了两广出兵反对南京的事件。

原来早在中原大战结束前夕,1930年10月3日,蒋介石在河南兰封前线致电国民党中央执行委员会,主张召开国民会议,制定"训政时期约法"。胡汉民反对制定新约法,在国民党《中央日报》上发表文章,得到全国响应。爆发了蒋胡约法之争。蒋介石争不过胡汉民,便决定将胡因禁。1931年2月28日晚,蒋介石以宴请议事为名,扣押胡汉民,随后将胡软禁在南京汤山。

胡汉民被因禁引起了轩然大波,4月30日,粤方中央监委邓泽如、林森、萧佛成等人联名通电弹劾蒋介石。5月27日,齐集广州的各派反蒋势力在广州另组国民党中央和国民政府,发表讨蒋宣言。9月初,粤桂方面出兵北上,分别向江西、湖南进攻,占领郴州、衡阳等地。蒋介石下令停止"剿共",将部分主力调往赣南和湘南,准备对两广作战。

一波未平，一波又起。在蒋介石被"剿共"军事、对两广军事和与广州汪精卫为首的国民政府的争吵忙得焦头烂额的时候，中国大地上发生了一件大事。

1931年9月18日，日本军队袭击沈阳，发动"九一八事变"，随后日军发动了占领中国整个东北的战争。由于张学良主力部队已调入关内，虽有东北军精锐留守驻在北大营。但张学良此时还在北平，沈阳东北军缺乏可以做主的人，于是在慌乱之下，只能请示在北平的张学良，张学良便以蒋介石的主张"不抵抗"作为答复，日本军队于是顺利地占领了辽宁。

日本出兵中国东北，发动"九一八事变"，使蒋介石的"剿共"军事、宁粤之争全部停顿了下来，救亡图存成为全国议论的焦点。9月19日，南京方面李石曾、张继、吴铁城等致电在广州的汪精卫等人，要求停战议和，共赴国难。21日，广州方面回电以释放胡汉民、蒋介石下野为条件。10月13日下午，蒋介石释放胡汉民。14日上午，胡汉民乘快车赴上海，蒋介石和张静江到车站送行。

在车站，蒋介石对胡汉民说："过去的一切，我都错了，请胡先生原谅。以后遇事，还得请胡先生指教。"

胡汉民此时正心中感愤，就毫不客气地说："你说过去的一切都错，这又错了。你应当检查出在过去的一切中，哪几样是错的，然后痛自改正。错而能改，并不算错。如果说统统错了，便无从改，这却是再错。"

当天，胡汉民发表宣言，声称："顾今日中国政治之现象，绝对军阀统治之现象也。枪之所在，即权之所寄；政令所由不在政府，而在于军事委员长。"现在问题的关键，"必军阀统治倒，而后中国可以致统一，盖难军阀统治倒，斯内政可以求改造"。

胡汉民明确表示反对蒋介石政权。

"九一八事变"使国民党中央将注意力转移到了是否抵抗日本侵略问题上，于是第三次"围剿"红军的作战行动就停了下来。

赣州解围，吞并杂牌

1932 年 1 月，正当陈诚在杭州度蜜月时，鄂豫皖红军打到武汉附近，蒋介石密调陈诚赴武汉，接替何成浚的湖北绥靖主任职务。陈诚立即动身。

但援助湖北尚未成行，上海爆发了"一·二八"淞沪抗战。由于京沪一带是国民党统治的腹地，于是在十九路军在上海抵抗日本进攻的同时，蒋介石急令张治中组织第五军，赴上海支援十九路军作战。由于形势紧张，大战有一触即发之势，一部分驻江西的国民党军队已奉调移驻浙江，陈诚的十八军也接到了开往淞沪的命令。

1 月 10 日，中央红军已经开始对赣州发动进攻，但由于赣州城防坚固，为避免过大伤亡，攻击并不猛烈。"一·二八"淞沪抗战爆发后，蒋军各部纷纷东移，使赣州陷于孤立。蒋军各部在东移时，对赣州的防守做了调整，加上国民党方面又早就有"死守赣州"的打算，因此筹集了大批的粮草、弹药，又在周围修筑了大量工事，不易攻取。

1932 年 2 月 3 日，红军共两万余人包围赣州，随后展开攻城爆破，猛烈攻击，守城的马崑支持不住，连连告急，南昌行营参谋长贺国光和江西省主席熊式辉也一再致电陈诚，要求他先解赣州之围，再开赴上海。

此时，陈诚作为驻赣南最高军事长官，是奉令东调，还是先解赣州之围，陈拿不定主意，于是急电蒋介石请示，蒋介石要陈"相机处理"。

事实上，此时的陈诚更愿意东调赶赴上海，参加淞沪抗战。因为参加抗战不仅可以成为民族英雄，更可以获得最好的补给。但是，一旦放弃赣州，以后江西的"剿共"形势将会更加严峻。

因此，陈诚召开全体长官会议，共同决定是赶赴淞沪参加抗战，还是增援赣州。经过反复讨论，会议决定先确保赣州安全，再讨论淞沪抗战之事。

反过来看，蒋介石要陈"相机处理"，事实上这是一种不想负责任的表现。如果上海"一·二八"淞沪抗战发展成全面的中日战争，十八军因救援赣州贻误战机，必将受到严厉的指责。如果上海战事不扩展，急忙将军队开往上海，导致赣州失守，至少也是指挥上的失误。

确定先解赣州之围，于是陈诚派罗卓英率两师一旅部队，赶到赣州城外。

此时围攻赣州的红军，已经由坑道三次实施爆破攻城，并到处张贴"夺取赣州，活捉马崑""只杀马崑，不杀守城官兵"的标语。

罗卓英到赣州后，陈诚认为赣州之围已不可解，因此命令罗设法将守城部队接出，万一接不出，也要设法将马崑救出来。

陈诚此时抗日心切，并不想让罗卓英在和红军硬拼中拼去实力。罗卓英刚到赣州不久，陈诚就给罗卓英、马崑发去电报，称："罗指挥官、马旅长：查赣围已解，本军奉命东下抗日，唯赣民有愿随军北往者，由兄妥为部署。"

陈诚是想将城内愿意随国民党军走的人接走就算完事。

3月2日，罗卓英利用围城红军警戒不严的缺点，指挥三十三旅旅长黄维率两个团和一个工兵营偷渡赣江成功，潜入城中，加强了城中防守力量。6日深夜，赣州城内马崑旅和黄维旅各一团，分由城西和城南出城袭击红军。红军仓促应战，损失颇大。红一师师长侯中英被俘。3月7日，红军撤围。

陈诚解赣州围后，淞沪抗战已经停火，陈诚的十八军也就没了东调的必要，陈诚部进驻抚州。在抚州期间，陈诚提出了两个非常有远见的建议。

第一个建议是，红军在江西能生存下去，重要原因之一是国民党统治腐化，他认为只有刷新政治、清除苛捐杂税、减轻百姓负担、清除贪污腐化，才能消除动乱之源。于是，他搜集有关江西政治中的苛捐杂税和贪污腐化的材料，让邱行湘加以整理，指控熊式辉，但没有结果。

第二个建议是，自国民党执政以来，对于孙中山先生在民生主义中的"耕者有其田"并未实行。共产党所以在江西深得民心，是因为实行了"打土豪、分田地"的政策，因而深得农民拥护。如果想让农民也支持国民党，就得让其得到土地。因而陈诚建议，实行"限田制度"，一方面限制地主对土地的兼并，另一方面用赎买的办法，由政府向地主购买土地，分给无地少地的农民，以安抚这些人，实现孙中山"耕者有其田"的主张。陈诚要求江西省政府先做实验，但被江西省主席熊式辉拒绝。

第三次"围剿"，陈诚的十八军东奔西突，四方驰援，虽无战功，也没有什么大的损失。但是，一些杂牌军却在"围剿"中损兵折将，溃不成军。陈诚在蒋介石的暗中授意下，趁机收容、整编，大大扩充了自己的实力。

1931年9月15日，韩德勤的五十二师在兴国县方石岭对中央红军进行第三次"围剿"时，遇红军伏击，随韩行动的二旅四团部队损失殆尽，韩德勤本人化装成伙夫，才得以逃生。韩德勤没法在五十二师继续干下去，只得上书辞职。

1931年秋，蒋介石命令陈诚接过五十二师番号，划归十八军建制，陈诚将十一师独立旅和十四师攻城旅划入五十二师，自兼师长，以原独立旅旅长李明任副师长，柳际明任参谋长。原五十二师残部编为独立团，由王作华任团长。陈诚原来兼任的十四师师长由副师长周至柔升任，由霍揆彰任副师长。

1932年3月，国民党四届二中全会通过新的军事委员会组织大纲，规定军为直属单位，军长不兼师长，五十二师师长于是由李明升任。

陈诚在接管五十二师以后，遭到五十二师残部官兵很大反对。

原五十二补充团和其他部队只编为一个独立团，因补充团仍然很完整，未受损失，所以补充团团长陈纯道反对。陈诚便以驻军最高指挥官名义召开团长以上军官会议，当场宣布陈纯道违抗命令，图谋不轨，命令副官邱行湘将其逮捕，听候处理。

就在扣押陈纯道的当天晚上，吉安河东的县警备队被红军地方武装围歼，枪声密集，并有流弹射到设在吉安中学的十八军军部。陈诚以为是五十二师发生兵变，立即命令以军部为核心构筑阵地，急召韩德勤来军部救援，并命驻扎吉安凤凰圩的独立旅前往增援。

后来查明情况，虚惊一场。陈纯道被扣押后，经人说情几个月后才被释放。

四十三师是孙传芳残部四十七师在中原大战后扩编而成的，中原大战结束后，四十七师扩编为第九军，由上官云相出任军长，前往江西参加"剿共"。上官云相的基本部队四十七师第一次"围剿"时在九寸岭被红军击溃，第三次"围剿"时又被红军击败，郭华宗反对上官云相出任第九军军长，便将第四十三师带走，脱离第九军建制。

1931年冬，四十三师驻在吉安西南潇水东岸、禾水北岸地区。郭华宗克扣军饷，引起部下官兵的不满。蒋介石于是下令陈诚对四十三师加以改编，陈诚便以"不听指挥，擅自行动"为由，要求郭华宗交出部队。郭以"未接到最高统帅部命令"拒绝，陈于是决心以武力强迫郭华宗交出四十三师。

1932年春，陈诚利用解赣州之围的十八军返回吉安的机会，命令十四师突然将四十三师包围，宣称如不接受改编，将把四十三师全师缴械。郭华宗最初不肯妥协，拒绝接受改编。相持两日，郭部旅长、陈诚在保定军校的同学孔令恂和团长韩锡侯等都赞成接受陈诚的条件。郭华宗众叛亲离，只得接受陈诚送他的三万元，离开了四十三师。陈诚便以刘绍先任师长，邹洪为副师长，旅团长以下人员不动，将四十三师划入十八军建制。

之前的四十三师内部军官相当腐化，对士兵打骂、体罚、克扣军饷盛行。进入十八军建制后，军官对士兵态度和蔼，取消了打骂体罚，而且能按月如数领到粮饷，使下级干部和士兵感到轻松自由，因而他们认为跟陈诚当兵，比跟郭华宗要强几十倍。因此，绝大部分人都对陈诚产生了好感，表示特别服从，执行命令非常干脆。陈诚到这个师视察训话时，特别夸奖了几句，这个师的官兵就更加甘愿给陈诚当炮灰了。

五十九师原是贵州的地方部队，何应钦"是贵州人在中央的大头头"。为了把五十九师调到江西参加"剿共"，何应钦曾拍胸脯保证不会出现问题，于是该师便在师长张英的率领下开到了江西前线。可五十九师太过腐败，纪律很坏，又抽大烟，还在驻地发良民证，每张勒索五元，蒋介石于是密令陈诚将其相机改编。

1932 年秋，张英师驻防永丰，四十三师驻守乐安被红军包围，陈诚率军由抚河方面前往救援。红军撤围后，陈诚在归途中，命令包围永丰城，毫不客气地展开攻击，张英设在城内的师部的三个团被缴枪，只有团长李弥不肯缴械，率全团突围上黎岭，编入熊式辉第五师建制。陈诚命令四十三师孔令河旅和邱行湘特务营追击。李弥和邱行湘是黄埔时的同学，邱便写信劝李弥归顺陈诚，李弥拒绝。

事后，何应钦指责陈诚不该如此解决张英部队，熊式辉也反对陈诚的这种做法。陈诚反而责怪何应钦、熊式辉不应将李弥团编入第五师。何应钦只好将此事报告蒋介石，蒋介石装糊涂，事情就这样马马虎虎地过去了。陈诚接过五十九师番号后，经过整编，以五十二师副师长陈时骥为师长，施兆衡为副师长，杨德良、方靖为旅长。至此，十八军共辖五个师、二十九个团。

陈诚这种解决杂牌部队的办法，引起了杂牌部队的恐惧感。"他们向十八军靠拢时，都严加警戒，如临大敌，比对红军还紧张。"陈诚、周至柔都觉得不妙，这样下去"可能演成一场战争，牵动大局。甚至杂牌军队为了生存，可能先发制人，进行反击。因此，此后他就不再采用这种手段了"。

再赴"围剿"，惨败而归

1932 年 6 月，蒋介石在庐山召开江西、湖南、湖北、安徽、河南五省"剿匪"会议，决定采用"三分军事，七分政治"的原则，进行第四次"围剿"，参加会议的有何应钦、何成浚、熊式辉、刘峙、陈诚、陈调元、夏斗寅、高凌百等。

第四次"围剿",蒋介石决定将主战场放在鄂豫皖,对付张国焘、徐向前的红四方面军;次战场放在江西、福建,对付朱德、周恩来的中央红军。由蒋介石本人坐镇武汉,指挥对鄂豫皖军事;派何应钦坐镇南昌,指挥对中央红军作战。在鄂豫皖,取攻势;对中央红军,取守势。

1932 年 6 月,蒋介石在武汉组织总司令部,以李济深为副司令,分三路开始对鄂豫皖"进剿":右路司令官李济深,副司令官王均,下辖七个师、一个军和一个独立旅;中路军司令官蒋介石,副司令官刘峙,下辖十五个师、三个骑兵旅和一个特务旅;左路军司令官何成浚,副司令官徐源泉,下辖四个纵队;另有长江上游"剿匪"总指挥王陵基,下辖两个军、两个旅和一个支队。

1932 年 5 月,蒋介石任命何应钦为赣粤闽湘边区"剿匪"总司令,陈济棠为副总司令,下辖余汉谋、陈诚、李扬敬、蔡廷锴、白崇禧、朱绍良、谭道源、赵观涛、孙连仲九路军。

蒋介石指挥的鄂豫皖作战首先达成战略目标,张国焘、徐向前率领的红四方面军先是在平汉路东,被迫西移以后,蒋介石的大军在后面紧紧压迫,使四方面军无法东返,一直被逼至川北陕南一带,另创了川陕根据地。

蒋介石解除了四方面军对武汉的威胁后,重新将"围剿"重点放在了江西,陈诚向蒋介石建议,过去"随匪行踪为进退,争一地得失,牵动全局,究非根本之计。似非重新计划,将进剿、防守部队,于年内区别展开,则不足以言进剿也"。

从后来蒋军的战况和四次"围剿"失败蒋介石被迫重新调整战略战术及红军的作战特点看,这并不是一个好主意。红军此时的战略战术,可以说是运用内线作战,有情况熟悉、供给便利的优势,集中兵力,在运动中寻找蒋军的弱点,集中力量歼灭之一部。蒋军如欲使红军陷于被动,一是应该将红军运动战的灵活性束缚住,不能让其来去自如;二是不能让红军包围并迅速歼灭一部。陈诚的建议显然这两点都不具备。

1932 年 12 月 30 日,蒋介石下令将赣粤闽湘边区"剿匪"部队分为左、中、右三路军，仍以何应钦为总司令，贺国光为参谋长，左路军蔡廷锴，中路军陈诚，右路军余汉谋，共二十八个师四个旅空军两个大队，以陈诚中路为主力"进剿"。陈诚部分为罗卓英、吴奇伟、赵观涛三个纵队。

1933年初，陈诚指挥三个纵队十二个师，以抚州为中心，和蔡廷锴约定，采取分进合击的方法，向苏区黎川、建宁、泰宁地区进击。1月4日和5日，蒋军第五师周浑元部十三旅，在黄狮渡为红三军团彭德怀、红五军团董振堂袭击，几乎全军覆没，旅长周士达被俘。陈诚在抚州得知第五师被袭，急令抚州、浒湾守军向黄狮渡增援。

但消息被红一军团参谋长徐彦刚侦知，红军乘虚袭取了浒湾，将孙连仲的高树勋第二十七师、吴奇伟第九十师赶回抚州。红三军团、红五军团和红一军团第三军联合将从南城出援的十八军十四师周至柔部打垮。就是在此役中，宁都起义时孙连仲二十六路军参谋长、以后的红五军团副总指挥兼十三军军长赵博生阵亡。红军伤亡也非常大。

1933年初，陈诚中路军开始进攻时，陈诚以十八军所辖师太多，指挥不灵活为由，向蒋介石请准组建第五军，将五十二师、五十九师拨入该军，以十八军副军长兼十一师师长罗卓英任军长。罗卓英尚未来得及组织军部，军事行动已开始，罗便以第五军军长兼一纵队指挥官名义，指挥第十一、五十二、五十九师作战。

1933年2月上旬，红军集中主力进攻南丰，久攻不下，伤亡惨重。陈诚得知红军主力在南丰，乃于2月13日，"令其各纵队向赣南挺进，尤其第一纵队速在宜黄地区集中，解救南丰之外围"。罗卓英于是下令"第五十二师师长李明率该师经蛟湖向黄陂附近集中，第五十九师经霍源向河口附近集中，以备编入本纵队序列参加作战"，"各部队于26日开始行动，限28日到达目的地，等全纵队集中后，再行统一攻击部署"。此时红军因强攻南丰不下，决定"改强攻为佯攻与监视南丰之敌"，"以主力西进，迅速击破敌主力之第一纵队三个师"。"集结兵力于南丰城、里塔圩以西地域，背靠苏区，更积极佯攻南丰，引致敌仍依原定路线'进剿'，以便首先迎击与消灭其右翼"。

此时陈诚误认为红军一、三、五军团围攻南丰城后，于2月16日退向黎川、樟村、横村，乃令第三纵队由金溪出黎川，攻红军正面；第二纵队由南城向东，对红军侧击；第一纵队由乐安、宜黄出击广昌，截断红军退路。此时红军也已基本部署就绪，于23日、24日隐蔽转移到东陂、河口一带集中，以五军团和二十二军为右翼，进至黄陂，向西迎击；以红一、三军团和二十一军，沿金竹、五都、竹坪一线，向北迎敌。2月27日，红军全部进入预伏阵地。

此时正值阴雨连绵，数日不晴，陈诚对红军的部署毫不知情。罗卓英本人也还在十八军军部，等他赶到宜黄时，五十二、五十九两师已向宜黄东南的黄陂地区开进。2月26日，五十二、五十九师分头由乐安地区出发，当晚五十二师宿于太平圩、固岗地区，五十九师在东坑以西地区宿营。27日，两师继续分路前进。

由于情报失实，五十二、五十九两军都未预料到会受伏击。"这两个师以为红军不敢在白区边缘作战，特别是以五十二师旅长滕云最为骄惰，在接到向黄陂前进集中的命令时，满不在乎，日上三竿犹酣睡未起，延误出发时间约四小时之久，敌情地形丝毫未做研究，以此与先头的一个旅隔离数十里。"27日上午9时，五十二师进抵蛟湖红一、三军团伏击圈，当该师师部和四个团及辎重部队进入后，南北两侧高山上的红军伏兵四起，五十二师被截成几段，很快被歼，李明被俘。

2月27日下午3时，陈时骥率五十九师进至西源西端隘路口，见两侧均是高山，地形险要，担心中伏，乃令前卫停止前进，派兵前往搜索。埋伏于此的红五军团和二十二军立即发起进攻，猛烈射击，五十九师各部被分割包围。

陈时骥此时尚不知李明五十二师已被全歼，便写信派人送往大龙坪，称："文献（李明字）兄：弟无能，于本日午后一时失守，现部队已溃散，弟仅率士兵数十人在距蛟湖七八里许之山庄中，请迅速援助为盼，弟陈时骥。"2月28日，红一、三军团也来参加歼灭五十九师余部的战斗，当晚，五十九师被歼。陈时骥随后被俘。

五十二、五十九两师被歼，陈诚受到何应钦、熊式辉等人的严厉攻击，熊式辉本有以扩大江西省各地保安团，用保安团为主进攻红军的办法，此次见陈诚惨败，攻击更烈。第八军军长赵观涛，也不愿再受陈诚指挥，提出辞去第三纵队指挥官职务。逃回来的五十九师副师长施北衡等人也不想再干。五十二、五十九两师被歼的消息传到蒋介石处，蒋回电称为："本军未有之惨事。"

但陈诚虽遭此惨败，并未改变"进剿"计划。他将托病不干的赵观涛第三纵队拆开，分别拨入第一、第二纵队。

1933年3月初，陈诚得到空军侦察报告，称"红军主力已向广昌南进"，他便命令所部取道新丰、甘竹，向广昌急进，企图从中间突破红军阵地。3月20日，第二纵队已到达广昌西北的甘竹、沿村一线，而罗卓英指挥的第一纵队，正经黄陂向草苔冈南进。第十一师在前，五十二、五十九两师残部一七五旅跟进，第九师在后，前后形成一条长达三日行程的长蛇阵。鉴于陈诚的这种作战办法，朱德和周恩来决定拦腰截击第十一师："我军拟于21日拂晓，采取迅雷手段，干脆消灭草苔冈、徐庄附近之十一师，再突击黄陂、五里排之敌。"

3月20日，第十一师师长萧乾指挥所部在草苔冈宿营。由于红军节节抵抗，始终派小部队与十一师保持接触，这时已带部到达黄陂以北五里排的罗卓英判断，红军似在等主力到来，于草苔冈作战对十一师不利。20日夜间萧乾得到报告，红军一、三、五军团已集结在草苔冈周围，要消灭十一师。萧电话报告在黄陂指挥的罗卓英。

这时，第九师李延年部已在黄陂，罗在电话中指示萧乾，立即撤到黄陂，让红军扑一个空，然后九、十一两师并力反击红军。

但萧乾觉得十一师实力强大，红军未必能消灭得了，加上天正在下雨，和红军离得又近，怕夜间撤退会引起混乱，影响士气；又怕红军乘机进攻，所以坚持不撤，决定在原地与红军硬拼。

罗卓英心里清楚萧乾逞强好胜，但又不能下命令强行后撤，因为罗卓英自己也清楚，现在部队疲劳，雨夜山路难行，红军惯打伏击战，倘若部队在运动中被歼，他如何向陈诚交代？

所以，他犹豫半晌，最后还是无可奈何地命令李延年做准备，抽调部队随时准备策应十一师作战。又调陈君锋独立团部署在草苔冈、黄坡之间，掩护十一师后方，并将十一师辎重留在了五里排。

1933年3月21日拂晓，红军发动攻击，很快切断了十一师和第九师的联系。陈诚得到十一师在草苔冈被围的消息，急电吴奇伟率第二纵队回援，又令第九师就近支援。可第二纵队距草苔冈有两日行程，远水不解近渴。而东陂地处河谷，第九师被红军第十二师在草苔冈居高临下阻止，加以第九师力量有限，自身难保，也不可能展开较大威胁的进攻。陈诚电请南昌行营派飞机助战。

在红军的猛攻下，当天，十一师几乎被全歼，师长萧乾负伤，旅长黄维、莫与硕负伤，团长孙嘉傅、曾孝纯、陈君锋阵亡，李宴芳负伤。全师两万两千余人，剩下不到三千人。

有趣的是，红军打败十一师后，发现士兵每人都随身带了一条绳子，据说是出发时，师长萧乾发给他们准备抓俘虏用的。

当陈诚听闻十一师几乎被全歼的消息时，当场差点儿晕倒在地，痛哭流涕，不能自已。

这也难怪，第十一师向以强悍著称，它的惨败使国民党军心瞬间动摇。各路"进剿"部队纷纷后撤，改攻势为守势，一时风声鹤唳，草木皆兵。

蒋介石更是恼火，对陈诚大加指责，他在给陈诚的手谕中写道："唯此次挫失，凄惨异常，实有生以来唯一之隐痛。"

这样，蒋介石寄予厚望的第四次"围剿"，宣告失败。

陈诚十一师在草苔冈的惨败，更给了何应钦和熊式辉指责陈诚的口实，弄得陈诚处境艰难。熊式辉趁机在蒋介石面前进言，提出"以团代军"，要求在江西建二十个保安团，然后逐渐扩编成保安师。

罗卓英在致负伤住院的萧乾信中说："昨今两日抚视负伤回来之官兵，每忍泪不敢外流者，恐伤部下之心，堕部下之气耳"，"英在今日已成党国之大罪人"。

十一师惨败的最大责任者是萧乾。黄陂距草苔冈仅十公里，而红军围攻十一师的各部，午夜以后才全部赶到，如果按照罗卓英的意见及时后撤，红军只能扑空。所以十一师的失败使萧乾惭疚交并，下不了台，尤其是使陈诚、罗卓英在蒋介石面前交不了账，又受到何应钦、熊式辉、杨永泰等人的围攻，更使他觉得对不起陈诚和罗卓英。萧乾本人颇为自负，这时在十八军内部他也大受攻击，所以他觉得干不下去了，就坚决要求辞职，陈诚只得照准。

陈诚个性倔强，短短一个月之内，连折两个师，多年的苦心经营毁于一旦，心中不免愧疚难当。此时，蒋军内部舆论哗然，对陈诚的攻击逐渐掀起了高潮，而何应钦等人借题发挥，使陈诚处境极度难堪。

江西省主席熊式辉致函蒋介石说："若再敷衍，将全局崩溃，不可收拾。"当时谣传何应钦、熊式辉要趁机撤销十八军几个师的番号，以削弱陈诚的军事实力，"以团代军"，即在江西编练二十个保安团，然后逐步扩编成保安师，以代替被裁去的部队。

陈诚表示十一师还有战斗力，不同意撤销番号，遂立即加强对十一师的整顿。

3月初，第十一师残部三千人在宜黄郊外集合，师长萧乾带伤领队。陈诚亲自训话。

萧乾喊口令整队，然后跑步迎上去向陈诚敬礼。陈诚看着这员虎将身裹绷带，面如土色，不免辛酸。萧乾忽然单腿下跪，痛哭流涕：

"钧座，部下辜负栽培，辱军丧师，罪在不赦，请钧座处分部下吧！"

陈诚心头一热，辛酸滋味涌到喉间，眼泪几乎夺眶而出，但他强忍住了，并且很快恢复了理智，厉声喝道：

"萧昆和（萧乾字），站起来！堂堂七尺男儿，怎么输了像儿童一样哭鼻子啊？哭能挽回损失吗？哭能洗刷耻辱吗？哭能把敌人吓跑吗？要像拳击运动员那样——被对手打倒了，挣扎着爬起来，挥拳再战，才是好汉！"

萧乾起立："钧座教诲当铭记于怀，不雪草苔冈之耻，部下死不瞑目！"

陈诚匆匆来到队前，向全体将士敬礼。他看看这三千人多半都缠着绷带，挂着拐杖，再一次感到酸楚。他沉了沉气，才说道：

"十一师的弟兄们！第十一师自成立以来，攻无不克，战无不胜，使敌人望风披靡！这都是全体弟兄们以视死如归的大无畏精神赢得的荣誉！此次草苔冈战败，完全是我对敌情判断错误，加之指挥失当，才使弟兄们身负重伤，蒙受了耻辱。这战败的责任完完全全归我个人，与弟兄们丝毫无关，是我陈诚贻误了党国大事，对不起弟兄们！我要向总司令请罪，请求处分！

"但是，光荣的第十一师绝不能因这一次的挫折便一蹶不振！弟兄们要向所有人证实：第十一师是永远摧不垮、打不倒的！当务之急，便是迅速将第十一师恢复起来，加强训练，请求再战，以雪草苔冈之耻！

"过去，我们第十一师有'带伤服务'的优良传统，现在，我们要发扬这一传统，我号召第十一师全体弟兄们集体带伤服务！"

黄维等人带头喊口号，气氛顿时活跃。原本十分沮丧的第十一师残兵败将，一个个恢复了信心，高喊着要报仇雪恨。

陈诚批准十一师师长萧乾到后方养伤，派第五军军长罗卓英兼代十一师师长，整编队伍。该师仍辖两个旅，但每旅只有两个团，即三十一旅辖六十一、六十二团，三十二旅辖六十四、六十五团。六十二团团长以第四师团长马励武调任，六十四团团长以杨组征调升。

为了充实战斗力，把六十六团残部编成一个营，拨归六十五团建制，六十三团改为十一师独立团（被俘后放回来的士兵编为六十六团，胡琏任团长）。罗卓英很会带兵，最喜欢和部属攀谈、通信，常让部属畅所欲言，从不当面给人难堪。这次重回十一师，早晚常到连队去视察，很快收到了效果。

对于被歼的五十二师和五十九师，陈诚也做了安排。调十四师第四十一旅旅长夏楚中升任五十二师师长，五十二师开到河南，补充新兵，就地整训。当时河南省主席刘峙没有基本队伍，见五十二师到来很高兴，多方予以协助，很快就补充起来。调中路军总指挥部参谋长郭思演为五十九师师长，五十九师主力留在江西，梁启霖团开往河南开封补充新兵。

在一切安排就绪后，陈诚即致电蒋介石，请辞所兼各职，并要求裁撤中路军总部。不等蒋介石回电，陈即赌气回南昌，住在家中，闭门谢客。

十八军惨败之后，在"剿共"问题上，国民党各大员又争成了一团，最后蒋介石博采众议，决定采取"战略上以守为攻，战术上以攻为守，碉堡推进，经济封锁"的政策。

但环顾手下大将，何应钦在几次"围剿"中也没有什么好招，而刘峙、顾祝同、蒋鼎文等人，不是优柔寡断，难以决策，就是暮气沉沉，执行落实不够，这些方面都不如陈诚，前方军事指挥非陈诚不可。

蒋介石思前想后，觉得最适合执行"进剿"计划的还是陈诚。但此时陈诚拒不出门，身为总司令的蒋介石也曾指责过陈诚，又放不下领袖的架子登门索见，于是双方就此僵住。

南昌行营参谋长贺国光见此情况，心里很着急，蒋、陈二人不见面，将直接影响前方的战事，他决定走"夫人路线"来化解这个僵局。

于是，一天傍晚，贺国光携林蔚去见陈诚的夫人谭祥，请她设法让蒋、陈见面。林蔚是蒋介石身边的亲信高级参谋，曾在陈诚手下任旅长，他也对谭祥说："辞修不肯见委员长，这样倔强，应有个曲线救国的办法，你可偕陈会见蒋夫人。"

谭祥也听说了这一段时间的事情，觉得林蔚的话有道理，就对陈诚说："你不见委员长，我们去看看蒋夫人好了。"

于是，陈诚和夫人谭祥一起去见宋美龄。宋美龄和陈诚夫妇寒暄不久，蒋介石就出来见面了。

蒋、陈见面后，蒋介石主动承担了失败的责任，赞扬陈诚是"为国揽过"，并将新的"进剿"计划和盘推出，决定仍让陈诚上前方指挥军事。根据过去的作战经验，陈诚建议缩小师的编制，每师只辖三团，取消旅一级指挥机构，以便作战灵活，蒋介石采纳了陈诚的建议。

蒋介石的信任和厚望让陈诚大感欣慰和鼓舞，于是，陈诚迅速赶回抚州，并立刻着手将十一、十四、四十三三个师各分出三个团，十一师分出的三个团编为六十七师，以傅仲芳为师长；十四师分出的三个团编为九十四师，以李树森为师长；四十三师分出的三个团编为九十七师，以孔令恂为师长；另以派往河南补充新兵的夏楚中五十二师改为九十八师；郭思演的五十九师改为九十九师。免去罗卓英第五军军长职，由薛岳调任。罗卓英回任十八军副军长，实际上代替陈诚指挥十八军。

精心筹划，终难成功

回到抚州，陈诚立即拟订两个方案，即"继续进攻"和"分区清剿"，请蒋介石决定。

蒋介石批示：如有把握就"进剿"，否则暂行分区"清剿"。陈诚考虑到十八军新败，士气不振，兵员也有待补充，继续进攻一时尚不可能；而这时红军士气正旺，攻乐安，围永丰，一度进到崇仁西南地区，还是分区"清剿"较为适宜。蒋介石赞同陈诚的意见。

为适应"清剿"的需要，蒋介石重新调整了在中央苏区的部署，区分了各部的"清剿"任务。以第八军军长赵观涛为东区指挥官，负责浙赣边区及赣东北地区，指挥邢震南第四师、周岳第六师、刘珍年第二十一师、樊崧甫第七十九师及浙江保安处长俞济时所辖的浙江保安团；以刘建绪为西区指挥官，负责湘赣边区及赣西地区，指挥王东原第十五师、彭位仁第十六师、朱耀华第十六师、戴岳第四十六师、谭道源第五十师、罗霖第六十九师；陈诚仍为中路军总指挥。蒋军主力仍摆在中路军方面，原驻江西和从别处调来的部队大部归陈诚调动，计有第五军、第十八军、第二十六军、第三十七军、第三师、第五师、第九师、第十师、第二十三师、第二十八师、

125

第五十三师、第八十师、独立三十二旅和独立三十三旅。

1933年4月间，陈诚将总指挥部由抚州（临川）移驻崇仁城内，做了一些人事调整。因总指挥部参谋长郭思演已去担任第五十九师师长，调第五军参谋长郭忏接替郭思演。5月份将第五军军长罗卓英调为十八军副军长，保荐原第四军副军长薛岳任第五军军长。从此，薛岳所部成为进攻红军的主要力量（薛岳以后任前敌总指挥、第六路军总指挥、滇黔绥靖副主任）。此后，陈诚还保荐第四军的张发奎和吴奇伟出任要职，终使这支粤军为蒋介石所用。

部署稍定，蒋介石为了让这些军队安心"清剿"红军，亲自到中路军总指挥部所在地崇仁召集副团长以上军官开会，一再鼓吹"中国的大患不在东北而在江西"，要驻防部队在"清剿"的同时，加紧训练，准备新的大规模的"围剿"。

鉴于第四次"围剿"的惨败，蒋介石不敢贸然发动新的"围剿"，而是组织人力对红军的战略战术深入研究。蒋介石仍把陈诚视为下一次"围剿"的主将，让他参与第五次"围剿"的策划和准备。

第一，改组指挥机构。

前几次蒋军对中央苏区的"围剿"都是通过南昌行营指挥的。南昌行营原设八个厅，还有参谋长、秘书长等，权力分散，且多偏重军事进攻，忽略政治措施。第四次"围剿"时，蒋介石就认识到光靠军事进攻恐难解决问题，但由于没有采取相应的组织措施，遭到失败。杨永泰建议，"围剿"红军要"三分军事，七分政治"，既要重视军事措施，更要注重运用保甲制度、特务组织、民团等政治力量来摧毁根据地。蒋介石采纳了这一建议。为了从组织上保证这些政治建设的进行，决定对指挥机构进行改组。1933年7月，改组了南昌行营，在行营成立了党政军设计委员会，下设两厅：第一厅管军事，厅长由参谋长贺国光兼任；第二厅管政治，厅长由秘书长杨永泰兼任。行政事务归办公厅负责，江西省政府主席熊式辉兼办公厅厅长，并把汪精卫任院长的行政院部分职权划归行营，有关各省行政直接听命于第二厅。这样，就使指挥机构权力集中，职责明确。

第二，调整编制装备。

在检讨第四次"围剿"的得失时，陈诚感到，每师辖三旅九团或两旅六团的编制，利于平原作战，不利于山地对付红军的游击战。在第三次"围剿"时，十一师、十四师都是三旅九团制，进入苏区没遇上红军，拖来拖去就拖垮一半，原因是这种编制过于臃肿，行动不便。第四次"围剿"时，编制已缩小到二旅六团制，仍嫌过大。因为江西多山，公路少，部队行军多是先头部队从拂晓出发，而后尾部队中午还不能开动，一遇情况或遇到红军袭截，前后呼应不灵，指挥掌握极其困难，无论前进或撤退，部队常常拥挤在一起，丧失活力。

这样的编制，攻击时，尽管人多，但展不开兵力，成了无用武之地的队伍。特别是旅这一级，似颇有点儿多余。它在师与团之间承转命令监督行动，而作战中命令经过这一级往往耽误时间，前几次"围剿"都因此吃过大亏。再则部队过大，补给运输极为繁重，更难于就地征发粮秣。根据陈诚等人的意见，南昌行营调整了部分作战部队的编制，原来的一个师分成两个师，各辖三个团，废除旅一级机构。

1933 年 8 月，陈诚的十八军进行了改编，十一师改编为十一、六十七两个师，十四师改编为十四、九十四两个师，四十三师改编为四十三、九十七两个师，五十二师改为九十八师，五十九师改为九十九师，因在河南整补，仍保留二旅四团制。刘峙想把九十八师留在河南，陈诚不同意，8 月间，电请蒋介石调回江西。

在装备方面，每师都配备穿透力很强、专打堡垒的平射炮，提高攻击力。

第三，加强运输补给力量。

山岳地带，道路网少，蒋军进入苏区作战，运输补给常常发生困难，影响战略和战术意图的执行。四次"围剿"后，蒋军在运输补给方面做了一些改进。一、设计新的交通图，组织军工将公路向中央苏区腹地做钳形延伸，增加交通网。二、加强后方兵站系统的运输能力。三、调整部队本身的运输力量。扩大师团两级运输部队的编制，充实兵额，营连各增设输卒两名，留置必要的乘马，尽量减少负载骡马，清除山地运动中的累赘，每个军人带最简单的行李，每人配一条通带，内装三日口粮，随身携带。

第四，开办军官训练团。

前四次"围剿"均告失败，蒋军士气大受打击，各级官兵对红军产生了畏惧心理；同时四次"围剿"后，正值日本大举入侵察东，人民抗日热情日渐高涨，抗日者受尊敬，打内战者挨冷眼。

十一师师长萧乾就曾愤愤地说："在江西剿共负了伤，到后方医院去就医，不敢抛头露面，而二十五师师长关麟征在古北口负伤，住在北京协和医院里，天天有人民团体的代表去慰问他。相形之下，谁还愿干这吃力不讨好的事？"蒋军中不少军官对继续内战产生了抵触情绪，再者不少官兵不适应或者根本不懂山地作战。这些都是继续"围剿"红军的困难。为了统一思想，统一战术，蒋介石决定开办军官训练团，由陈诚负责筹备。

1933 年 7 月 15 日，军官训练团第一期在江西庐山海会寺开学。蒋介石亲任训练团团长，陈诚任副团长，负实际责任。主要训练排长以上的军官。蒋介石在开学典礼上训话：举办庐山军官训练团"唯一的目的，就是要消灭赤匪"，"我们要以此奠定一个新的伟大的基础，来完成剿匪的工作"。

庐山训练团的主要内容，分精神训练和军事训练两项。精神训练强调军人以服从为天职，树立蒋介石的绝对权威。如后来一讲到"委员长"或"领袖"时，全体必须立正，即始于此。同时强制灌输"攘外必先安内，安内必先剿匪"的反动思想。蒋介石说："我们以后能不能剿清赤匪，整个革命的成败、党国的存亡，以至各个人的生死，统统都看这次训练能不能发生效力。"另外还对学员进行"实行三民主义，复兴中华民族，安抚流亡，恢复生产"的政策教育，要求学员在围攻中厉行清乡，协助恢复地方政权。其主要课程有《剿匪手本》《剿匪要诀》《剿匪部队训练要旨》《战时政治工作》等。

军事训练主要是山地作战战术训练，课目有搜索、侦察、掩护、观察、警戒、通信联络、工事作业、炮兵测距、实弹射击和以连对抗为主的军事演习，以使学员适应江西的山地战。

军官训练团辖三个营，各营连长都以师、旅级军官担任。每期两周，到第五次"围剿"前共办了三期，训练学员三千两百多人。

通过庐山训练，确实使军队作风有了不少改变。陈诚的十八军效果更明显，如军官的生活和士兵一样，军阶无论高低，包括陈诚在内，一律不佩武装带，身着布质军衣，脚穿草鞋或胶鞋，吃大锅饭。这次训练为第五次"围剿"做了思想和技术上的准备。

第五，改变作战方针，完善战术要领。

鉴于过去每次都惯于纵线"进剿"，而忽于平面组织，孤军深入，动辄受红军包围的教训，放弃"长驱直入，分进合击"的战略，改为"稳扎稳打，步步为营，修筑碉堡，逐步推进"的方针。其具体办法是：构筑碉堡，以公路连接，和军队齐头并进，"务期星罗棋布"，"进得一步即守一步，不为防线而为铁板式之平面，逐渐前进，缩小匪区"。又辅之以保甲、团练政策和对苏区的经济封锁政策，困扰苏区军民。陈诚把这些说成是要从军事、政治、经济各个方面釜底抽薪，迫使红军进行阵地战，以优势兵力同红军拼消耗。

鉴于"以往硬性规定三个月结束围剿，求成过急，屡遭挫折"的教训，改战略速决为持久战，"准备打三年"，务必彻底摧毁苏区。

为了与战略的改变相适应，在战术上也进行了一些改进，做了充分的准备。一是注重情报搜集和战术警戒，每队六七十人，携带手枪，官兵都挑选老兵充当，薪饷较高。其任务是潜入苏区侦察情况，或在部队先头行进，搜索及警戒，防止红军偷袭。二是注意部队宿营地的战备及秩序的维持。由师一部派参谋主任为全师宿营指挥，各团的中校团副（副团长）、营副及各队的采买人员，组成设营队，随前卫部队前进。到达目的地后，前卫部队占领各要地担任搜索掩护，设营队对整个地形及房屋状况进行大体的侦察。按照作战要求划分各团宿营作战地区，设立标志，引导各部进入宿营及作战地区，使宿营井然有序，动作迅速。师长到达时，参谋主任将一般情况报告师长，师长率领各团长登上制高点展望，就地分配各团任务及阵地的配备细节，以下各部队长均照此实施。对于阵地工事的构筑极为认真，团营长守在现场指挥督促，工事没有完成前，团营长都不得离开，完成后才进入宿营地休息。担任阵地守备的部队，一般都在阵地搭棚露营，连队的特务长率伙夫班在村庄里做饭，然后送上山头。

第六，调整战斗序列，确定围攻布局。

在准备大体就绪之后，蒋介石便于1933年9月初在南昌行营召开军事会议。在部署新的"围剿"会上，陈诚就部分军队编制的情况做了汇报，各军师都汇报了近期训练和准备情况。这次"围剿"蒋介石计划调用近百万军队。会后，为适应作战方针的改变，调整了作战序列，将原来的数路军改为南北两路军。南路军总司令陈济棠，前敌总指挥蔡廷锴（未到伍），总部驻韶关，辖有七个师和空军一队（有飞机十架），主力集结在赣南南康、赣州、安远、寻乌地区，计划向北压迫中央苏区。北路军总司令是顾祝同，参谋长赵启录，总参议韩德勤，前敌总指挥蒋鼎汉。北路军是这次"围剿"的主力，又分为三路，陈诚为第三路总指挥。第三路军总部驻抚州，辖守备五师及第五、第七、第八十三个纵队（一个纵队辖四至五个师不等），陈诚兼第五纵队总指挥，薛岳为第七纵队总指挥，第三路军总参议刘绍先为第十一纵队总指挥。北路军主力集中在抚州、宜黄、黎川一带，准备向南进攻中央苏区。

与蒋介石加紧部署对红军和中央苏区"围剿"的积极准备情况恰恰相反，此时的红军和中央苏区中出现了反常情况，"左"倾机会主义者排斥了毛泽东在红军中的正确领导，把持领导权，大力贯彻其"左"倾机会主义的错误方针，提出"两个拳头打人"，将红军主力分成东方军和中央军，四处游击，将部队搞得很疲倦，而对即将到来的敌人的大规模"围剿"，没有做任何正确的、有效的对策准备。

蒋军第五次"围剿"的第一步就是乘红军分成两部的时机，首先向黎川进攻，隔断中央苏区与闽浙赣苏区及两部红军的联系。

黎川为赣闽两省交通孔道，其地东连光泽、邵武，南达建宁，北出金溪、资溪，以窥赣州，是赣之东北与东南及闽西北之枢纽，红军已建设了三年，为苏区军事重镇之一。陈诚负责夺取黎川。他将第三路指挥部由抚州移到靠近黎川的南城。陈诚的十八军主力驻南城至新丰街一带，一部驻宜黄乐安地区，进行外围战；命周浑元的第三十六军负责直接攻占黎川。

9月28日，红军主力在福建与十九路军鏖战，黎川守军只有萧劲光率领几百人，陈诚驱动重兵，夺取了黎川。黎川一失，红军东方军与中央军的联络线被切断，造成了红军的战略被动。

这时，第三国际派到中央的军事顾问李德（德国人）进到中央苏区，同中共临时中央的负责人博古等人一起，从政治的需要出发，要求红军收复黎川，保住"国门"，放弃了过去行之有效的"诱敌深入，聚而歼之"的作战方针，命令红军北上就敌，夺回黎川。

10月初，彭德怀率红三、五军团从福建泰宁奔袭黎川，林彪、聂荣臻率红一军团至南丰牵制蒋军东进，配合三、五军团行动。三军团在黎川东北的洵口与吴奇伟部的三个团遭遇。红军抢先展开，占领阵地，一顿猛攻，打垮了吴奇伟部，并俘其旅长。在这种敌之兵力多十多倍的情况下，红军出敌不意所获得的偶然胜利被"左"倾机会主义者夸大为带有普遍意义，主张普遍陈兵苏区边缘，"御敌于国门之外"的冒险主义方针。

鉴于之前失败的教训，陈诚改行"战略上取攻势，战术上取守势""以守为主，以攻为辅"的指导原则和"先求稳当，次求变化"的战法，命令所部不得轻易离开其堡垒地带，凭险抗击。

红军急于求成，在洵口战斗还没最后结束时（还围住吴奇伟一个营正待歼灭），李德强令红三军团立即向硝石进攻，试图攻破黎川外围，然后夺回黎川。一军团也调到黎川附近配合三军团作战。

陈诚配备在黎川三四个师，南城、南丰各约三个师的兵力。硝石在黎川、南城、南丰三点之间，各隔三四十里，处在堡垒群之中心。红军进入之后，完全失去机动余地。红军派出一部攻金溪，途中与樊崧甫的五十九师相遇，还没有展开攻击，樊的援兵已到，红军不得不自行撤走。金溪攻不下，于是绕道挺进盱江东岸，威胁抚州。

适逢邢震南的第四师由上饶调往浒湾，两军在金溪以西的琅琚相遇，红军迅速展开，发起猛攻，邢震南抵挡不住，退守浒湾堡垒。红军缺乏攻坚武器，围住堡垒攻击，激战两昼夜，毫无进展。驻守抚州的宋希濂第三十六师援兵又到，红军只好放弃浒湾，集中力量攻硝石。没有取胜，又转攻黎川西北的资溪桥，皆遇堡垒加重兵，伤亡大，成果小。红军被迫放弃攻坚，改为深入袭击。

11月中旬，红军一、九军团奉命在棠阴深入袭击，意在打破封锁线，不料孤军突进，受到陈诚部第九十七师的阻击。陈诚又调薛岳率十一师、六十七师和第四军由新丰街开往麻姑、棠阴一线截击，形成对红军合围之势。红军唯恐陷于重围，11月17日紧急退到云盖山、大雄关地区，却与薛岳部相碰。

激战中，红军用九军团十四师从神冈正面吸引敌方，以一军团一、二两师从两面包抄，但当红军第二师先锋第五团抵达党口附近山岭时，吴奇伟的第四师已先红军占领大雄关东南木鱼蛛附近的险要制高点。

红军想夺取这一制高点为进攻创造条件，但蒋军有飞机轰炸和密集火力，红军久攻不下。第二师政委胡阿林、第四团团长萧桃明牺牲。陈诚部也阵亡一团长（十一师六十四团团长杨组征）。红军自动撤退，向西南转移，在军峰山附近刚越过毛炳文第八师的堡垒线，就被对方发现。毛炳文部冲到红一军团跟前，不仅直接威胁到军团部，殿后的第二师也有被切断在隘路口口内出不来的危险。在此危急关头，正在生病的红一军团政委聂荣臻紧急动员了所有的人员上阵，就地抵抗，才掩护第二师从隘口冲出。

在红一军团深入袭击时，红三军仍奉命在硝石附近兜圈子，还是想打开硝石，进而收复黎川。陈诚侦知这些情况后，急令黎川、南丰、南城之师进行夹击。在营前发生激战，被敌吸住。彭德怀发现情况不妙，电请红军总部放弃硝石，才得允许撤回洵口，幸免被围歼。

132

红军放弃自己游击战的长处而改为冒险进攻，在敌堡垒之间穿插，处处受敌袭击，十分被动，既没有打破蒋军的封锁，也没有收回丢失的黎川。陈诚以静待动，坐困红军，由被动转为了主动。

就在蒋军逐渐取得第五次"围剿"主动权时，1933 年 10 月 20 日，蒋介石的第十九路军在福建发动了反蒋事变。

原来，早在 1932 年淞沪抗战的时候，蒋光鼐为十九路军总指挥，蔡廷锴为十九路军军长。两人紧密合作，统领十九路军誓死保卫大上海。但由于蒋介石的不抵抗主义，使十九路军损失惨重。时任国民政府主席的林森特别为十九路军阵亡将士纪念碑撰文，叙述了全过程，具有特别的意义。蒋介石对此却大为愤怒，死令十九路军离开上海入闽，"围剿"共产党的中央苏区，实现他的"攘外必先安内"的计划。

1932 年 9 月 20 日，蒋光鼐同蔡廷锴乘荷兰支沙丹泥船顺利到达福州，蒋光鼐就任福建省绥靖公署主任。接着开始了许多艰难困苦的工作。12 月 6 日，南京国民政府发布命令，改组福建省政府，蔡廷锴取代蒋光鼐任绥靖公署主任，蒋光鼐改任福建省政府主席，目的是要挑拨蒋光鼐和蔡廷锴间的矛盾。

但蒋光鼐不吃这一套。12 月 23 日蒋光鼐联合蔡廷锴，并下了最大的决心，把闽南大土匪陈国辉枪毙了，为福建人民做了一件大好事，老百姓无不拍手称快。

1933 年 1 月 1 日，日本关东军守备队又在驻山海关的日军配合下，向山海关中国守军发动进攻，激战三天之后，山海关沦陷。2 月 2 日，鉴于形势的严峻，福建、广东、广西三省组成西南国防委员会，通过《粤桂闽三省联防约章草案》。

5 月 25 日，蒋光鼐、蔡廷锴以十九路军为基础，联合发表《反对与日妥协通电》，表明福建政府和十九路军抗日的决心和态度。但蒋介石则来电，横加斥责。

这一年的夏天，蔡廷锴在厦门查获一笔从南京用化名汇给十九路军上年送入南京中央军校军官训练班学员的津贴费用。蔡廷锴觉得有异，遂下令逮捕收款的黄汉光等人。据黄交代，蒋介石早已布置颠覆十九路军。军官训练班学员多数已被"洗脑",加入了蒋介石的蓝衣社特务组织,在拥护领袖,复兴中华民族,抗日必先"剿共",谁敢违抗领袖、反对政府就要受制裁的纪律下,皆已接受具体任务。他们供认:暗杀蒋光鼐、蔡廷锴是首要任务。

于是,蒋光鼐和蔡廷锴都十分紧张,认真再查一查,福建省政府里也有许多行动鬼祟、面目可疑的人,诸如高登艇、郑贞文、林知渊、孙希文等。为了抵制蒋介石的暗杀,蔡廷锴以牙还牙,首先在十九路军内部秘密成立改造社,其任务是秘密防范蒋介石派人暗中渗入策划军队叛变,并防范蓝衣社特务打入内部分化、瓦解。

同时针对蒋介石以黄埔军校校长的身份,培植亲信的惯用手段,对十九路军中所有黄埔军校和中央军校中毕业的军官进行调查。其中团长以上被调查的军官就有范汉杰、张君嵩、吴康南、汤毅生等,甚至参谋处长范汉杰的家中装有秘密电台,与蒋介石联系,因而闽方军事动态,蒋介石了如指掌。至于团长以下受到调查的更有两百多人。其中情节严重的数十人,查实后即行秘密处死。至此,蔡廷锴离蒋介石愈来愈远了。

这时候中国共产党发表《为反对日本帝国主义侵入华北愿在三条件下与全国各军队共同抗日宣言》说:"一、立即停止进攻苏维埃区域;二、立即保证民众的民主权利(集会、结社、言论、罢工、出版之自由等);三、立即武装民众创立武装的义勇军,以保卫中国及争取中国的独立统一、领土统一与领土完整。"

蒋光鼐对共产党的宣言非常赞成,他对蔡廷锴说:"我们应当迅速响应。只有走联共抗日的道路,才能挽救十九路军。我们必须尽快和中共建立联系。"他们写好了亲笔信,特派陈铭枢的幕僚陈公培秘密潜入水口苏区,会见了彭德怀等红军领导人,接着,又派十九路军秘书长徐名鸿前往中央苏区,受到朱德、毛泽东、周恩来、林伯渠等领导的热烈欢迎。潘汉年代表中国共产党与徐名鸿进行谈判。

1933年10月26日,双方签订《中华苏维埃共和国临时中央政府及工农红军与福建政府及十九路军反日反蒋的初步协定》。十九路军第一次把"反蒋"公开地摆到了议事的日程上来。于是,十九路军取消经济封锁，向苏区供应食盐、布匹等物资，福建政府也颁布大赦令，分批释放在押的全部政治犯一百五十二人。

此时，在香港的陈铭枢和李济深都认为，福建已经基本上具备了对抗蒋介石另立新政府的条件，遂决定在香港李济深家中先召开会议，进行发动工作。参加这次会议的有陈铭枢、李济深、蒋光鼐、徐谦、黄琪翔、章伯钧、余心清等人。

陈铭枢首先在会上说明，要中华民族生存，非抗日不可；要抗日，非打倒蒋介石卖国政权不可；要打倒蒋政权，非有革命精神不可。认为目前时机已经成熟，不能再有所迟误。会上争论激烈。有人主张不举人民革命的旗帜，以便积聚反蒋力量；有人主张先埋头训练人才，从改造旧军队和革新福建政治入手，做长期斗争的准备；有人认为各党各派联合反蒋，有号召力量，通电一出，蒋介石就会下野；从福建来的人则认为十九路军下层官兵和当地老百姓抗日反蒋情绪非常高涨，不可压抑，催促香港方面从速派人赴闽领导。

蒋光鼐没有说多少话。会议结束后他即离港反闽，急电蔡廷锴，请他火速赶到福州商谈要事。这时候蔡廷锴还留守在漳州。后来，蔡廷锴回忆说："我看蒋光鼐既如此，我明知军事、财政毫无办法，搞起来只有失败，也不坚持反对的意见，随即召集各师长开军事会议，征求他们的意见。"蒋光鼐回福州后就紧张地布置工作。他让警卫长先把福建省主席公馆乌山的房子打扫干净，第一个接待的就是铁军名将叶挺将军。叶将军表示："你的事，我当然义不容辞。"

1933 年 11 月 15 日，蒋介石在江西的庐山得到福建方面的情报，赶忙派飞机到福州接蔡廷锴上庐山。

蒋光鼐担心地说："贤初，你此刻去庐山，自投罗网啊！"

蔡廷锴说："我是不会上当的。"随即吩咐手下："给我把飞机扣下，命令空军刘植炎队长把徐康良（蒋介石的飞机驾驶员）看管起来！"

11 月 18 日，由陈铭枢提议在鼓山喝水岩召开十九路军将领和"闽变"其他主要策划者的紧急秘密会议，地址在喝水岩龙源阁。参加会议的有李济深、陈铭枢、蔡廷锴、蒋光鼐、陈友仁、黄琪翔、徐谦、李章达及十九路军各军军长、总参谋长等十余人。会议从上午一直延续到深夜，在发难时间上争论不休。

蔡廷锴在会上表示要把发难时间往后推迟一两个月。理由是：一、十九路军不少将官态度还十分暧昧，除了大部分对事变保持缄默外，有的甚至公开反对；二、部队尚未调集，防备尚未调整；三、杂牌军没有就范，内奸特务尚未肃清；四、两广不支持；五、蒋介石已有觉察；等等。蔡廷锴还说，不急于公开树旗倒蒋，以免引起蒋介石的注意，造成不利的局面。利用一两个月时间，就有一定的时间加紧做好各项准备工作。

陈铭枢等却认为目前是举旗发难的最后时机，因为蒋介石的部队主要集中在江西、华北、津浦方面，尤其是在江西，集中了主力嫡系部队对苏区进行第五次"围剿"，一时抽不出人来，能抽调入闽的部队不过两三万人。

陈铭枢过高估计了蒋介石南京政府的政治危机，过高估计了十九路军的军事力量和自己的政治影响，认为蒋介石七八年来的政治已弄得天怒人怨，国民党已经分崩离析，蒋介石成了众矢之的，只要十九路军一发难，树起义旗，必然会得到西南、西北、华东、华北等地的响应。他还认为十九路军一个师可以抵挡蒋介石的两三个师，加之十九路军与红军已有协定。有红军的配合，蒋介石就是调十个师入闽，也同样不堪一击。最后陈铭枢表示：十九路军是为了反蒋抗日，即使失败了，也是光荣的。因此，决心用拼命的精神发动事变，十九路军的胜败存亡在所不惜。

会上的两种意见针锋相对，与会者七嘴八舌，议论纷纷。陈铭枢颇为激动，他认为要革命就不要怕牺牲，"丢那妈几大就几大，尽地一煲（粤语：拼命）"。他说，若一再拖延，那只好把他押送南京去邀功吧！蔡廷锴等提出：趁京沪一带蒋介石的兵力相对比较薄弱之机，十九路军先偃旗息鼓，从闽北突进，攻打浙江；一举占领杭州，再沿京沪国道直逼南京，到那时再打出义旗，宣布反蒋抗日。但见陈铭枢的态度激进，蔡廷锴觉得事已至此，明知事变难以成功，也只得同意即刻发难，毅然表示统率十九路军，誓做新政府的坚强后盾。

会议统一意见后，决定 11 月 20 日，在福州召开全国人民临时代表大会，宣布反蒋举事。接着讨论有关废弃青天白日党国旗及有关军事、财政等问题，讨论了由陈铭枢智囊团、神州国光社的王礼锡、胡秋原等拟定的宣言、政纲等。

1933 年 11 月 20 日，全国人民临时代表大会如期在福州南校场举行，有成千上万的士兵、学生、商人、人力车夫等，手持彩色的小旗，排着整齐的队伍参加会议。大会的主席台设在广场的两端，上面挂着"中国全国人民临时代表大会"的横幅。坐在主席台上的有蔡廷锴、蒋光鼐、李济深、陈友仁和冯玉祥的代表余心清等，陈铭枢因患重感冒未能出席。

此外参加大会的还有来自全国二十五个省市和华侨的代表一百多人、福建省政府所属各机关公务员、十九路军驻福州部队七十八师官兵及福州各界民众几万人。福州名流、海军耆将萨镇冰应邀参加会议。会议前，十九路军新筹建的空军飞机在低空盘旋，并做特技表演，引来一阵阵的掌声和口号声。

当天上午 9 时 40 分，由福州市公安局局长邱国珍宣布开会。黄琪翔被推为主席团总主席，并致开幕辞，之后又由他宣读《中国人民临时代表大会人民权利宣言》。在会上发言的还有萨镇冰、何公敢、李济深、蔡廷锴等十三人。最后大会一致通过《即日组织人民革命政府案》和《制定新国旗案》。新国旗由欧阳予倩设计：上红下蓝中嵌一颗黄色五星（红色代表工人，蓝色代表农民，黄色表示正大光明、壮丽严肃，五星表示生产人民大联合）。随即举行升旗典礼，在场的十九路军战士当即摘下军帽上的青天白日帽徽扔在地上，随后口号声响彻云霄。会后举行声势浩大的示威游行。

当天晚 8 时，在十九路军总部召开主席团会议，议决成立人民革命政府为中华共和国人民革命政府，废除南京国民政府年号，定1933 年为中华共和国元年，首都设福州。取消《总理遗嘱》和"总理纪念周"，推李济深为共和国主席。陈铭枢、陈友仁、蒋光鼐、蔡廷锴、方振武、黄琪翔、徐谦、李章达、余心清、何公敢等为政府委员。

22 日上午 9 时，新政府在福建省政府礼堂就职，梅龚彬代表主席团向李济深授印，李济深当即发表宣誓演说。

至此，中华共和国人民革命政府正式成立，历史上简称为"福建人民政府"。新政府立即发布《中华共和国人民革命政府组织大纲》，根据大纲，新政府下设三会、两部、一院、一局。三会是：军事委员会、经济委员会、文化委员会；两部是：外交部、财政部；一院是最高法院；一局是国家保卫局，分别由李济深、余心清、陈铭枢、陈友仁、蒋光鼐、徐谦、李章达等担任正职。福建人民政府将原福建省分为闽海、兴泉、汀漳、延建等四省，分别由何公敢、戴戟、许友超、萨镇冰等担任省长。福建人民政府成立后，先后颁布《成立宣言》《对外宣言》《最低政纲十八条》《告全国武装同志书》《通缉蒋中正及其党羽汪精卫等布告》《建立全国生产人民政权案》《第二次宣言》等重要文告。同时由陈铭枢发起组织生产人民党。

"福建事变"发生后，蒋介石有三点担心：一是担心反蒋派群起响应十九路军抗日反蒋的号召；二是害怕红军与十九路军合作，大举反攻，"围剿"形势急转直下；三是担心日本人乘此采取举动，应顾不及。

蒋介石为此焦虑不安，陈诚也不知所措，哀叹"糟了，又要动真刀真枪了"。

没几天，蒋介石亲自到南城与陈诚秘密会晤，商讨对局势的处置办法。陈诚说，十九路军自"一·二八"淞沪抗战成名后，"官富而骄，兵穷而怨"，军心涣散，不足大虑。所虑的是它与红军联合。当前是"围剿"和"闽变"谁先谁后的问题。蒋介石认为，红军不是短期内可平的，"闽变"恐夜长梦多，决定先解决"闽变"，对日本方面让何应钦继续妥协，红军方面则派兵监视，原来的"围剿"部队基本不动。

主意一定，蒋介石迅速调卫立煌、张治中、蒋鼎文率领第五、第四、第二路军入闽作战。

陈诚部负责切断红军与十九路军的联络，掩护卫立煌等部入闽。黎川是江西蒋军入闽的必经之路，陈诚主要是加强黎川方面的力量。在与蒋介石秘密会谈后的第二天，陈诚就出发赴黎川督师，指挥第十一、六十七师回经上塘向黎川急进。在黎川以南的团村遭到红军第三军团的攻击。红军人少，四个师只有一万余人，而蒋军有三个师十五个团四万余人。

冲突一阵，红军向德胜关方向退去。陈诚派兵控制了黎川局势，陈兵赣闽边界，掩护卫立煌第五路军等部入闽。同时，陈诚还指定薛岳等部全力构筑黎川、熊村、黄土关、杉关、飞鸢、洵口等地的碉堡线，又命十八军修筑硝石到黎川的公路。

1934 年 1 月 4 日，蒋军在古田、延平两地同时向十九路军发起进攻。延平、水口两地仅在一天之内就失守。古田又被张治中部所包围。张写信劝降，不费一枪一弹，轻而易举地拿了下来。为保全十九路军的力量，蔡廷锴建议暂时撤退到闽南去。

红军由于被"左"倾冒险主义者掌握着领导权，没有利用"福建事变"在军事上有所作为，反蒋主力西调中央苏区北线的礼丰地区作战，企图在那里突破蒋军的封锁线。直到十九路军形势危急，才令七军团和独立三十四师挺进邵武以东地区，牵制陈诚的部队和邵武的部队，派红一、三军团的三个军日夜兼程，沿永安、沙县直奔南平（延平）。然而这时已经晚了，卫立煌的第五路军第三十六师已占领了南丰，截断了红一、三军团的东进路线。红军只得返回闽赣边境，在武夷山岭一带构筑堡垒，与陈诚的部队相对峙。

红军没有同十九路军合作，各地方实力派也没有同十九路军联合，致使十九路军陷于孤立，胜利无望。陈诚说："这下不要紧了，我大军云集，一定可将十九路军打垮。我们还要乘势反攻红军，把他们赶出江西。"

1934 年 1 月 13 日，中华共和国人民革命政府宣布停止办公，迁都漳平。蒋光鼐、李济深等"闽变"领导人先到泉州，再到龙岩，又乘飞机到汕头，向广东的陈济棠借道进入香港；陈铭枢、黄琪翔、何公敢等则化装潜入广东，然后也辗转到了香港。蔡廷锴在泉州第二军军部召开紧急会议，认为有计划地抵抗已经不容易，为了保存力量，希望部队分路西进闽西；如不愿意西进，则由各军长自己决定，并宣布由毛维寿代理指挥全军。

1月21日下午，沈光汉、毛维寿、区寿年、张炎等十九路军各军军长联名通电称："同室操戈，贻害邦国，智者不为。光汉等决议，一致脱离人民政府，拥护中央，促李、陈、蒋、蔡诸公先行离开，并推戴戟出任维持。一切政治问题，静待商决，化干戈为玉帛，保护国之安宁。全国明哲，谅表同情。除令各部队集结停止军事行动，静待和平处理。"

至此，成立仅五十四天的中华共和国人民革命政府全部失败了，但它的意义很大。中华人民共和国成立后，毛泽东主席深情地对蒋光鼐说："没有你们那时的人民政府，就没有我们现在的人民政府。"周恩来总理也说："你们十九路军对中国人民做过两件大好事，一是在上海抗日；二是在福建反蒋。""福建事变"是反蒋的一面光辉旗帜。

成功平定"福建事变"后，蒋介石又可集中力量对付红军了。

2月初，蒋介石对"围剿"红军进行重新部署，调整了作战序列。原北路军的蒋鼎文已率部在闽，蒋介石任他为东路军总司令，卫立煌为东路军前敌总指挥。留在江西的原北路军一部仍称北路军，顾祝同为总司令，陈诚为前敌总指挥。另外，还任命何键为西路军总司令，刘建绪为前敌总指挥，形成四面围攻中央苏区的态势。

但蒋军人马还比较分散，有些远在福建，还不能立即对红军发起围攻。为了给蒋军重新调整"围剿"部署争取时间，蒋介石令陈诚向赣闽边境武夷山岭樟村、横村和建宁一带活动的红军发起进攻，实行牵制。

于是，国共两军的边境之战打响了。

战前，红军在山南山北和山岭线上择险设防。"左"倾冒险主义者还提出"以堡垒对堡垒"和"短促突击"战术，同敌人打阵地战，坐等敌人来攻。2月初，陈诚以十四师、九十四师和七十九师为右路，进攻樟村、横村；以十一师、六十七师和六师为左路，进攻东山、德胜关。

德胜关是武夷山主要隘口之一，地势险要，易守难攻。守卫该关的是红三军团。陈诚以三个师的兵力猛烈进攻，从清晨一直打到黄昏，都没有攻下。次日拂晓，在飞机大炮的配合下，步兵轮番冲锋，逐岭争夺。红军没有防飞机轰炸的工事，伤亡较大，自动退往新桥，陈部占领德胜关。樟村和横村地处武夷山北麓，地势平坦，无险可守，红军未做坚强抵抗即退守山岭。

德胜关好不容易攻下，陈诚立刻决定乘胜追击，越武夷山进攻建宁，命樊崧甫率七十九师走茶花隘，自率十一师、六十七师取朝天隘。朝天隘在山岭线上，上岭十五公里，陈诚令十一师担任主攻，红军凭险抗击，给十一师以很大杀伤，十一师才逐渐败退。十一师占领隘口，立即构筑简单工事，掩护六十七师下岭冲击，直抵建宁外围。

红军为了保卫建宁，便集中力量在建宁外围，并筑有堡垒工事。蒋军六十七师三九九团前进到勾桥，遇到一个团的红军的阻击，战到日落，没有结果。翌日清晨再次攻击，仍无进展。

师部令三九七团支援三九六团，从勾桥西北迂回，被红军围歼，六十七师又派出四○二团从东侧迂回，十一师也前来助战，红军三面受敌，被迫撤走。六十七师越过勾桥直趋建宁，红军在建宁县城以北约十公里的大田坂凭险抗击。六十七师多次冲锋均未成功，只得就地构筑工事，准备次日再攻。

陈诚将指挥部移到前沿的樟村后，得到六十七师进攻受阻的报告，连夜电告六十七师师长傅仲芳：正面是红军主力，小心谨慎，免为所乘。并征求傅仲芳的破阵韬略。

傅仲芳立即召开团长以上军官会议，商讨对策。

有人根据第四次"围剿"遭红军伏击的教训提出："红军主力在此，却以小部队应战并节节后撤，有诱我至武夷山以南地区决战的意图。该地区地形复杂，我军离后方甚远，军需补给不便，万一红军袭占山岭和隘口，将使我腹背受敌，进退两难，有被围歼的危险。不如撤回樟村、横村，用小部兵力凭险据守山岭，瞰制红军，

141

以逸待劳。等红军力疲，再全线出击，为时不晚。"

傅仲芳将此作战计划上报，被陈诚采纳。

武夷山岭阵地连绵数十里，樊崧甫师接防后不久，红一军团即出溪口，进攻七十五师左翼的平寮隘口。

师长樊崧甫是个老军人，北伐前当过陈诚的长官，平素好酒贪杯，作战胆大沉着，对红军来攻满不在乎。

陈诚有点儿不放心，打电话询问前线战况。

樊崧甫说："钧座放心，阵地没有问题。"

天刚放亮，红军第二师就对樊崧甫的阵地发起猛烈攻势，冲到平寮隘口前，驻守该处的四六九团黄锡斋营奋力抵抗，勉强保住阵地。午后，改由红一师进攻，激战三小时，黄营告急。樊崧甫再也坐不住了，严令前线部队不得再退一步，并请陈诚派部增援。陈诚派去的九十四师五六三团还没赶到，隘口已被红军所占。樊崧甫气急败坏，亲上前线督战，所有人员一齐出动，始将阵地收复。

红军突不破武夷山岭上敌之堡垒，开始撤退。红一军团退往溪口，红三军团退守建宁，红五军团撤至泰宁川北地区。岭线上无重大战斗，边境之战结束。

边境战后，陈诚部赶修黎川至武夷山的碉堡线，竣工后立即转向南丰，准备由此进攻广昌。同时，在人事上也为进攻广昌做了一些调整和准备。陈诚不再兼十八军军长，专任北路军前敌总指挥和第三路军总指挥。十八军军长职由第三路军副总指挥罗卓英兼任，九十八师旅长彭善升任副师长，遗缺由吴济光填补，十一师团长马励武调回第四师，靳力三升充其缺；六十七师四〇二团团长宋瑞珂调总部特务团任少将团长，九十四师团长李精一调九十九师任副旅长。十八军军部与三路军总部分开，陈诚将三路军总部移驻南丰，就近指挥广昌战役。

陈诚认为，广昌是苏区的门户，占领广昌就可以深入红军核心根据地，直接威胁红都瑞金。2月底，他就令罗卓英率十八军十一、十四、六十七、九十四等师（九十八师留黎川），出南丰向广昌推进。当时，红军主力一、三军团已由建宁西出青草隘入赣堵击，在古城冈附近，凭凤翔峰、古延福寨布置防御。红军还是采取"以堡垒对堡垒""御敌于国门之外"的战术，层层设置防线，倾全力保卫广昌。

凤翔峰在樟村以西约二十公里，山势险峻，南与丘陵毗连，东西两脉势陡，夹山有数条小涧，山顶有一古寨，攻守两易。罗卓英的十八军进抵峰下，与红军形成"顶牛"。十八军全线展开，猛烈攻击，红军凭险抵抗，岿然不动。激战两天两夜，十八军无丝毫进展，红军不时反攻。右翼李树森的九十四师顶不住红一军团的反击，频频告急，陈诚急调在横村的樊崧甫师赴援。

樊崧甫选择山北平地为突破口，用主力猛攻，又令该师补充团侧攻，日以继夜，冲锋不息，于凌晨3时攻占了山顶古寨，突破了红军的阻击，打开了通往广昌的第一道防线。

凤翔岭一战，双方均损失惨重，樊崧甫师仅四七〇团就减员过半，营长一死两伤，代营长伤亡各一，连长伤亡十余人；红军伤亡也不小。战后，红军一、三、五军团移至南丰西南的盱江上游两岸，设置防线，扼守通往广昌的大道，阻止陈诚部继续南犯。陈诚则分兵两路推进。以罗卓英的十八军（九十八师由黎川调来，十八军五个师到齐）和樊崧甫的七十九师为主力，沿盱江南下，以薛岳的第五军从永平以南向藤田、龙冈方向运动，牵制守卫广昌的红军西线部队，减轻南进部队压力。

罗卓英命令樊崧甫师为先锋。樊师打头阵的二三七旅首先攻占盱江东岸的乌牛山、五千合，并策应罗卓英的十八军四个师西渡盱江，进抵东华山、三溪、枫林塘一线，立即构筑碉堡工事（第一线距南丰第三路军总部只十五公里）。该地冈峦起伏，其间遍布水田耕地，没有太突出的高地可供双方利用，因而胜败的因素很大程度上取决于火力的强弱。红军火器远不如蒋军，红军顾问李德让红军在此打阵地战。然而红军指战员凭着纪律和顽强精神，在这一带同蒋军进行了卓有成效的抗击，打了不少恶战。

罗卓英的十八军抵东华山不久，红军第三军团就对罗部九十四师五六三团据守的东华山前沿阵地五都寨发起了试探性进攻。五都寨是这一带的制高点。五六三团团长戴之奇认为攻势微弱，不在意。师长李树森拟派五六四团增援五都寨，戴之奇没有同意。红军在试探性进攻后，便于次日发起凌厉攻势，一举突破了五都寨阵地，击伤团长戴之奇。

红军随即又猛攻九十四师防线，大有全歼该师之势。师长李树森向陈诚呼援，陈诚调拨刚从黎川赶来的九十八师给樊崧甫，令其率部会同各师一起反击。当时，红一军团乘红三军团突破正面与敌鏖战之机，向罗卓英十八军右侧迂回，突进南丰以西地区，意图切断十八军与南丰总部的联系，包抄围歼该军，并威胁陈诚的三路军总指挥部。

恰恰这时，樊崧甫奉命来援，将七十九师和九十八师依次展开到九十四师右翼的大排山，与红一军团相遇，双方进行激烈的山地争夺战。红军勇猛果敢，不怕牺牲，先头部队奋勇向北突进，加强对敌包围，罗卓英、樊崧甫已不能支，陈诚只得急调正在宜黄、南丰一带修筑公路的周浑元第三十六军前来增援。但远水难解近渴，陈诚急得在屋里踱来踱去，心想此战一败，前功尽弃，准备亲率总部特务团仅存的三个步兵连和一个机枪连赴援，要宋瑞珂整顿队伍。同时一再电令罗卓英、樊崧甫务必坚守阵地，制止红军迂回，幸亏夜幕降临，红军攻势稍减，蒋军才喘过气来。

当晚，罗、樊决定乘红军迂回时实行中间突破，摆脱困境。为鼓舞士气，特下文告："此战关系本军声誉和战争全局，望全军官兵忠勇奋战，建立殊勋。"

第二天上午，罗卓英亲上阵地督战，指挥十八军各师和七十九师向红三军团发起反攻，迫使红一军团回援。下午周浑元的援兵赶到，阻击红一军团迂回，还配有飞机两架在红军阵地进行轰炸。红军伤亡日增，战至夜半，即向东华山、三溪以南退去。十八军夺回五都寨阵地，七十九师乘势追击，占领了王家山，打开了进入广昌的第二道防线。

五都寨战斗后，九十八师进抵三溪，九十四师南进白舍，其余十八军各师与万耀煌的十三师修筑南丰至白舍的公路，蒋军始终是步步推进。

4月，南丰白舍公路修通，陈诚除留刘绍先纵队的四十三师、九十七师守碉堡外，命令罗卓英、樊崧甫、汤恩伯所部以及吴奇伟的第四军、周浑元的第三十六军，大约十一个师的兵力，沿盱江分左右两路指向广昌，在下坪、白舍一带构筑碉堡线。

这时，红军一方面军前方总司令部撤回瑞金，另组临时司令部，博古为政委，实际上是李德为总司令，荒谬地提出要"把广昌变成马德里"，"像保卫马德里那样保卫广昌"。广昌周围修筑了碉堡群，"以堡垒对堡垒"，并调集红军主力一、三、九军团的九个师，同敌人在广昌外围决战。

一开始，红军主动出击，以"短促突击"战术，乘陈诚部在下坪一线立足未稳，猛攻十四师右翼的七十九团阵地，突破蒋军防线，并冒着炮火跟踪追击，逼近该师师长霍揆彰的指挥所。七十九团团长阙汉骞急向左邻的十一师师长黄维呼救，黄在各师间通信尚未接上的情况下，率该师六十三团增援。蒋军各师组织强烈火网压制红军，红军虽无比英勇，但伤亡惨重。与此同时，红军对在白舍彼岸修筑碉堡的第六师也发起猛攻，樊崧甫的七十九师由闽西返回增援，占领康都至白舍的近河高地，阻止了红军的攻势。白天进攻，红军遭飞机轰炸，便改为夜袭，几次突击，均未奏效，红军只得退往甘竹布防。

甘竹在广昌北面十公里，是坚守广昌的最后一道屏障。陈诚接受以前的教训，越接近苏区腹地，越是谨慎小心。命令部队每次只前进一千米至两千米，在其火力完全控制之下，站稳了脚跟，做好了野战工事，配备好火力，再往前进一步。每次都有六七架飞机轮番轰炸红军的工事，配合其步兵行动。红军在"死守广昌""寸土必争"的错误思想指导下，在甘竹一带进行"守备战"。并提出"短促突击"战术，即在短距离内，乘敌军初到喘息未定之际，突然对敌发起冲击。

陈诚已熟悉红军的这一战术，通令部队注意：当红军从工事里跃出来进行突击时，则赶快命令部队缩回碉堡。这时红军全暴露在火力网下，便以大炮轰击杀伤。这样，在甘竹相持半个多月，红军消耗极大，红军修筑的所谓永久工事也被蒋军飞机轰炸和炮击所摧毁，在堡垒里担任守备的一个营全部殉难。红军前线指挥员一再要求改变这种打法，放弃死守广昌的计划。李德等人迫于形势压力，不得不同意。

4月28日，红军主力乘天黑撤离广昌，将阵地交给地方武装驻守。陈诚命令部队全线反攻，罗卓英所率十八军沿西岸南下，占领罗坊、甘竹、沙子岭，进逼广昌北郊和西北郊，三十六军等部则由饶家堡出击，占领广昌郊外的大下庄、长桥，吴奇伟的五十九师、九十师开到广昌南郊，三面夹击广昌。广昌城内尽管没有了红军，但吃尽了伏击苦头的陈诚部，经过几天搜索，确知广昌已是一座空城，十八军才于5月初进驻。

取得广昌空城，十八军付出了不小的代价。十一师副团长张荃、营长张风翼、六十七师营长潘耀初、罗啸云等人阵亡，张培埔等人负伤，连排长和士兵伤亡更多。陈诚认为，占领广昌，打开了"苏维埃的门户"，"围剿"军事便进入了决定性阶段。

广昌战役后，蒋介石命令汤恩伯部由泰宁进攻建宁，陈诚调三十六军和九十八师出樟村、横村参加会攻。5月16日，蒋军占领了建宁城，红军主力撤到广昌以南地区。

广南战役，主要是围绕争夺广昌南面的宁都、石城、瑞金等城镇而展开的。红军连失广昌、建宁两城，证明冒险主义不行。广昌一失，红都门户洞开，为了守住中央苏区的最后几个城镇，红军领导人采取了防御中的保守主义战略。分兵把口，全线防御，准备与蒋军进行更大规模的阵地战，同时大力推广"短促突击"战术。蒋军针对红军的新战略，5月份开始制订并实施广南战役计划，调整了战斗序列。陈诚的第三路军调整为四个纵队。第一纵队指挥罗卓英，辖第十一、十四、六十七、九十四师，共十二个步兵团；第二纵队指挥刘绍先，辖十八军的第四十三、七十九师，共六个步兵团；第三纵队指挥樊崧甫，辖第七十九、六师，共十一个步兵团；第四纵队指挥汤恩伯，辖第四、八十九师，共十一个步兵团。第三路军还配有一个山炮营，装备穿透力极强的进口卜福斯山炮十二门，一个迫击炮营，配有十八门炮，加上一个驻在南昌的空军教导总队。调整完毕，陈诚暂离总部，赴庐山海会寺筹备军官训练团，命前敌副总指挥罗卓英代理总指挥职务。

5月底，北路军总部下令南进。三路军分三路向宁都、石城方面行动。樊崧甫纵队居左，罗卓英纵队居右，汤恩伯纵队居中，刘绍先纵队留守广昌，做预备队。薛岳的第六路军遵令推进到老营盘和古龙岗一带，准备向兴国、宁都方向压缩，形成对根据地两面包围的态势。

三路军先期攻击目标是白水（今赤水）、新安、头陂三角地带，这一带皆是低洼山地，红军估计蒋军必由此进攻，从广昌退出后就在这里布防。罗纵队十四师率先进占新安，接着九十四师占领头陂以北约十里的高地，然后两师协同攻占头陂。樊纵队七十九师推进到白水以北约十五里的高地，用碉堡跃进战术蚕食红军阵地，每天前进五里，第三天攻占白水镇。三路军即在此赶修到广昌的公路，6月间完工，又继续南进。

此时，红军已退守白水以南的高连山地，那里有预筑的主阵地。主阵地纵深三十余里，工事相当坚固。主堡修在半山腰，四周有许多明碉暗堡，组成交叉火力网。火线正面削成陡壁，挖有外壕，壕底插着竹签，壕外满布荆棘。山的左右侧还另设小据点，防止敌方迂回。

面对红军的坚固防御体系，三路军决定分两期攻坚。第一期樊纵队的七十九师首先占领白水以南低连山地，并配合罗纵队六十七师攻下附近的牛屎台。然后各纵队齐头并进，攻占天子岭、桂峰台等红军据点，进展到中司、良田、贯桥一带。

与此同时，薛岳的第六路军在宁都附近的古龙岗与红军相遇。6月5日，当薛岳部向红军进攻刚离开阵地五里地时，红军运用"短促突击"战术，立即出击，暴露了红军的兵力部署，薛岳部急忙退回碉堡阵地内。结果使红军本来可以取得更大胜利的战斗，仅仅以消灭薛岳部一个营而告结束。

7 月，第三路军发动第二期攻坚。由汤恩伯部担任主攻，七十九师和六十七师助攻，想从驿前突破红军防线。红军在驿前和高虎垴一带同样筑有坚固地堡工事。各山顶间的碉堡有散兵壕连接，上盖树枝五层，覆土厚达一米五。主堡左右环以隐蔽之小堡垒群。蒋军经过缜密侦察，制定出破阵对策。先以德国卜福式山炮集中轰击红军的地堡，步兵利用炮兵的成果乘势冲锋，逐堡争夺。

红军做了自反"围剿"以来最顽强的抵抗，有些工事被摧毁，红军仍坚守不动，待蒋军接近时便开始射击。有一蒋军团长经过一个倒毁的地堡，由枪眼向里张望时，被伏在里面的红军开炮打死。

在高虎垴，红三军团利用反斜面山脚边的特殊地形，发动反攻，出敌不意地打了一次小胜仗。但由于红军的阵地与作战方向固定不变，蒋军无侧后威胁，可以放胆使用碉堡跃进战术缓慢推进，最后高虎垴还是被蒋军夺占。

但是，蒋军还不敢轻视红军的力量，在蒋鼎文的东路军尚未推进到相应的战略要点前，北线蒋军不敢速进。

7 月间，北线蒋军就地修堡筑路，东路蒋军调整进攻态势。利用空隙，蒋介石抽调部分军官上庐山训练。

这次庐山训练团仍由蒋介石自兼团长，陈诚任副团长，负实际责任。蒋介石估计，对中央红军的进攻，包围圈将日益缩小，红军在江西将难以立足。他曾说："不管红军南下广东或西去湖南，只要他们离开江西，就除去心腹之患。""围剿"之事将会逐渐完结，这是一个方面。另一个方面，《塘沽协定》后，"华北危机""中国危机"的呼声日高，华北人民特别是学生，要求抗日，反对"攘外必先安内，安内必先剿共"甚烈，要求政府出兵华北。民众的情绪在军队中也产生了影响。因此，他一面督促前线各军缩小对红军的包围圈，一面举办训练团。从中宣传其"不是不抗战，而是共产党拉后腿""不消灭共产党，就不能抗日""不统一军政、军令，就无法抗日"。

这次训练也办了三期。与前次不同的是：一是每期训练时间比前次增加了一倍，即每期四周。所学内容自然比前次要多；二是调训人员前次仅限于江西驻军，这次是全国性的，可以沟通、团结各地方实力派；受训人员的职务也高了，前次是排长以上，这次是少校以上。其中有军长、总指挥等高级将领。以军长、总指挥担任营长，师长担任连长、副师长，旅长担任连副、排长。在受训期间，陈诚提出尊重回民风俗，蒋介石提议把回民的沐浴习惯作为新生活运动的一项内容加以推广。

9月底，庐山训练团结束。陈诚于10月6日回到广昌总部。

在此之前，三路军樊崧甫纵队和六十七师已出高虎垴，进占了小松，控制了宁都，南下石城的咽喉要地。

陈诚返回广昌后，立即召开师以上军官会议，综合各方战况，分析战局，为部下完成"围剿"任务打气。

陈诚说，陈济棠南路军的李杨敬纵队，早在6月间已占领会昌的筠门岭要隘；何键西路军正围攻湘赣边界的红六军团；萧克率红六军团于8月间突围而去黔东，似有与贺龙在湘鄂西会合企图；蒋鼎文东路军宋希濂师9月下旬已占白洋岭，进入长汀；李默庵师正在向瑞金挺进。中、北路军方面，薛岳的六路军已攻占兴国、古龙岗，正由西向东进逼宁都，加上三路军方面的布局，该城指日可下。从全局看，红军在赣南已难立足，有向西或向南突围的模样，希望各部充分准备，打好江西的"最后一战"。

会后，陈诚分兵两路进攻宁都。右翼由三路军总部直接指挥，辖十一、十四、四十三和九十七师，经头陂、石上直趋宁都。左翼樊崧甫指挥，率其纵队并指挥六十七师和九十四师，出小松向西进攻。九十四师、十四师为主攻，师配属卜福式山炮及税警团的迫击炮，对头陂以南的红军防御阵地猛烈开炮，同时蒋军飞机也临空助战。红军阵地上弹如雨注，堡垒尽毁，步兵乘势攻上地堡，而里面却空无一人。

原来红军已于10月中旬撤离江西，进行战略大转移，开始进行艰苦的长征了。而陈诚对此一无所知，仍指挥三路军全线挺进。10月中旬，汤恩伯纵队攻陷石城。10月26日，十八军占领宁都。11月10日，李默庵部进抵瑞金。11月17日，七十九师占领宁都。11

月23日，八十九师攻下会昌。

广南战役以蒋军的胜利结束，红军第五次反"围剿"失败。

1934年10月18日，红军突破粤军在赣南的封锁线，向赣粤边西进，蒋介石从占领瑞金的蒋鼎文东路军所得资料中得知，红军不是南下，而是西进，立即组织"追剿军"追击红军。原拟由顾祝同负责"追剿军"，不过没有发表命令。红军到达粤湘边，进入蒋军西路军作战地境，何键是西路军总司令，蒋介石就宣布何键为"追剿"总司令。

"追剿军"前敌总指挥，蒋介石初意内定陈诚，陈诚却推荐薛岳。蒋考虑到江西方面困难重重，须由陈诚负责，同时红军又向南进攻广东部队，由广东人薛岳追入广东较为相宜，既可消灭红军，又可铲除广东的割据局面，一箭双雕。于是蒋介石同意陈所荐，以薛岳任"追剿军"前敌总指挥，决定抽出第四军吴奇伟部、第五军薛岳部、第三十六军周浑元部以及湘军刘建绪的三个师，共九个师归薛岳率领。陈诚则任预备总指挥，以休整的嫡系部队作为机动兵团策应各方面的需要。

薛岳受命之初，心中很不愉快，曾对第四军副军长陈芝馨说，由于任务繁重，自己嫡系部队太少，难以胜任，表示要在适当时机提出辞职。陈诚知道后，就把蒋介石入粤的真实意图告诉薛岳，为薛岳打气，并承诺入粤若遇到棘手问题，有他留在背后可全力支持。这样，薛岳高兴地走上了追堵红军的征途。

中央苏区自红军主力长征后，尚留置有一部分红军及地方工农赤卫队武装，总兵力不下三万人，由苏维埃副主席项英指挥，继续做不屈不挠的斗争。因此，蒋介石在派出"追剿军"时，对中央苏区的封锁并未撤除。在大的战斗结束后就改为"清剿"。北路军总司令部改为南昌绥靖公署，顾祝同任主任，将江西全省划分成绥靖区，分别任张钻、孙连仲、赵观涛、毛炳文、罗卓英、汤恩伯、余汉谋、樊崧甫为司令。

为了堵塞红军西进道路，蒋介石命令湖南、广东军队布下三道防线：第一道防线，北起江西赣州经信丰，南迄广东南雄，由广东

150

部队负责；第二道防线，北起湖南故城，南迄广东仁化，由湖南部队负责；第三道防线，沿着湘粤公路北起郴县经宜章，南迄广东乐昌，由湖南和广东部队负责。

薛岳同意"追剿"红军，原拟使红军入粤，不料湘军无用，被红军突破一道又一道防线，直入湘境。薛岳眼看不能实现他的入粤计划，11月到达衡阳后，打电报给陈诚表示不干。陈诚复电慰勉，并亲自到湖南与薛岳见面，恳切挽留。薛岳打消辞意，重上前线。

红军突破三道封锁线后，直向西进。蒋介石判断红军下一个目标是指向湘西，与湘西红军会合。由此，蒋介石就把薛岳和刘建绪两部主力配置于零陵至祁阳南段；同时分令广西、广东部队配合，形成包围态势，妄图压迫红军于蓝山、江华地区。

但是桂系为了保守地盘，把广西部队十多个团主力集结在湘桂边境，主要是拦阻红军突入广西，却也不让蒋军跟随红军入桂。周浑元先头部队两个连进入湘桂边境的文市（属广西地界）附近时，被桂军缴了枪，事后宣称出于误会，将人枪放回，不了了之。这样，红军就从蓝山、宁远分兵西进，突破广西侧面威胁，直出清水关，通过湘桂公路，继续向贵州前进。蒋介石的包围计划宣告破产。

红军虽破重围，但也付出了很大的代价。1935年1月，红军攻下贵州遵义。在此，中共中央召开了政治局扩大会议，结束了"左"倾冒险主义在中央的统治，确立了毛泽东在红军的领导地位。这是一个重要的转折。

蒋介石从薛岳送来的情报中，得知共产党在遵义召开了重要会议，并确立了毛泽东全权指挥红军行动。他立即调整部署，撤销南昌行营，改由重庆行营就近指挥"追剿军"，以何键为一路军总司令，刘建绪为前敌总指挥，负责对付贺龙、萧克的二、六军团，以龙云为二路军总司令，薛岳为二路军前敌总指挥，兼贵阳绥靖主任，负责对付中央红军，以朱超良为三路军总司令，杨虎城为副总司令兼前敌总指挥，负责对付徐向前的红四方面军和徐海东的红二十五军。并将在贵州的二路军重新划分为七个纵队，妄图将红军压迫于长江以南、横江以东、乌江以北和以西地区，"聚而歼之"。

而红军在毛泽东指挥下，避实击虚，机动灵活。一渡赤水进入滇东，遇蒋重兵就挥戈东向，2月下旬，二渡赤水，2月27日重占遵义，打得黔军王家烈措手不及，并将由贵阳向遵义驰援的蒋介石中央军吴奇伟部五十九师（师长汉英）、九十三师（师长唐云杰）打败，狼狈退回乌江南岸。吴、王两部伤亡损耗万余人。这是蒋介石布置川、黔、滇围攻中最惨重的失败。

蒋介石指责薛岳指挥不力，造成"国军追击以来的奇耻大辱"，蒋介石不能再坐在南京坐观成败，决定亲去重庆督师。

这时，陈诚已调任军委会陆军整理处处长，在武汉办公。蒋介石认为："追剿军"是陈诚的部属，而陈又与红军多年打交道，熟悉情况，同时还可以整理军队的名义解决西南问题。于是，蒋介石电召陈诚同赴西南，商讨、部署围堵。

陈诚到重庆后，了解到薛岳部遵义惨败的真相，不敢如实报告蒋介石。薛岳、吴奇伟在陈诚庇护下没有受到惩处，蒋介石还亲笔写信给吴奇伟，勉其"雪遵义失败之耻"，用飞机空投给吴奇伟。

3月10日，红军主动放弃遵义，三渡赤水。蒋介石摸不清红军的意图，便和陈诚等军政随员在重庆范庄商讨围堵方案。

蒋介石认为，红军徘徊于地瘠民贫、山势陡峻的贵州西北绝地，大部队无法机动，今后只有化整为零，在乌江以北打游击。研究结果认为，严密封锁，重施碉堡战术，才是"消灭共军的可靠法宝"。随即命令薛岳各纵队尾追侧击，采取在江西修碉堡围攻的办法，步步向赤水包围，并要各地方部队在重要渡口、要道修筑堡垒进行拦截。

不料，毛泽东指挥红军突然掉头东向，3月21日于二部滩、大平渡一线等地四渡赤水，又抛开了蒋军，在遵义和茅台间直插乌江。

"追剿军"找不到红军去向，蒋介石扬言亲自"督师"。3月24日，蒋介石同陈诚等人由重庆飞抵贵阳。蒋的战略企图是紧缩包围圈，迫使红军进行决战。可是还没等蒋介石调兵，3月31日，红军在安底坝击溃了薛岳部第九十一师的江防部队，巧渡乌江，打破了蒋介石的包围圈。

红军这一出乎意料的战略行动，使得蒋介石惊慌失措、手忙脚乱，撇开薛岳的贵州绥靖和前敌指挥部，以战场指挥官自任，亲自打电话调动部队堵击，可是晚了。4月2日，蒋介石又召集陈诚等人商讨对策。集中的意见是，红军这个行动，一是乘虚袭击贵阳，一是仍图东进与湘西红军会师，两案之中以后者可能性较大，但两者都威胁贵阳的安全，当前应以确保贵阳为急。因为贵阳只有郭恩演的九十七师所辖四个团的兵力。蒋介石立即令薛岳调兵集结贵阳。

4月4日，红军已过息烽，离贵阳只有一百多里，蒋当即找陈诚等人商量对策。陈诚与蒋介石手下的参谋商量结果是，在援兵未到之前，加强城防工事和确保滇镇飞机场不让红军抢占。4月5日，红军已抵贵阳城郊，红军并不知道蒋介石就在城内。蒋介石亲自查勘城区工事。贵阳工事不太坚固，蒋训斥郭恩演督责部下不力，玩忽职守。郭恩演是陈诚提拔当师长的，郭受责备自然是陈诚的不光彩，陈深悔过去不该提拔郭恩演，随后即予以撤换，由傅仲芳接任。

在蒋介石紧急电召下，4月5日，蒋的部队纷纷开往贵阳。红军是要调开云南的堵截军队，直逼昆明的，这些部队开往贵阳，云南空虚，红军又可大踏步前进了。

红军一走，贵州形势缓解，蒋介石腾出了手就开始收拾贵州省主席王家烈。王家烈是贵州的土皇帝，对蒋介石的南京中央政府的命令不甚听从，还经常同西南的滇、桂、川省联合反蒋。蒋介石早就想解决他，并以他为突破口一举使西南四省归于"中央"。这次来贵阳后就进行了一些布置，苦于红军威逼贵阳，形势紧张，未及下手。红军一入滇，蒋介石就逼王家烈交出贵州军政权力。先让王在所任"主席"和"军长"两个职务中任选一个，王先辞主席职（由吴忠信接任）。但王还掌握一个军的武装，蒋不放心。

据说陈诚主张把王家烈杀掉，蒋介石怕兔死狐悲，引起大乱，故没采纳陈诚的意见。过后蒋以军饷卡王家烈，同时收买王的部下向王逼要军饷，王内外交困，只好辞去二十五军军长职。蒋介石调任王为"军事参议院"参议。

5月初，蒋让王随张学良去武汉行营服务，并送旅费五千元。蒋怕王不愿走，派陈诚去探听虚实，找王谈话。陈诚帮助蒋介石将王家烈踢出了贵州。

此事刚定，蒋介石闻知红军已逼昆明，此时昆明守军已全外调，蒋要薛岳兼程驰援。而红军刚抵昆明附近，又转头向昆明西北前进。蒋介石不解红军用意，又召陈诚等人进行研究，认为红军声东击西，真正企图是强渡金沙江无疑，便令薛岳率各纵队跟踪北追，妄想消灭红军于金沙江以南地区。还没等薛岳弄清红军的真实位置，红军的一支部队化装成国民党"中央军"，打开了禄劝、元谋、武道三座县城，抢占了渡口。5月8日，在绞车渡渡过了金沙江，又将"追剿军"甩开了一周多的行程，直趋大渡河。

大渡河地处川康西部，宽约百米，深约三十米，流速每秒一米八至两米，水深流急，周围多是汉彝杂居地，地势险峻。当年太平天国的领导人石达开就在这里全军覆灭。蒋介石想要红军走石达开的老路。5月20日，领着陈诚等随员，飞抵昆明，部署大渡河的堵截，并用飞机到处散布传单，说毛泽东要成为石达开第二。

然而，红军毕竟不是当年的石达开。红军统帅以正确的民族政策，顺利通过了彝民区，又以其勇敢精神和吃苦精神，出其不意地占领安顺场。5月25日，一部分从安顺场渡过了大渡河。5月29日，全部从泸定桥渡过了大渡河，打破了蒋介石让红军重蹈石达开覆辙的幻想，并于6月8日袭占了芦山，进入川西。6月14日，在懋功同原在川西的红四方面军会师。两路红军会合，实力大增，震撼川西。

蒋介石急忙飞抵重庆，7月初又带陈诚等人赴成都，研究川西局势。蒋、陈等人认为，红军分据千里山岳的"番民地区"，东扼岷江，西迄大小金川至通河川，上至松潘附近之叠溪，南至懋功，处处布防，几万红军不够分配，且川康边陲民众游牧为生，宗教迷信浓厚，粮食只有青稞、玉米等杂粮，加以天气奇寒，夹金山以北有终年不化之雪山，松潘草地乃北面天然地障，飞渡不易。因此，蒋介石决定北堵南追，集中主力封锁，红军插翅难逃。

根据这个分析，蒋介石又召集川军各部总指挥开会，要求各路川军迅速压迫红军于岷江以西加以包围封锁，寻求最后决战，并强迫藏族民众坚壁清野，妄图"困死"红军。部署既定，便坐镇成都指挥。

就在蒋介石等待捷报时，却收到了关于红军突破一道道封锁线的告急电报：8 月底，红军走过了"天然地障"——草地，9 月 16 日，突破天险腊子口，进入甘南。

10 月间，红军如入无人之境，翻过六盘山，又突破平凉、固原间马鸿逵及东北军骑兵的堵击，斩关夺隘，取道环县，胜利到达陕北吴起镇。

至此，蒋介石虽然形式上取得了对红军第五次"围剿"的胜利，但并没有达到预定的"战略"目的，不禁感叹地说："六载含辛茹苦，未竟全功。"而陈诚随蒋介石东驰西骋，也白忙活了一场，自己也不禁叹息。

第六章　同仇敌忾，抗战可歌可泣

得知情况的陈诚此时担心，在战事激烈之际，决策层和指挥官如果还存在重大分歧，对战事的发展将会极为不利，于是果断给薛岳打去电话。

陈诚在电话里很谨慎地问薛岳："伯陵，现在坚守长沙，部队士气如何？"

薛岳肯定地回答："现在各级长官决心坚定，部队士气正旺，定能守住长沙。"

陈诚见薛岳回答得如此肯定，心里知道薛岳是能指挥打仗之人，心中无一定把握，是不会出此豪言的。

于是，陈诚告诉薛岳："那好，伯陵，现在你就去兑现你的承诺，委座那边，交给我来应付。"

这样，陈诚的当机立断和薛岳坚守的决心，使中国军队在长沙战场焕发了另一番面貌。

两广发难，紧急救火

蒋介石进入四川后，见四川形势险要，物产丰饶，便决定建为将来对日作战的后方基地。研讨控制四川的办法，陈诚认为，对于四川，若扶植拥护南京的刘湘，使之统一，四川必然养成尾大不掉之势，而现在就由南京政府直接控制四川，也办不到。

最好的办法是，略微提高刘湘的地位，各军番号仍保留，统一编制，逐渐树立南京政府在四川的权威。蒋介石采纳了陈诚的意见。1935年10月峨眉山训练团一结束，蒋介石便让陈诚着手整顿川军。

1935年11月，陈诚受蒋介石命，组织宜昌行营，负责指挥对由红二、六军团组成的红二方面军的"围剿"。陈诚指挥徐源泉、孙连仲、刘建绪和樊崧甫部，以在江西对付中央红军的办法，对红二、六军团进行围攻。按照陈诚的计划，"围剿"工作分三期完成。这一计划从10月10日开始执行，第一期尚未完成，红二方面军于11月19日从桑植的刘家坪和轿子垭地区出发，在慈利和大康之间的溪口附近突破封锁，强渡沣水，向沅陵、溆浦疾进。随后离开湖南，向贵州、云南挺进，沿中央红军前进路线，开始长征。陈诚一面派部追击，一面组织军队，对留守在湘西的红军进行"围剿"。

1935年10月，中央红军在毛泽东、彭德怀率领下到达陕北，和原在陕北的第十五军团会合。陕北地广民稀，地处偏僻，确实是躲避蒋介石"围剿"的好地方，但也存在问题，人员稀少使红军难以补充兵员，经济落后、粮食供应不足使现有红军都难以生活。这样，如果红军守在陕北不动，无异于坐以待毙。为了打破这种困难局面，1936年2月，红军以"扩红"和"筹款"为目的，发兵东征，部队渡过黄河，进攻山西。

山西号称"表里山河"，自从1911年辛亥革命以来，一直在阎锡山的统治之下。相对于全国其他好多地方来讲，山西政治较为修明，经济发展也相对较好。1936年2月20日晚，红军突破晋军黄河防线，3月10日，在兑九峪地区又歼晋军两个团。随后，红军将阎锡山布置在汾河一带的防线完全突破，并切断了同蒲铁路。

阎锡山眼见只靠晋军已不能支持，于是急电南京，要求国民党中央派军入晋作战。

此时，陈诚正任武昌行营副主任兼参谋长和陆军整理处处长，在武昌主持陆军整理工作。3月19日，先后接到蒋介石和阎锡山的电报，要他迅速到山西接管军务。

3月23日，陈诚抵达太原，阎锡山特派赵戴文、徐永昌、朱绶光、贾景德等人到车站隆重迎接，并于当晚设宴款待，极尽褒奖之词。

　　阎锡山端起酒杯，敬向陈诚："陈将军，中原大战后，将军威名远震，近年来更是叱咤疆场，所向披靡。如今共匪来袭，山西有难，所以老朽今日要倚重将军消除匪患，以安万民。自即日起，老朽境内军队，均由将军指挥。"

　　陈诚心里非常清楚，阎锡山是最闭关自守的人，这一次若非红军入境，晋军招架不住，也绝不会请中央军进山西。现在"临时抱佛脚"，自然好话说尽。但是，晋军由他一手缔造，多年来一直只对阎锡山唯命是从，别人岂能随便指挥得动？

　　所以，陈诚微微一笑，回敬一杯，说道："副座过奖了！辞修不过是蒋委座麾下一将，以前之战绩只不过恪尽本职而已。如今，既蒙副座抬举，委辞修以安民保境之重任，进剿共匪，冲锋陷阵，辞修决不敢惜命！"

　　阎锡山听了陈诚的一番决心表白，不禁激动不已："陈将军不愧是党国精英，顾全大局，国之大幸啊！"

　　正当阎锡山举杯豪饮之时，陈诚突然话锋一转："辞修既已领命，自不敢玩忽职守。古人言：夫兵者，乃凶器也。所以在战场上军令如山、军法无情，这也是取胜的必要保障。如今，辞修只有请得副座'尚方宝剑'，辞修方敢效命副座麾下。"

　　阎锡山听了不免微微一怔，他清楚陈诚这是在索要兵权，心中有些许不情愿，但如今既然有求于人，别无他法，只能先答应，以后再做打算。

　　阎锡山半晌才勉强答道："啊，啊，陈将军素以纪律严明治军，老朽早有耳闻了。当然，交兵接刃，非同儿戏，指挥不灵如何对垒？老朽既授兵权，战场上生杀予夺，将军自便吧。"

　　陈诚一听，达到了目的，便举杯向在座的各位说道："好，既然副座已示下，辞修定当竭尽全力，与各位同心协力，不辜负蒋委座和副座之厚望。"

　　宴席结束后，阎锡山告诫部下："陈辞修杀人不眨眼，尔等不可怠慢啊！"

大家对陈诚的作风都有耳闻，现在阎锡山一叮嘱，说明不能指望庇护，所以都小心谨慎地听从陈诚的命令。

3月18日，阎锡山以军事委员会副委员长的名义，委任陈诚为第一路总指挥，指挥第五纵队关麟征、第六纵队吕济和第七纵队汤恩伯部，以打通同蒲铁路南段为首要作战目标。陈诚于是督率所部，向临汾、洪洞一带猛烈进攻。4月8日，同蒲路南段全部被打通。

按预定作战计划，陈诚第二期作战目标是与晋军南北呼应，将黄河东岸的红军全部消灭。他仍用在江西时的办法，构筑碉堡工事。4月13日，陈诚飞侯马指挥，随后进驻稷山督战。20日，红军被迫退到汾河以西。4月27日，陈诚设想的汾河碉堡线构成。他于是电请国民党中央，再调两师部队入山西，4月29日，决定采取第三期作战行动。

此时，山西国民党大军云集，对红军作战非常不利。5月2日，红军分别由清水关、铁罗关西渡黄河，返回陕北。5月5日，东征红军全部返回陕北。

红军此次东征，使阎锡山大吃苦头，如今红军返回陕北，阎锡山又担心红军会折返偷袭，于是向蒋介石要求留陈诚继续指挥军事。但此时的蒋对陈诚的能力信任非常，于是致电阎锡山称："中正不可一日无辞修。"

为彻底消灭红军，5月26日，南京国民政府特派陈诚为"晋陕绥宁四省边区剿共总司令"，由阎锡山节制指挥，"集江西和山西的剿共经验，拟进行全力围剿"。6月1日，陈诚在太原就职，随后到阳曲设指挥部，准备对陕北红军作战。

正当陈诚在山西阳曲策划西北"剿共"的时候，广东的陈济棠联合广西的李宗仁、白崇禧，以北上抗日为名，发动了反对蒋介石的"两广事变"。蒋介石急召陈诚到南京商讨对策。6月6日，陈诚乘飞机由山西阳曲飞往南京。

原来，在1931年"九一八事变"之后，日本帝国主义对中国之侵略不断加深，中国的政治形势也十分复杂。蒋介石在蒋桂战争中重创势力如日中天的新桂系，将新桂系从一个可以影响全国的政治派别削弱成一个地方实力派。随后又在中原大战中击败国民党内部的其他实力派，如西北军冯玉祥、晋绥军阎锡山等，巩固了其国民政府和国民党中央的名义和政治地位。蒋介石又利用"九一八事变"之后东北军丧失根据地的客观因素，逐步蚕食，控制了东北军，并且通过"围剿"共产党的红军，将其影响力深入西南各省。

蒋介石的中央军系对各地方实力派的步步进逼和侵华日军对地方实力派的攻击，都引起了各地方实力派的强烈反弹。

新桂系早期与日本的关系十分复杂。新桂系在历次反蒋战争中都接受了大批日本武器和日本军事教官，被舆论界斥为亲日。但新桂系首领白崇禧则以"胡服骑射""借他人的拳头打他人的嘴巴"等理由辩解。

1936年，新桂系首领李宗仁公开发表"焦土抗战论"，攻击蒋介石中央当时的"不作为"，令中国进入"不死不活"的状态，并声称全中国必须"焦土抗战"。李宗仁此举，虽含有对日本侵略的强烈不满，但亦有攻击蒋介石中央不断对地方实力派进逼之意。

随后，李宗仁、白崇禧又多次发表文章，攻击蒋介石中央对抗日之不作为，并声称地方实力派愿共同出兵抗日。同时，新桂系亦暗中与共产党呼应，以抗日之名义攻击蒋介石。

而国民政府中央则坚持"攘外必先安内"，坚持统一全国之后，才可以倾全力反击日本之侵略。蒋介石亦派人游说新桂系之政治盟友——广东陈济棠，企图得到陈济棠的配合，一举消灭新桂系。

1935年末，陈济棠派人前往南京述职。蒋介石向其透露了解决新桂系之方针政策，并要求陈济棠配合，同时驱逐广东境内一切反蒋势力。陈济棠得知后，甚为猜忌，认为唇亡齿寒，新桂系一旦失败，粤系也可能难逃被蒋介石吞并的命运。

1936年5月12日，国民党元老、反蒋派人物、粤系名义上的首领胡汉民（实权归于陈济棠）突发脑溢血死亡。蒋介石借胡汉民之死，立即宣布五条建议：第一，取消两广的半独立地位；第二，派人取代胡汉民在广东省政府之地位，改组广东省政府；第三，原粤系人物愿意到南京工作者随意，不愿者中央政府资助出洋考察；第四，粤军各军师长由军委会统一任命；第五，取消广东货币，统一为法币。此五条建议意图将广东权力收归中央。

蒋介石的五条建议一出，立即引起陈济棠的强烈不满。陈济棠不愿坐以待毙，立即联络新桂系，决定共同出兵，北上反蒋。

此次两广发动事变，一反过去的常态，倡导者是广东，而广西的李宗仁、白崇禧反而是被动的追随者。名义是北上抗日，而真正深层次的原因，却另有乾坤。

原来，陈济棠本是李济深的部下，1927 年后陈济棠逐渐掌握了广东军政大权，广东实际上对南京一直处于独立状态。由于胡汉民在广东颇有威望，广东历次反蒋，大都是以胡汉民作为政治领袖。但陈济棠一直是广东的实权派，他既不愿意让蒋介石的势力深入广东，但对胡汉民常以广州为基地反蒋，心里也不满意。所以胡汉民历次反蒋，陈济棠的态度总是若即若离，他的真实意图，是由他来做西南政治力量的领袖。

1936 年 5 月，胡汉民突患脑溢血去世，而此时广东有号召力的其他领袖如李济深、陈铭枢等人因"福建事变"失败而处在情绪低落阶段，陈济棠在广东的政治身份大为看好，他觉得由他领袖西南的时机终于来了。于是，陈济棠由原来的反蒋不热心，变得大为热心了。

陈济棠有一个哥哥，名叫陈维周，粗通文墨，人也机灵，陈济棠对他最为敬佩。陈维周迷信风水阴阳相术之道，曾经专门到广东花县洪秀全的故乡，察看洪家的祖坟，发现洪家的祖坟正葬在"洰龙口"上。根据陈维周本人和他善看风水的朋友推算，洪家的祖坟只是埋得高了一些，如果向下移几十尺，就正在"穴口"上了。这样，洪秀全也就不会只拥有半壁河山，以至最后失败了。陈维周认定了这块墓地好，就不择手段地弄到手，把生母的遗骸迁往该地安葬，并深信陈家不久就要出一位大人物。但看一下陈家子弟，能成大器者，也就只有陈济棠，陈济棠心中便常有自己就是真龙天子的念头。

陈济棠觉得蒋介石一直在处心积虑地谋划解决广东问题，所以在胡汉民去世后，派陈维周去南京见蒋介石，蒋设宴款待，优礼有加，答应广东维持原有局面，要求陈济棠协助中央，解决广西的李宗仁、白崇禧，驱逐在广东的反蒋派元老人物萧佛成等人。陈维周回广东将蒋介石的意思告诉了陈济棠，陈济棠犯了嘀咕，驱逐反蒋派元老等于是自剪羽翼，出兵广西是制造两广不和。广西一去，广东势难维持原有局面。而且陈济棠还怕蒋介石对广西也采取同样的手段，要求广西协助中央解决广东。所以思前想后，觉得拉上广西一同反对南京最好。广西的李宗仁、白崇禧自北伐占领南京后，就一直与蒋介石不和，隔阂很深，不难说服，这样，陈济棠就决定以反蒋作为获得两广领袖地位、维持广东局面的手段。可出兵反蒋，要有名义，此时日本谋划华北正急，全国抗日情绪高涨，扛起抗日的大旗，最得人心不过。

陈维周衔陈济棠命去南京见蒋，这就给了陈维周一次给蒋介石看相的机会。据陈维周回广东后对人说："从相上看，蒋先生断难过二十五年（1936年）这一关。"陈济棠当然也把这事算在了自己身上。

然而，蒋介石已将红军从南方各根据地迫走，正是春风得意之时，陈济棠此时反对他，心中不免也有些犹疑。事变发动前，陈维周又约了翁半玄等术士替他算卦，卦称"机不可失"。陈济棠一下便确定了信心，有点儿急不可耐了。

陈济棠要联合广西"请缨抗日"，李宗仁、白崇禧本不热心。李、白从1929年蒋桂战争失败逃回广西后，勉力维持，很是艰辛。由于陈济棠往往助蒋反桂，李、白对陈济棠除了利益上还有一致的地方外，也没有太多的好感。但陈生性多疑，若李、白不赞成他北上反蒋，必疑李、白已同南京暗通款曲，共同反粤了。那样，陈济棠就会马上向南京输诚，先下手为强，助南京反桂。在蒋介石眼里，陈济棠的政治、军事才能都不过尔尔，难成大器，可解决广西的李、白，他却是处心积虑。所以李宗仁、白崇禧对陈济棠的要求，是不感兴趣，而又不能不附和。

1936年5月，陈济棠给李宗仁打电报说："在此民众抗日高潮之下，要求中央立刻抗日，不可畏首畏尾。"不久，又派林翼中和陈维周到南宁，催促李宗仁和白崇禧到广州，共商大计。

李宗仁怀疑这样可能引起内战，对他们说："伯南（陈济棠字）何以一时心血来潮，急于要发动抗日呢？如此鲁莽从事，万一与中央部队发生冲突，岂不未抗日而先内战了吗？"

林翼中和陈维周异口同声地说："陈总司令也无意内战，不过据他判断，只要西南做出抗日的姿态，登高一呼，全国必定响应，蒋先生如不顺从民意，则必然垮台无疑。"

这两个人还一再说，即使广西不参加，广东自己也是要干的。无奈之下，李宗仁便和白崇禧商量，由白去广州，劝陈济棠不要发动抗日。几天后白崇禧回到南宁，告诉李宗仁说陈济棠意志坚决，无法挽回，李宗仁乃于5月底亲去广州。

陈济棠举行了一个盛大的宴会欢迎李宗仁，并向李详细介绍了此次发动抗日的原委。但在李宗仁给陈济棠的部下宣讲发动抗日时，"只见陈氏部将面面相觑，无丝毫热烈反应"。李宗仁更觉得发动这一运动凶多吉少。但此时在广州的国民党西南政务委员会已经决议要北上抗日，一些主张抗日反蒋的人物也都云集广州，形势已成不可不发之势，李宗仁也只得追随陈济棠了。

1936年6月1日，由粤桂地方实力派组成的国民党西南执行部和国民政府西南政务委员会通电全国，攻击蒋介石中央对抗日不作为，声称两广愿意与日寇决一死战，要求蒋介石立即停止对各地方实力派的进逼。

国民政府和国民党中央立即回电驳斥，声称"攘外必先安内，统一方能御侮"，并痛斥两广为"地方将吏抗命"。同时军委会亦通电两广，严令两广部队不得擅自行动，双方矛盾激化。新桂系派出李品仙拉拢主政湖南的何键。但何键坐山观虎斗，一面敷衍李品仙，一面向蒋介石报告粤桂两军的行动。

陈诚由山西飞南京后，和蒋介石商量后认为，两广军队，广东实力雄厚，广西训练精良，两广部队必先谋占衡阳，然后向北发展。目前中央军应首先确保衡阳，这样一可以稳定湖南政局，二可以遏制两广军队的进攻，三可在衡阳集结部队，向两广施压。此时广西部队正向衡阳出发，陈诚认为，广西部队离衡阳路途虽近，但徒步行军，前进不快；中央军距衡阳虽远，但以火车运兵，要比桂军快。

6月8日，陈诚由南京飞赴武汉，以武汉行营参谋长身份，命令平汉、粤汉铁路暂停客货运输，日夜赶运军队南下。9日，陈诚赴长沙，督率各部前进，控制衡阳，封锁粤桂两军的北上道路。此时，进攻衡阳的桂军离衡阳仅十五公里。两广部队未能占衡阳，北上受阻。

6月中旬，蒋介石调集部队，准备武装解决两广。而粤桂两军则出动三十万人马、飞机一百多架、内河舰艇二十多艘，抢先进攻湖南。但当时何键已经投向中央，和中央军一道防堵粤桂两军。粤桂两军暂停于湘南，不再前进。

于是，双方在衡阳一带对峙。

事实上，蒋介石早已在广东培养反陈势力多年，"两广事变"之前已秘密进行了分化瓦解工作。

两广一起事，粤军第一军军长余汉谋便暗中与蒋介石联络，随后发表通电，宣布归顺中央。蒋介石则允诺倒陈后以余汉谋主政广东。7月4日，数十架广东空军飞机飞离广东投蒋，粤军实力大损。新桂系三大首领赶紧与陈济棠见面商议，统一军政、财政，并且将军心已经不稳的粤军布置在内线，而桂军布置在外线。

7月13日，国民党五届二中全会决议撤销西南执行部，军委会则宣布撤销陈济棠的职务，以余汉谋取而代之。同时为了分化粤桂，宣布李宗仁、白崇禧的本兼各职不变。但是新桂系没有上当，还尽力扶持陈济棠，建议陈济棠立即将钱粮、武器和可靠部队掌握，退往粤西，背靠桂系，同时准备派桂军入粤，稳定广东局面，但是形势已经急转直下。

7月14日，余汉谋向陈济棠发出通牒，要求陈济棠二十四小时内离开广东，同时出兵向广州进攻，陈济棠所部第二军不战而退，准备迎余汉谋以代替陈济棠，陈济棠所部军心大乱。白崇禧立即电告陈济棠，形势危急，劝陈济棠不惜血本，以金钱、官职为诱饵迅速稳定军心。但仅过了一日，陈济棠之广东空军便在司令黄光锐的率领下全数北上投蒋，陈济棠已经心灰意冷，决心下野，遂不再理会白崇禧的提议。18日，陈济棠在将过渡政务军务安排妥当后，前往香港，淡出政坛。陈济棠最亲信的陈汉光师，被陈济棠命令入桂，并且附送军费数十万元。但陈汉光师不愿入桂，被余汉谋部收编。

至此，陈济棠在广东之势力被连根拔起，除了数十万军费归新桂系所有外，全部被余汉谋接收。

陈济棠一倒台，蒋介石立即威逼新桂系，顾祝同率薛岳等部自贵州进逼，余汉谋所部自雷州半岛进逼，陈诚部自西江沿江而上，何键湘军则自湘桂边境窥探桂林，新桂系形势危急。

新桂系立即以民团制度动员全省后备兵源准备迎战，建制军队扩充兵力至四十四个团，另外尚有近十万地方民团，共约兵力二十万，据险固守。同时为了争取舆论支持，驱逐桂军内部所有的日籍教官、顾问。由于新桂系不同于粤系，其形成过程中形成了以李、白二人为核心的团体组织，向心力十分稳固，蒋介石对新桂系的收买分化未能成功，新桂系内部居然没有军政人物投蒋。

新桂系盟友众多，东北军、西北军、共产党都通电声援。新桂系也利用西南各地方实力派与蒋介石中央军系的矛盾，进行分化、游说。这使得黔军、湘军等都观望不前。在"福建事变"中下台的蔡廷锴还出资三十万港元组建了一个师，对新桂系帮助极大。

新桂系抓紧"抗日"的旗号不放，争取在舆论上陷中央军于不义。6月后，广西连日发生新桂系默许操纵下的抗日示威游行、集会，声势浩大。大批文化界、新闻界人士亦被新桂系邀请来桂。新桂系在舆论上占了上风。

7月15日，国民政府通电全国，宣布将李宗仁、白崇禧外调，明升暗降，同时又委任原属新桂系，但早在中原大战便已经投蒋的黄绍竑主政广西，企图分化新桂系。李、白二人拒不到职，而黄绍竑暗通桂系，居然公开表示不愿就职。

这样，"两广事变"陷入了僵局。

7月底，出于对日本帝国主义的强烈愤慨和对新桂系的同情，全国各界和各地方实力派开始倾向于新桂系。冯玉祥亲自上庐山劝告蒋介石和平解决"两广事变"，就连蒋派内部的程潜、刘斐等人，都公开声称抗日第一。加上当时东北军张学良、西北军（陕军）杨虎城已经同中共秘密达成了停战协议，蒋介石急于调兵北上"剿共"，也逐渐倾向于和平解决"两广事变"。

8月初，蒋桂双方不断派人互相试探，刘斐、朱培德、程潜、居正等人不停来回南宁和广州，劝说双方各退一步。最后新桂系提出，中央停止进逼地方，维持广西现状不变，日人如更进一步，立即全面抗战，战端一起，广西立即出兵。在此基础上，新桂系宣布服从蒋之领导，不再争夺中央权力。双方台前幕后的争斗持续到9月初，终于达成了协议。

9月4日，国民政府和军委会发布命令，李、白二人和桂系大小官员之职位不变，新桂系官员则隆重在南宁就职，宣布服从蒋之中央。

5日，陈诚以国民党中央军事政治学校广州分校主任和军事委员会委员长广州行营参谋长身份，处理"两广事变"善后事宜。不久，前往南宁，会见李宗仁，协调和广西的关系，并具体安排广西军队整理计划和未来参加抗战的序列问题。

至此，"两广事变"解决。9月中旬，蒋介石与李宗仁在广州会晤，新桂系与中央军之矛盾暂时得以解决。

"两广事变"在历经三个多月，双方出动多达八十万兵力对峙后，最终不发一枪一弹而告终。

"西安事变"与蒋被捉

早在"两广事变"中，陈济棠的哥哥陈维周曾请风水先生算命，说蒋介石过不了1936年这一关。当时，陈维周认为蒋介石会栽在弟弟陈济棠身上，但他没想到陈济棠发动事变没成功，自身难保，反而是张学良将他的想法变成了现实。

张学良的东北军，自从"九一八事变"流落关内之后，一直饱受颠沛流离之苦。加上屡战屡败，不仅编制人员减少，待遇降低，而且屡受世人白眼。1933年热河失陷，张学良被迫出洋，回国以后，也很不被见谅，所以张学良的抗日要求更加坚决。

但蒋介石这时却把他的东北军安置在陕北的"剿共"前线，劳而无功，而且得不到各界同情，因而东北军更有上抗日前线的热情了。1936年11月，傅作义部在绥远百灵庙取得百灵庙大捷，将由日本顾问指挥的伪蒙军李守信部和大汉义军王英部击败。消息传来，震动全国，使东北军上前线和日本人一拼的想法更加强烈，因而张学良屡次向蒋介石苦谏，要求抗日，蒋皆不允。苦谏不成，张学良最后被迫对蒋采取了"兵谏"的办法。

蒋介石在西安被扣，与蒋介石对张学良的信任有直接关系，蒋在事变发生前对东北军不稳早有耳闻，但他信任张学良，觉得张学良不会有对他不利的行动，所以事先也就毫无防范，没有一点儿准备了。

1936年10月31日是蒋介石五十大寿，在寿辰之前，陈果夫和何应钦商量，"委座生日，最好发动由各方面捐献飞机作为寿礼，可固国防"。

这样，便在全国开展了一场轰轰烈烈的献机祝寿活动。

为了避免在这种公开场合公开宣布比较敏感的对内对外政策问题，早在1936年10月22日，蒋介石便以"避寿"为名，偕宋美龄飞往西安，在游历了华山之后，于10月29日飞赴洛阳。

实际上，蒋此次北上，名义上是"避寿"，实际上一是督促西北的"剿共"，二是检查河南省主席刘峙、中央军军长樊崧甫和中央陆军军官学校洛阳分校教育长祝绍周等人主持的河南军队整理和豫北国防工事的修筑情况。

1936年12月2日，张学良到洛阳面见蒋介石，除了继续劝蒋停止内战，一致抗日外，还对蒋陈说西安形势紧迫，或将生变，请蒋务必去西安一趟。而蒋通过各种情报来源，对西安的情况以及东北军和红军停战互助的情况早有所知，认为凭自己的威信，可以改变这种状态，也觉得很有去西安一次的必要。

蒋介石曾在日记中写道："东北军之兵心，为察绥战事而动摇；则剿赤之举，几将功亏一篑。此实为国家安危最后之关键，故余不可不进驻西安，以资震慑，而挽危局，盖余之个人生死早置之度外矣。"

12月4日，蒋介石由洛阳飞抵西安，住在西安东郊临潼县骊山下华清池，随行的有钱大钧、卫立煌、蒋鼎文、陈继承、朱绍良、蒋方震、陈调元、邵元冲、万耀煌等人。12月7日，张学良再次劝蒋停止"剿共"，一致抗战，蒋介石不予理睬。

12月9日是"一·二九"运动一周年纪念日，西安学生举行了盛大的请愿示威活动，并先后到西北"剿总"和杨虎城的陕西绥署、陕西省政府请愿。没想到，特务军警开枪打伤了一名小学生，群众非常激愤，决定到临潼直接向蒋介石请愿示威。

蒋介石强令张学良制止学生运动，必要时可以向学生开枪。张学良接到命令后，赶上游行队伍，极力劝说学生回去。东北大学学生高呼"中国人不打中国人""东北军打回老家去，收复东北失地"等口号。

张学良劝阻学生说："请你们相信我张学良，我和你们是一样的心情，你们的要求，就是我的要求，也许我的要求比你们更迫切。你们的意见，我一定给你们转达到，请你们回去。我保证一星期之内，达到你们的要求。"

请愿学生们在华清池前高唱《松花江上》一曲，感动了在场的东北军将士，全场爱国情绪高昂。

当晚，张学良找到蒋介石，再次劝蒋抗日，并要求蒋放过学生，但是蒋介石怒称："对这批学生，除了拿机关枪打以外，是没有办法的。"

张学良听后大怒，反问道："机关枪不打日本人，反而去打爱国学生？"

张、蒋再次大吵一顿，不欢而散。

面对越来越紧迫的抗日形势，盛怒下的张学良决定武力逼蒋。

9 日，张学良去华清池见蒋，报告了学生请愿情况。蒋介石仍然是不理睬的态度，并责备张学良说："一个人绝不能做两方面代表站在中间。"

当晚，张学良对他的下属应德田说："委员长太差了，竟要对爱国学生开枪，昨晚我把学生的请愿内容向他报告，他不但不接受，反而说我不站在他的立场上说话，不代表政府，而代表学生，失掉了国家大员的身份。我尽了最大的努力，他坚持错误到底了，非强制不能扭转。"并明确表示要"把他抓起来，逼他抗日"。

11 日，张学良再次带人到华清池，勘察武力捉蒋的路途。并和杨虎城秘密分担了任务，由杨虎城扣留住在西京招待所的各大要员，由张学良负责捉蒋。

早在陈诚 1936 年 6 月离开山西赴南京商讨讨伐两广时，内蒙古德王和汉奸李守信等正在日本关东军支持下，策划内蒙古特殊化。6 月，在察哈尔德化成立"军政府"，并向绥远进兵。绥远省主席傅作义，在绥东积极备战。鉴于晋绥力量不足，陈诚令汤恩伯率所部十三军，用晋绥军番号，将中央军开入集宁一带，作为傅作义部的后援。

1936 年 11 月，傅作义部和德王的部队在绥东展开激战。此时陈诚正在广州，因他对晋绥情况比较熟悉，蒋介石命他前往山西，策划作战。11 月 18 日，陈诚到绥远，会同傅作义，准备收复商都。12 月 4 日，陈诚携带他和傅作义制订的收复商都、张北的全部计划到西安，征求蒋介石的意见。

12 月 11 日，陈诚有事去见蒋介石，事完离开时，将从张、杨部下处得到的张、杨有可能发动政变的情报向蒋当面报告，并请蒋介石和他一同乘陇海铁路特别快车离开临潼。蒋介石认为张学良对自己的领袖地位还是尊崇的，所以不同意离开西安，并让陈诚也留在西安，以便东北军开始"剿共"后，前线由陈诚全权指挥军事。

12 月 11 日夜间，张学良、杨虎城部署了捉蒋的所有行动，主要由东北军骑兵第六师师长白凤翔、十八团团长刘桂五和警卫团团长孙铭九带领，静待指令行动。

此前，还有一个小插曲。

负责捉蒋的东北军骑兵第六师师长白凤翔并没有亲眼见过蒋介石，便对张学良说："卑职只见过照片，从未见过蒋本人，到时候乱军之中怕出错误。"

于是，张学良利用蒋介石部署第六次"围剿"计划的机会，带着白凤翔在作战会议室见到了蒋介石。

一切准备就绪，兵谏行动一触即发。

1936年12月12日凌晨5时，张学良、杨虎城发动了举世震惊的"西安事变"。

兵谏部队迅速包围临潼后，直扑华清池，经过短时激战，蒋介石卫队死亡殆尽，蒋孝先当场被打死，钱大钧负伤。蒋介石在梦中惊醒，由后门逃出，躲到山上，到早上7时才找到。随即被送往西安，在新城大楼住下。大家就推陕西省主席邵力子去见蒋介石，向蒋解释此次行动的目的。蒋精神萎靡，怒容满面，一言不发。第二天张学良去见蒋介石，双方话也未谈拢。

张学良抓蒋，并不想杀他，只是想逼蒋抗日。但杨虎城就不同了，杨很有杀蒋以绝后患之意。新城大楼在杨虎城警卫下，张学良担心蒋的安全，只过了两天，便让蒋搬入张学良公馆对面的高桂滋公馆。

杨虎城负责逮捕住在西京招待所的诸大员，当事变起时，天还未亮。

陈诚特别机警，当他听到招待所外的枪声及部队行动的声音时，知有异动，即将随身携带的机密文件撕碎投入抽水马桶，用水冲下。然后离开了自己的卧室，慌乱中闪入大餐厅后面的一间烧火室中。为隐藏得更好，陈诚干脆钻进一个储藏啤酒瓶的大木柜里。

而十七路军的警卫人员为了寻找陈诚还颇费功夫，直到清晨7点左右，陈诚才由特务营班长汪国鑫寻获。

陈诚被押到大厅时，杨虎城部特务营营长宋文梅还过去拍了拍陈诚的肩膀，说道："军人嘛，就应该有军人的样子，这样藏在里面，成何体统？"

陈诚非常愤怒地看了看逮捕自己的少校，面色苍白，不发一语。

事后，杨虎城训斥宋文梅："抓人就是抓人，说那么多废话干什么？搞人身侮辱也不是军人所为。陈将军好歹也是指挥千军万马的高级将领，你出言不逊，传到他部将的耳朵里，他以后如何为将？我们抓委员长，不是为了个人私怨，而是民族大义。"

这样，在华清池蒋介石是最后被捉的一个，在西安陈诚是最后被捉的一个。事后传说，因为陈诚是主张"剿共"最坚决的一个，若在天亮前捉到他，将予以当场枪毙。

陈诚在被拘之初，自料凶多吉少，出于对蒋介石的尽忠，他对张学良说："如果委员长遇害，你就早一点儿把我枪毙。"

因为陈诚在武汉行营时就和张学良关系颇熟，张学良那时是武汉行营主任，陈诚便脱下手表，取出钢笔、小日记本等物，请他转交其妻谭祥。但张学良摇头不接，陈诚这才清楚张学良并无加害之意，此事后常为谭祥所津津乐道。

12 日上午 9 时，张学良带着拟好的向全国通电的文稿，到西京招待所向被拘各大员宣读，并希望他们联署，陈诚等各大员均署名。

随即，张学良、杨虎城二人向全国发出了关于救国八项主张的通电，提出：一、改组南京政府，容纳各党各派，共同负责救国；二、停止一切内战；三、立即释放上海被捕的爱国领袖；四、释放全国一切政治犯；五、开放民众爱国运动；六、保障人民集会结社一切政治自由；七、确实遵行孙总理遗嘱；八、立即召开救国会议。

13 日，张学良来看陈诚，陈诚对张学良说："现在什么都不要讲，只有一句话，赶快送委员长回南京。"

此时的陈诚并不反对抗日，他认为马上就抗日，尚非其时，应该准备差不多了再打。他最怕的是共产党插手，听完了张学良对发动事变的解释后，对张说：

"汉卿，事到如今，我就一句话，就是咱们自己人什么事情都好办，什么话都好商量，但是你千万不要让戴红帽子（共产党）的来，他们一来，我们就完蛋了。"

张学良反问道："你为什么那样怕他们？他们来了你也不要怕。"

陈诚还对张学良说："你把老头子扣起来，把中国交给你，你有什么办法搞好？"

从 12 日下午起，被扣各大员均回原卧室，只是房间都被搜查，个人衣物也多有遗失。被扣者的生活待遇，与事变前似有天壤之别，晚餐是白饭一碗、菜一盘，夜间没暖气，每人给一床毛毯。警卫森严，各房门均不许关闭，室外有卫兵巡视。到 14 日，用膳改为西餐，并按居住条件，分东西两处自由结合共餐。陈诚在东边，和蒋作宾、万耀煌夫妇等以卫立煌的房间为活动中心。西边蒋方震、陈调元、蒋鼎文、朱绍良和陈继承夫妇以陈继承房间为活动场所。15 日下午，所有人员搬到张学良公馆附近原东北军高级将领宅邸，室内用品均由西京招待所搬来，每室有三个便衣监视，院内武装士兵十人。被扣诸要员每人送《社会发展史》《辩证唯物论》各一册，每院送麻将一副，每室银洋二百元，以资消遣。其中以蒋作宾最为活跃，整日活跃于麻将桌上，颇不寂寞。

西安发生事变，南京立即产生了恐慌。何应钦力主宣布张学良、杨虎城为叛逆，派兵讨伐，并派飞机到西安近郊轰炸。

此时，宋美龄正在上海治病，闻讯后赶往南京，坚决反对讨伐，主张和张、杨谈判。一时在南京政府之内，形成了两种截然不同的意见，最后双方妥协，一面派人去西安和张学良、杨虎城联系，一面做军事准备，讨伐张、杨。

张、杨二人将救国主张通电全国后，结果全国各地反应不一，有主张杀蒋者，有主张放蒋者，还有言词模糊、语焉不详者。张学良自扣蒋的那一天起，就试图和蒋介石及其所率大员谈判，但蒋介石拒绝，终未成功。

12 月 14 日下午 5 时，宋美龄所派的端纳见到了蒋介石。端纳将宋美龄的信交给了蒋，宋信暗示蒋同意抗日主张。

16 日，何应钦兴兵讨伐张、杨，并轰炸西安近郊，宋美龄对何应钦的举动无可奈何，于是要求端纳再去西安，要求蒋介石下手令制止何应钦的军事行动。张学良也请被扣的蒋方震劝说蒋介石，蒋于是下令何应钦停止军事行动。

事变之后，张、杨迅速将扣押蒋介石的情况通报了中共，中共派出周恩来、秦邦宪、叶剑英、罗瑞卿、童小鹏组成代表团，于17日下午到达西安。当晚周恩来和张学良举行了谈判，决定了拥蒋抗日和东北军、西北军、红军共同防御的问题。18日，周恩来同杨虎城谈判，杨勉强同意了周、张的放蒋意见，但仍担心蒋会报复。

由于蒋拒不谈任何问题，22日，宋美龄和宋子文、端纳、蒋鼎文、戴笠等一同到达西安，在宋美龄的劝说下，蒋介石最后答应了抗日的条件，但为维护其领袖尊严，拒绝在正式文件上签字。

25日下午，张学良在通知杨虎城和周恩来的情况下，亲自送蒋介石回南京。行前蒋介石要求张学良致电西安，先让陈诚、卫立煌、陈调元、朱绍良四人离陕。张学良立即急电杨虎城，嘱将西安所扣要员全部送回。杨虎城虽有犹豫，但东北军王以哲、何柱国等人力主照办，杨遂同意。26日晚，杨虎城亲自举行饯行宴会，为被扣大员送行。27日晨，陈诚由杨虎城亲自陪同，送往机场。其他大员也分由东北军、西北军高级将领陪同。27日下午各大员均返回南京。

蒋介石返回南京后，一方面将张学良送交审判，一方面坚请辞职。最后国民政府准假一月，让他回奉化溪口休养。陈诚回到南京后于28日受到蒋的接见，受蒋委托，去狮子山宋子文公馆看张学良。

1937年1月4日，蒋介石召见陈诚，心犹未甘地说："这次张汉卿倒行逆端，我个人的损失且不必说，因此使共产党扩大，是最可恨的。当初共产党逃到陕北，只不过占据延安以东四个山区小县。现在共产党乘机把延安也占领了，地盘扩大了四倍！如果再乘乱使东北军、西北军与共军合流，整个西北都落入共产党之手！所以，我委任你为第四集团军总司令，马上去西安，解决掉东北军、西北军，以除后患！"

陈诚报告道："据说杨虎城手下大将冯钦哉并不赞成杨虎城的做法，在委座蒙难期间，他曾主动撤出警戒，让我军进入潼关，还放走一些人质，若留用此人，对改造西北军会有很大帮助。"

蒋介石恨恨地说："汉卿年幼无知，杨虎城通共是无疑的，所以对西北军的改编不能手软。冯钦哉的情况你要查一查，确实可以利用就留下来。至于东北军，首先要改变他们的地方观念，然后逐次消化掉！"

陈诚遵照蒋介石指示，先到潼关，与刘峙、顾祝同见面，商讨"解决"东北军和西北军的步骤。同时派参谋刘耀扬去大荔探察冯钦哉的情况。随即蒋介石又指派第二及第三集团军进宝鸡和凤翔，缩小对西安的包围。据刘耀扬回报说冯钦哉确有投蒋决心，陈诚即请来相见，冯钦哉表示愿意协助改编西北军，于是中央军顺利进入西安。

西北军接受改编，中央军进入西安，东北军受到震撼，在是否接受改编问题上发生内讧，军长王以哲在内讧中被杀害，以"少帅"为核心的东北军严重分裂。由此可以看出，张学良担心的东北军"不听话"，可能危害蒋介石，颇有先见之明。

张学良的东北军原有四十五万人，"九一八事变"后退入关内，损失将近二十万。陈诚趁东北军内讧，将其分别遣往河南与安徽，遣散部分军官，缩小其编制。尔后令其与日寇作战，东北军在战场上的消耗不予补充，甚至撤销其番号，到抗战中期，东北军就只剩第五十三军——六师和一三〇师六个团了。1943 年，该军调往云南，参加中国远征军战斗序列，在反攻中打得十分英勇，损失也极为惨重，后虽得以补充，也几乎失掉了原有东北军的色彩。

"解决"了东北军和西北军，陈诚回到南京复命，蒋介石又派他去浙、赣、鄂等地准备抗战防务。他邀请张发奎、黄琪翔等人到温州、台湾沿海视察地形，并征求众人对防务的意见。

大家见他如此不辞劳苦，而且虚心求教，都很感动，张发奎问他："西安事变是否使委员长下决心抗日了？还会不会拖延下去？"

陈诚回答说："抗战是关系民族存亡的大事。现在，谁领导抗战谁就受拥护，谁不抗战谁就失掉民心。这道理再明白不过了。所以才有一些人打着要求抗日的旗号，瞒天过海，达到个人的目的。敌强我弱，这也是众所周知的事实，更何况自北伐以来，中国至今也没有真正统一，以一个贫弱国家，而且这个国家还是一盘散沙，怎么去对付强悍的日寇呢？我们总不能像清政府那样，惹翻了洋人，再割地求和吧？所以，现在委员长是明知不可为而为之。假如再缓两年而无内战，我们整编部队，训练出六十个师的劲旅，那么，我们就有把握战胜日寇了。"

黄琪翔摇头说："道理是对的。但是，只怕日寇不会再等两年扩大侵略，两年之后也许我们就亡国了！"

陈诚点点头说："是啊，现在说什么都迟了。如果当初北伐能顺利，各系军阀能服从改编，从民国十七年（1928 年）到现在这么多年，我们什么事不能办成呢？时值今日，委员长才不得已说'和平未到绝望时期，绝不放弃和平；牺牲未到最后关头，决不轻言牺牲！'"

张发奎从陈诚这番话中听出，蒋介石对于抗日，还是存有畏难情绪，所以并没有下最后决心。陈诚是最接近蒋介石的人，也最能理解蒋介石的意图。所以张发奎仍旧觉得前途十分渺茫。

"西安事变"对国民党的整个内外政策来说，是个根本性的转变。南京政府基本停止了在陕北的"剿共"行动，将主要精力放在了对日作战的准备上。

淞沪抗战，浴血拼搏

事实上，日本统治集团早就确定了侵略中国的"大陆政策"，从在"九一八"侵占中国东北并向华北扩展的过程中，日本的得益更加速了侵略中国的步骤。

19 世纪 30 年代，日本国民经济的发展是比较快的，工业生产指数 1929 年为 100，1936 年上升为 150，1937 年达到 169。八年时间平均每年递增 6.8％，但日本工业生产的递增率不能用正常的国内生产来考察。1930 年、1931 年是处于经济危机时期，那么从 1932 年开始就是以百分之九的年平均递增率发展，以 1937 年与 1936 年相比，上升了 12.7％，后几年的大幅度上升，无疑是从侵略中国得来的。

尝到甜头之后，便是贪婪涌生。

在日本统治集团看来，小规模的侵华便掠取了巨大的经济利益，于是加快推进"大陆政策"扩大侵华的准备就更加积极了。

"九一八事变"之后，日本帝国主义战争机器便正式启动，在"欲征服世界，必先征服支那"的侵略国策支配下，调兵遣将，频频开始向中国发动进攻。在北方，日军在鲸吞东三省、筹划成立伪"满洲国"的同时，进而又窥伺热河省（包括今河北省东北部、辽宁省西南部、内蒙古自治区东南部地区）；在南方，日本则把侵略矛头对准了中国沿海最大的城市，同时也是远东最大的国际大都市——上海。

日本人选择上海为进攻目标，可谓煞费苦心。一方面上海是西方列强在华利益的集中地，以上海为中心的沪、宁、杭地区也是当时中国经济最发达的地区，占领该地区既可以掠夺经济资源，同时还可以直接威胁国民政府首都南京；另一方面，进攻上海可以转移国际社会对其占领东北、扶持傀儡政权的注意力。

正是在这种情势下，1932 年 1 月 28 日，以所谓"日僧被殴事件"为借口，日军悍然发动了对这座国际大都市的进攻，"一·二八"事变爆发。

日寇的进攻遭到中国守军第十九路军的坚决抵抗。在蒋光鼐、蔡廷锴等爱国将领的指挥下，中国军队寸土必争，浴血奋战。为夺取上海，日军先后投入十万兵力、数百架飞机，并且更换了四名指挥官。此时，尽管蒋介石迫于东北丢失已经下野，但是以林森、汪精卫和何应钦组成的国民政府仍然奉行不抵抗政策。十九路军和增援的第五军虽然英勇抗战，但得不到有力支持，3 月，在日军从黄浦江岸突然登陆后，为避免陷入包围不得已撤退。第一次淞沪会战结束。

第一次淞沪会战，日军虽然在军事上获得胜利，但其行动却引起了英、美诸强的不安。日本此时也深感以目前国力，再进行战争一时难以为继，于是在英、美等国调停下，双方于 1932 年 5 月签订了《淞沪停战协定》，协定规定：日本政府可以在上海派驻一定数量的海军舰只和海军陆战队，中国政府在上海及其附近地区不得驻扎军队，只允许由保安团队和警察来维持秩序。

这是一个彻头彻尾的不平等协定，中国人在自己的领土上，居然不能驻扎军队，这是何等荒谬和令人屈辱！而南京国民政府竟然表示接受，中国主权又一次被践踏和出卖。

根据《淞沪停战协定》的规定，1932 年 5 月以后，中国在上海不能进驻正规军队，偌大的上海及其周边地区，担任守备的仅仅为上海警察总队及江苏保安总队的两个团，其主要职责和任务是维持地方治安，既没有永备工事，也无野战工事，甚至连最简易的哨兵岗棚都没有。可以说，上海成了一座完全不设防的城市。

蒋介石虽然多年来忙于"围剿"红军，对日本的侵略一贯打不还手，但"一·二八"事变还是触动了他的神经。日本人对上海动手，企图威胁南京，打通通向华中内地的门户，这点他还是看得比较清楚的。

当时国民党内一些有远见的爱国将领，对上海将来会再次受敌攻击，做出正确预见。张治中就是其中之一。他根据上海几乎无防可言的严峻现实，曾向蒋介石建议组织一支部队，一旦中日战争爆发，能够以优势兵力突击上海，扫除和消灭驻扎在沪的日本海军陆战队据点，防止日军利用此作为桥头堡进行大规模的登陆。蒋介石也认识到这个问题的重要性，在 1936 年 2 月任命张治中为京沪警备司令，秘密主持制订未来中日战争开始后对上海入侵之敌的作战计划。对外，则以"中央军校高级教官室"名义掩护。

在此之前，1934 年至 1936 年间，国民政府已经在上海至南京之间、上海至杭州之间构筑了大量的国防工事，最主要的有吴福线（苏州—福州）、锡澄线（无锡—澄江）、乍嘉线（乍浦—嘉善）和海嘉线（海盐—嘉兴），以这些主线阵地为依托，分设后方阵地和前进阵地。在南京外围也构筑了两道防御工事。工事多为永久性或半永久性，辅以天然湖泊和人工障碍物掩护。不过这些国防工事在淞沪会战中基本没发挥什么作用，在淞沪一带抗战使用的都是临时构筑的野战阵地，且边打边筑，质量上不过关，在日军的强大炮火下顷刻瓦解。

在侵华掠取巨大经济利益的刺激下，日本的政治也迅速地走向天皇制的法西斯主义统治。

1936年2月20日国会选举中，自由派的民政党在选举中刚取得多数，2月26日就发生了法西斯军事政变，"皇道派"军官率领一千五百余名官兵，袭击了冈田启介首相，杀死了几名内阁官员，包括前任首相斋藤实子爵和藏相（财政大臣）高桥是清等，鼓吹建立"皇道派"武力独裁和战争体制。发动法西斯军事政变后，由广田弘毅任内阁首相，组成了军人主政的内阁，并大幅度增加军事预算，大力推进军工生产为主的重工业。

政变后的广田内阁，开始了日本天皇制的法西斯主义。在此后的一年多时间里，尽管内阁变动频繁，而法西斯统治日益加紧。1937年11月设立帝国大本营，将战争指挥权集中在天皇直接权势下行动的陆海军将领手中，有自由主义或激进主义倾向的嫌疑人物均被捕。

至此，日本开始完全实行军事法西斯主义。

1936年8月，日本广田内阁召开了首相、外相、藏相、陆相、海相的五相会议，决定了一个《国策大纲》，把"确保帝国在东亚大陆的地位，同时向南方海洋发展"定为日本的"根本国策"。《国策大纲》规定：对外应"消除北方苏联的威胁，同时防备英、美，实现日满华三国的紧密体系"，"向南方海洋，特别是南洋方面（印尼方面）求日本民族的、经济的发展"；对内"必须采取指导统一国内舆论的措施和'国民思想健全化'的措施"，以加强法西斯统治。

按照这个计划，陆军制订了以大规模扩充空军和东北的兵力为中心的五年扩军计划；海军也制订了宏大的造舰计划；为了支撑这个庞大的军事扩充计划，到1937年，日本的军事预算占全国总预算的比例达到了惊人的百分之六十以上。

在发动全面侵华战争前夕，日本的宣传机构大肆鼓吹侵略中国是为了解决"日本人口过剩""天然资源缺乏""捍卫主权线、生命线"的圣战，是"惩罚"中国军民的抗日与"扩战"的"不得已的行动"，甚至是为了"帮助开发中国的光荣"之举，等等。

另一方面，对外又不断制造"和平"的阴谋，鼓吹所谓"日中友好提携"。1937年3月，日本外相佐藤提出对华的"新认识""新政策"，诡称要"改变"日本对华关系，"协助中国的统一与复兴"；今后日中外交谈判，要以"促膝谈心态度"，"将过去一切付诸东流，而重新以平等地位精神谈判"。

在这种"和平外交"的烟幕下，日本大量增加其华北驻屯军的兵力，在北宁路屯驻重兵，并侵占丰台这个重要军事据点，大批日舰开到青岛、上海，并进入长江各埠。从1937年6月开始，驻丰台的日军几乎每天都在进行挑衅性的军事演习。

除此之外，日本还在1933年5月退出国际联盟（两年后生效），就此抛开了1922年在华盛顿与美、英、法、意等国共同签订的侵略中国经济的《九国公约》限制，准备独占中国了。同时，日本又宣布废除与英国等签订的限制海军发展的海军协定。

1936年11月，日本又同希特勒纳粹德国签订了反共产主义和第三国际的协定，即《反共产国际公约》，以后又同意大利签订了同样的条约。

至此，在全面侵略中国之前，日本已经在国际上与德、意结成联盟，与英、美、法等国处于对立的地位。换句话说，对一切表面上还有一层反侵略、非战外衣的国际组织、限制其独占中国的条约，统统抛开，与正在进行侵略殖民地的意大利、德国组成联盟。

进入1937年，日本无论是在政治上、经济上、外交上、军事上，都已经做好了侵略中国的全面准备，大规模的侵华战争一触即发。

"西安事变"发生时，日本人一直在关注着事态的发展。"西安事变"时的日本最不希望看到的是中国共产党和蒋介石联合起来，以增加侵略中国的难度；日本最想看到的是张学良联合中国共产党将蒋介石杀害，由国民党内的亲日派代表何应钦掌握国民党领导权，然后臣服日本，再扫灭中国共产党。其次，日本希望蒋介石没有答应张学良的要求，没有和中国共产党联手，然后日本可以各个击破。

然而，"西安事变"的和平解决，让日本人的如意算盘落了空。于是，日寇又进一步加紧了侵略中国的步伐。

"西安事变"后，日本关东军司令本庄繁大将向日本首相近卫文麿进言，认为中国军事力量取得了统一，如果再拖延下去，对侵华战争就会增加困难。

于是，1937 年 6 月上旬，本庄繁向东京军政参谋总部建议马上发动全面侵华战，并要求关东军积极制造事端，不断增加天津驻军，频频军事演习。

7 月 7 日晚，日寇借口在卢沟桥附近演习的部队受到中国军队的干涉，而且一名日本士兵"失踪"，要求进入宛平县搜索，其无理要求遭到中国守军严词拒绝。

7 月 7 日晚 11 时 40 分，日军悍然向中国守军开枪射击，炮轰宛平城，城内守军第二十九军三十七师———旅第二一九团团长吉星文率部予以还击。

第二十九军司令部发出命令："命令全线官兵坚决抵抗。卢沟桥即尔等之坟墓，应与桥共存亡，不得后退。"

日军制造了震惊中外的"七七事变"，又称"卢沟桥事变"，中国军队抗日的枪声在卢沟桥打响了。

这是日本军国主义蓄谋已久的战争，标志着日本全面侵华战争的开始。中国历史上最悲壮、最伟大的抗日战争就此全面爆发。

"七七事变"后，中国共产党努力促成抗日民族统一战线的形成。7 月 8 日，中共中央发布了《中国共产党为日军进攻卢沟桥通电》。通电指出："平、津危急！华北危急！中华民族危急！只有全民族实行抗战，才是我们的出路。我们要求立刻给进攻的日军以坚决的反攻，并立刻准备应付新的大事变。全国上下应该立刻放弃任何与日寇和平苟安的希望与估计。"

通电号召全国人民："武装保卫平津，保卫华北！不让日本帝国主义占领中国寸土！为保卫国土流最后一滴血！全中国同胞、政府与军队团结起来，筑成民族统一战线的坚固长城，抵抗日寇的侵略！国共两党亲密合作抵抗日寇的新进攻！驱逐日寇出中国！"

7月13日，毛泽东在延安共产党员大会上号召："每一个共产党员与抗日的革命者，应该沉着地完成一切必需的准备，随时出动，到抗日前线！"同时红军立即集中，准备奔赴民族战争的战场。

在中国共产党的号召和推动下，全国抗日救亡运动风起云涌，各地爱国军民纷纷行动起来，大力支援华北前线。北平人民组织了战地服务团、募捐团、慰劳团等，进行慰劳士兵、救护伤员等活动。长辛店工人冒着枪林弹雨，赶赴宛平前线修筑防御工事。上海、南京、武汉、太原等地的工人和各界爱国群众，相继组织起抗敌后援会，纷纷发表宣言，支持二十九军的抗日行动，致电、汇款、慰问前线将士。上海日本工厂的中国工人和职员，纷纷罢工和离职。

各地报刊也大量发表抗日言论，大声疾呼："现在和平已经绝望了，牺牲已到了最后关头了！""我们现在除了抵抗，实在没有第二条路可走了！"北平《世界日报》指出：卢沟桥事件已充分证明，今日之中国，绝非"九一八"、"一·二八"、长城战役前的中国可比。卢沟桥的炮声，唤起了全国人民团结御侮的抗战精神，促进了中华民族抗日救国的新的觉醒。

"七七事变"发生以后，国民党政府处于动摇状态。国民政府的《自卫抗战声明书》叙述了这个过程："中国政府于卢沟桥事件发生后，犹以诚意与日本协商，冀图事件之和平解决。"

7月13日，国民党政府外交部曾向日本大使馆提议双方即时停止军事行动，而日本未予以置答。7月19日，国民党政府外交部长又正式以书面重提原议，双方约定一确定日期，同时停止军事动作，同时将军队撤回原驻地点，并声明：中国政府为和平解决此次不幸事件起见，准备接受国际公法或条约所公认之任何处理国际纠纷之和平方法，如双方直接交涉、斡旋、调解、公断等等。

然而，中国政府以上种种表示，均未得到日本的回应。

7月17日，蒋介石在庐山发表了一篇关于准备抗战的谈话。他表示："万一真到了无可避免的最后关头，我们当然只有牺牲，只有抗战，但我们的态度只是应战，而不是求战，战是应付最后关头必不得已的办法。"同时又说："如果战端一开，那就是地无分南北，人无分老幼，无论何人皆有守土抗战之责任，皆应抱定牺牲一切之决心。"

但是蒋介石又反复强调，仍然希望对日和谈、妥协，还没有放弃苟安的幻想。

尽管国民党政府存在侥幸心理，幻想寻求"外交方法"来解决华北事件，但日本帝国主义灭亡中国的方针绝不会改变。

日本在谈判的幌子下，加紧调集兵力，部署扩大战争。至7月下旬，日本对华增兵达十万左右，进一步完成了扩大侵华战争的军事部署。日军准备就绪，即于7月26日攻占廊坊，并向中国方面提出最后通牒，无理要求中国军队撤离北平。7月28日，日本大举进攻南苑。7月30日，日军占领北平、天津。

天津沦陷后，华北战争继续蔓延，全国人民的抗日怒火进一步熊熊燃烧起来。

日本帝国主义侵占平津后，又积极策划进攻上海。

和以往惯用的伎俩一样，无耻的日本侵略者此时正在为进犯上海找寻一个堂而皇之的理由和借口。

7月24日，上海日本海军陆战队忽称一名士兵失踪，制造紧张局势，不久，这名士兵被查获送还日本领事馆。后来，日本帝国主义又借机撤退上海日侨，做发动战争的准备。

8月9日傍晚，日军海军陆战队军曹大山勇夫和水兵斋藤要藏肩负侦察使命，驾驶军用摩托车强闯虹桥机场，遭到化装成保安队的中国卫兵的阻拦，日兵竟开枪射击，打死一名卫兵，中国士兵愤怒还击，将两人当场击毙。这起事件被称为"虹桥事件"，也称"大山事件"，成为淞沪会战的导火索。

事件发生第二天，中日双方就此事开始交涉和谈判。日方代表蛮横提出：中方撤退上海保安部队，撤除所有防御工事。上海市长俞鸿钧秉奉蒋介石之命，严词拒绝。

此时，日本已经做好大打出手的准备。第三舰队司令官长谷川清命令日舰开进黄浦江、长江各口岸，所属分舰队紧急开赴上海待战，同时命令在佐世保待机的海军第一特别陆战队以及其他部队增援上海。日海军中央部更是明目张胆地叫嚣："现在到了只能用武力解决事态的时候了。"

"虹桥事件"之后，中日关系急剧恶化，双方暗中厉兵秣马，战争随时有可能爆发。但都比较谨慎，似乎都在等待对方率先打出第一枪。蒋介石和南京政府按照既定方针，"决心围攻上海"，战略上还是摆出主动出击的态势。

为抢得战争主动权，赶在日本援军到达之前消灭驻沪日军，中国组织淞沪作战部队张治中部第九集团军（下辖三个师和一个独立旅）准备围攻日军。按张治中原先的计划，围攻部队将于13日拂晓发起攻击，"本想以一个扫荡态势，乘敌措手不及之时，一举将敌主力击溃，把上海一次整个拿下"。

不料，8月12日晚，却接到蒋介石"不得进攻"的命令。原来，由上海租界各国领事组成的外交团为避免城门失火、殃及池鱼的情况出现，影响在沪利益，于该日下午召开了淞沪停战协定共同委员会会议，予以调停。

正当蒋介石满怀希望等着英、美诸国调解，按兵不动之际，敌我双方在宝山路上的八字桥擦枪走火。

1937年8月13日上午9时15分，日本海军陆战队一部越过租界，到宝山路、北四川路等地布防，与在八字桥一带修筑工事的中国军队第八十八师二六二旅五二三团一营先头部队迎头相遇。

在短暂的沉寂之后，冲突忽然爆发。分不清是哪方首先开的枪，事后双方各执一词，都认为对方率先挑衅射击。日军随即开始沿北四川路、军工路一线发起进攻，停在江上的海军舰炮轰击闸北第八十七师、第八十八师守区，两师旋以迫击炮还击。

"八一三"淞沪抗战正式打响。五年前的第一次淞沪抗战也是在八字桥首先打响，而这一次历史的车轮又重新在这里碾过。

随后，中国军队对上海市区之敌发动全面进攻，同时出动空军，轰炸日海军陆战队司令部、汇山码头及海面舰艇。其攻击重点最初为虹口，后转向公大纱厂。

"八一三"淞沪会战开始时，中国军队占了绝对优势，除两个精锐师外，还有两个装备德国火炮的重炮团，即炮兵第十团（100毫米加农炮）和炮兵第八团（150毫米榴弹炮），加上坦克、空军助战，按理应具有压倒性优势。其时日军在上海的部队仅海军陆战队三千多人，紧急从日本商团中动员退役军人，合计也不过四千人，重武器也不足，但其依靠坚固工事顽强抵抗，致使中国军队一直无法完成重大突破。

经数日苦战，第八十七师占领沪江大学，第八十八师占领了五洲公墓、宝山桥、八字桥等各要点，14日到沪的第二师补充旅（已改称独立第二十旅）接替第八十八师（孙元良部）防守上海爱国女校、持志大学，并担任攻击虹口公园和江湾路日军司令部的任务。日军于16日退守江湾以日本海军陆战队司令部为中心的据点，依凭坚固工事顽抗，中国军队往往屡攻不克，无功而返，且自身伤亡很大。

8月14日，负责指挥进攻日军的第八十八师二六四旅旅长黄梅兴阵亡，为开战以来中国军队牺牲最高级别之军官。其旅伤亡一千余人，连排军官几乎损失大半。

除在地面战场短兵相接，双方在海上、空中也展开全方位较量。与陆军的攻坚不利相比，中国空军却在长空报捷，战绩可谓"辉煌"。

1931年以来国民政府在美国帮助下逐步建立起一支空军部队，由于缺乏资金，加之不受重视，空军力量发展有限。到淞沪会战之前，国民政府拥有各种飞机三百余架，成立了一个由蒋介石为委员长、宋美龄为秘书长、周至柔为主任的航空委员会，还成立了一个空军总指挥部。当时空军所有战机全部为进口杂牌，不仅数量少，而且维修困难，空军任务只是配合陆军轰炸一些不设防的地面目标，炸完就跑，至于同日本空军一较高下，没有实力也没有机会。

鉴于开战以来日机不断对中国军民狂轰滥炸，气焰嚣张万分，空军总指挥部在8月13日下午2时发布第一号作战命令，决定协助陆军消灭盘踞在上海之敌，狠狠教训日本人。

8月14日，日本王牌空军木更津重型航空队的十三架"96"式轰炸机自台湾新竹机场起飞，像乌鸦一般掠过云层，扑向杭州笕桥机场。

巧合的是，我空军第四大队当日奉命从河南周家口迁往笕桥。大队长高志航率领第四大队战机刚抵笕桥机场，即接到防空警报。于是命令各机立刻加油，此时，日军飞机已经黑压压飞了过来，打算抢先摧毁机场，使我空军无处立足。高志航不等飞机油料加足，便紧急升空迎战。所属三个中队的二十七架飞机也分头迎向日机。

高志航对屡屡兴风作浪的日本飞机恨得牙根直痒，憋着一股劲要给敌人一点儿厉害颜色。驾驶着霍克－Ⅲ驱逐机升空后，高志航立即锁定一架日机，靠着精湛的飞行技术几个翻腾，逼近目标，瞅准机会迅速按下机关炮钮，只见从自己飞机底下吐出一串火舌，正中日机尾部，敌机一阵震动，随即拖着长长的黑烟怪叫着来了一个倒栽葱，轰的一声炸得四分五裂。

来不及品尝胜利的滋味，高志航又驾机扑向另一个目标，很快，那架日机也遭受了相同的命运，摇摇晃晃一头栽了下去，不久化成碎片。高志航前后击落两架飞机，仅仅用了三分钟。

战机呼啸，炮声隆隆，火光映红天空，中国空军飞行健儿怀着对侵略者的满腔仇恨，相继猛烈开火，第四大队第二十一中队中队长李桂丹等人也有战果，击落一架日机，击伤一架，剩下的敌机见势不妙，掉转机头狼狈逃窜。

这次空战，中国空军大获全胜，首次参战便大显身手，创造击落敌机六架、击伤数架的辉煌战绩，己方战机却安然无恙。更让人不可思议的是，前后整个战斗过程，历时不过短短一刻钟。

"八一四"空战大捷，沉重打击了敌人的猖狂气焰，大大振奋了全国人心，消息传出，举国一片欢腾。蒋介石闻讯，也大喜过望，传令嘉勉空军。后来经宋美龄提议，国民政府把8月14日这一值得铭记的日子定为空军节。

此次为中国军队第一次军种（空军、海军、陆军）和诸兵种（步兵、炮兵、坦克）大规模协同作战，但步兵与炮兵、战车协同作战的训练从来没做过，战时协同效果很差：步兵逼坦克冲锋又不予以掩护，结果坦克被日军全部击毁；步兵失去坦克掩护后攻坚伤亡惨重，甚至出现一个营部队挤在一条街内被日军堵住街口全部击毙的悲剧。陈诚回顾上海围攻未胜的教训，认为"以五师之众，对数千敌陆战队实行攻击，竟未能奏效，实在是当时部署种种不当的缘故"。

由于中国军队攻击了上海虹口的日本海军陆战队，原本力主不扩大争端的日本海军大臣米内光政大怒，极力主张向华南派兵，并下令日本海军航空兵进行越洋轰炸。8月14日晚的内阁会议上，米内已经公开声称："事态不扩大主义已经消灭了，打到南京去，海军将做应该做的一切。"

日本陆军总参谋部立即向上海派遣了两个师团，并召回退役的攻坚战专家松井石根担任上海派遣军司令，松井石根觉得部队少了，辞行的时候向海军大臣米内光政和陆军大臣杉山元表示，给他五个师团，他一定能打到南京去。

会战之初，中国军队投入兵力为三个师又一个旅、炮兵一个团又一个营、上海市警察总队、江苏保安队两个团，另有海军轻巡洋舰及驱逐舰十艘，炮艇、鱼雷艇二十余艘；空军参战飞机二百五十余架（兼顾南京等重要地区的空防）。陆军分为左右两翼，左翼为由京沪警备部队改编而成的第九集团军，总司令为张治中。右翼为张发奎担任总司令的第八集团军，由苏浙边区部队改编而来。前者在浦西负责扫荡日军据点，后者在浦东担任警戒、支援和配合。这两个集团军都属第三战区管辖。

淞沪会战刚开始没多久，中国政府就成立了大本营，以蒋介石为大元帅，编定全国战斗序列，将江苏长江以南（包括南京、上海）及浙江地区划为第三战区，以冯玉祥为司令长官、顾祝同为副司令长官。蒋虽任命冯玉祥为主官，骨子里对其并不信任，故用心腹干将顾祝同副之，并特地交代"以顾副长官之命令为命令"，这样一来冯的司令长官不过是个空架子，什么事也管不了。

8月下旬，中国各部队继续围攻盘踞在海军陆战队司令部、杨树浦等据点的日军，新抵达战场的中国军队精锐之师第三十六师迅速投入战斗，在战车掩护下攻入汇山码头，同时空军再次出动配合，轰炸地面及江上日军目标。国民党军队终因装备低劣、火力不够威猛，面对钢筋混凝土筑造的工事而一筹莫展。中国仅有的装甲部队——南京装甲团配属第三十六师的两个连，战车既无强大火力保护，又缺乏与步兵协同作战的经验，反被日军舰炮悉数摧毁，两连官兵全部壮烈殉国。8月20日晨至8月22日，宋希濂的第三十六师、王敬久的第八十七师、孙元良的第八十八师和夏楚中的第九十八师的进攻均受阻，伤亡严重。战局陷入僵持，日军龟缩据点负隅顽抗待援。8月23日拂晓，日军松井石根率领的两个师团援军先头部队在海空火力掩护下，在狮子林、川沙口、张华浜等方面登陆，蒋介石闻讯，急令军政部次长陈诚为第十五集团军总司令，指挥第九十八师、第十一师及刚到嘉定的第六十七师、第十四师火速分赴各处抗击敌人登陆。

蒋介石对第三战区进行了人事调整，冯玉祥到新成立的第六战区去当司令长官，第三战区司令长官的职务由蒋介石本人兼任。

中日都增兵后，双方鏖战更趋激烈。

在淞沪会战第一阶段作战中，中国军队在杨树浦、宝山、吴淞、刘行、罗店、浏河多处与日军展开血战，官兵们不怕牺牲，视死如归，以血肉之躯铸成抵抗敌人的万里长城。

其中，最惨烈的当属罗店争夺战，这场双方你来我往的拉锯战，就其激烈程度而言，丝毫不亚于第一次世界大战以来的任何一场战役，堪称名副其实的"血肉磨坊"。

8月23日起，敌第三、第十一师团在舰炮密集火力掩护下，向吴淞口铁路码头、狮子林、川沙口登陆，进攻宝山、月浦、罗店、蕴藻浜国民党军队阵地。张治中派王敬久为淞沪前敌指挥官，指挥第九集团军所辖部队抗击登陆日军。与此同时，刚组建的第十五集团军在罗卓英指挥下，向宝山、川沙口登陆之敌发起反击，第九十八师于8月24日击退攻占狮子林的日军，歼敌数千人。第十一师冒着飞机的猛烈轰炸，经艰苦战斗，收复罗店。

日军不甘失败，调集坦克、飞机和重炮大举反扑，围绕罗店双方展开拉锯战。

8月25日凌晨，第六十七师二〇一旅在旅长蔡炳炎带领下奉命向陆家宅之日军第十一师团一部三千余人发动攻击，士兵们勇猛冲击，一往无前，杀敌无数。未几，敌大队人马涌到，两军你来我往，好一场大厮杀。日军依然是重炮、飞机开路，步兵紧随其后冲锋，中国抗日官兵殊死相拒，一时间，阵地上硝烟弥漫，枪炮声、喊杀声响彻天地。

激战中，蔡炳炎旅长向全旅官兵立下军令："本旅将士，誓与阵地共存亡，前进者生，后退者死，其各凛遵！"

战至午后，全旅伤亡殆尽，四〇二团团长李维藩及多数营、连、排长阵亡，蔡炳炎情急之下率领唯一的特务排和一个营杀入敌阵，正当此时，一发子弹飞来贯穿蔡旅长的胸部，蔡炳炎当即倒下，牺牲之前兀自扬手高呼："前进！前进！"

当晚9时，在南京的蒋介石闻听丢失罗店，电令第十八军军长罗卓英必须收复罗店。

8月27日，战况更趋惨烈。当夜，罗卓英调集部队由月浦、新镇、罗店、蒲家庙之线继续向登陆日军冲击，日军主力第十一师团以大炮、飞机、坦克应战，小小的罗店再度被炮声、喊声淹没，双方来回拉锯，反复冲杀。白天是日军逞威的时候，飞机、大炮、坦克齐上阵，把中国军队阵地前变成一片火海，守军只好退出阵地。夜晚则是中国军队的大好反攻时机，趁着敌人优势装备无法发挥威力，一阵猛打撵出敌军，夺回白天丢失的阵地。日军进攻往往从天蒙蒙亮即开始，先以飞机轰炸为前奏，稍后即退去，再从己方阵地升起载人观测气球，引导海军及炮兵实施二次炮击，最后坦克掩护步兵推进。中国军队白天躲于棉花地，夜间控断公路，埋设地雷和集捆手榴弹，设置障碍物并伏于两侧，待敌坦克出来受阻于障碍物之际，与后面步兵展开贴身肉搏。这种战法不失为聪明，屡收奇效。

罗店争夺战时刻揪着蒋介石的心，他深知，罗店虽乃江边弹丸小镇，面积仅两平方公里，却为通往宝山、上海市区、嘉定和松山

188

等几条公路的交叉点与枢纽，罗店一旦有失，全局势必震动。

于是蒋介石几次三番下令：罗店关系重要，必须限期攻克，全体将士有进无退，有敌无我，不成功便成仁。

陈诚信誓旦旦：不惜一切，保证完成任务。

同罗店之敌第十一师团展开对峙的国民党主力为彭善的第十一师和李树森的第六十七师，两个师携手战斗，轮番上阵，业已坚守五昼夜之久，无数次打退日军进攻。在给敌以重创的同时，两个师的官兵更承受巨大的伤亡，数字达到令人惊骇的地步。相继阵亡一个旅长、两个团长，营、连、排一级的军官战死更是数不胜数，第六十七师师长李树森将军也负重伤，无法继续指挥，从德国紧急应召归国的黄维火线接过了师长指挥鞭。

战斗还在继续，日军在后继部队到来之后发动更猛烈的攻势，炮弹铺天盖地，雨点一般泼洒向守军阵地，炮火所到之处烈焰升腾，血肉横飞。中国守军拼死对垒，子弹打完了，就冲出战壕与敌白刃格斗，坦克上来了，身上绑着手榴弹冲过去与之同归于尽。双方都死伤累累，日军每前进一步也要付出惨重代价。

28日，坚守罗店的中国军队与敌连日激战后，因伤亡过大，阵地被敌突破。29日，黄维率第六十七师重新夺回，受到敌人强大火力轰击，尚未站稳又被迫撤出，罗店终告陷落敌手。此后，双方争夺重点转向罗店外围，你攻我守，你守我攻，激烈程度有增无减，胶着对战一刻也未停止。

小小的罗店，尸积如山，血流成河，整个城镇片瓦无存，唯余焦土，残酷之状，不忍目睹。

8月31日拂晓后，日军以飞机三十余架，并以海军舰炮猛击吴淞，强行登陆；日军另一部由市轮渡码头登陆。中国守吴淞的第六十一师的一个团伤亡过半，不支后退；唯吴淞炮台，仍由上海保安总团固守。张治中将在刘行的第六师调到杨行、吴淞，驱逐登陆之敌。该师于31日夜，向吴淞攻击前进，与敌遭遇于杨行以北地区，发生激战。又第六十一师因损失惨重而被缩编为一个团，师长杨步飞被撤职，军政部命令第二师补充旅（独立第二十旅）充编该师，重组后的第六十一师下辖两个旅，钟松任师长，杨文瑔任第一八一旅旅长，邓钟梅任第一八三旅旅长。随后该师奉命在唐家宅、陈家行一线沿蕴藻浜右岸阻击日军，与日军第九师团往返拼杀，战况惨烈，两名团长壮烈牺牲（第三六一团团长李忠、第三六五团团长季韦佩）。

9月1日，日军一千余人围攻狮子林炮台。日军为连接和扩大两个师团的登陆场，于9月2日至5日，连续以军舰、飞机、坦克支援，向防守月浦、宝山的中国第九十八师夏楚中部发动猛烈进攻，九十八师一部与敌反复白刃搏斗，多数牺牲，因伤亡过重，第九十八师撤出阵地。9月2日起，日军重兵进攻三官堂第六师阵地，并强渡泗塘河，被击退。3日至4日，日军连续向三官堂一带进犯。第六师十八旅奋勇阻击，歼敌不少，但该旅伤亡甚众，旅长翁国华和团长朱福星负伤。5日晨，敌分由吴淞、张华浜和沙龙口夹击宝山至三官堂阵地。第六师腹背受敌，各村落都被烧夷，火药局守兵全部牺牲，第十七旅旅长丁友松以下伤亡过半，相持至午，该师退守泗塘河。

日军越过泗塘河桥向西侵犯，于是，狮子林、吴淞间联系通道被敌打通，而宝山城中国守军由此陷入重围。

9月5日，日军集中三十余艘军舰，掩护陆军向宝山发起猛攻，中国军队顽强抵抗，奉命坚守宝山的九十八师第五八三团三营五百余人在营长姚子青率领下，抱与阵地共存亡之必死决心，一次次打退敌军的疯狂进攻。

面对敌众我寡的绝境，姚子青和全营官兵发誓："头可断，志不可屈，誓与宝山共存亡！"

随后，日寇攻势更猛，三十多艘军舰排炮齐发，飞机、大炮轮番轰炸，硫黄弹烧焦每一寸土地。姚子青再次向方靖旅长求援，方派去五八七团一个营进行支援，然而还未到达目的地，半路即被日军发现，在飞机轰炸扫射之下动弹不得。这时，不断增援的敌人已围困了东门和北门，西门及南门也受到攻击，姚子青只好下令退守城垣。

190

电话线早已被炸得不知飞往何处，与外界的联系也告断绝。

下午时分，全营仅剩一百余人，四个连长阵亡了三人，九个排长也只幸存三人。

姚子青对剩下的官兵进行了悲壮动人的讲话，他说："弟兄们，日本鬼子杀我同胞，奸我姐妹，占我国土，欺人太甚。不把鬼子驱逐出中国，是每一个中国军人的奇耻大辱！我也可以带领你们冲出去。你们也和我一样，上有老父，下有妻儿。但是，在此国家民族危亡之际，如果我手执武器之军人尚且苟且偷生，不敢赴汤蹈火，下定必死决心，何以活着见江东父老，四万万妇孺同胞将何以生存，即使苟活出去，又有何脸面？国家兴亡，匹夫有责，如今，报仇雪恨的时候到了，弟兄们，和日本人拼到底，死了也光彩！"

一席慷慨激昂的动员讲话，使听者无不感动泪下，无不热血沸腾，剩余下来的一百多名官兵异口同声振臂高呼："人在阵地在！"

"誓与宝山共存亡！"

"和小鬼子拼了！"

看着一个个眼神无比坚毅的面孔，姚子青心底感叹：这些都是顶天立地、铁骨铮铮的好男儿啊！

到7日晨，日军以坦克自东门城墙缺口处破城而入，步兵随即潮水般涌进城内。姚子青和仅存的几十名官兵与敌展开了激烈巷战。乘击退敌人之机，姚子青叫来九连士兵魏建臣，命他出城向团长报告战斗情况。魏建臣趁夜越城而出，因而成为宝山保卫战唯一幸存的历史见证人。

上午10时，姚子青与剩余官兵全部壮烈殉国，姚子青身中数弹，死前仍然拼尽全力大喊："弟兄们，杀身成仁，报效国家的时候到了！"

姚子青和第三营官兵血战宝山、与城偕亡的壮举，惊天地，泣鬼神，对我中华伟大民族之魂和抗战精神做了最好诠释。国民党《中央日报》发《吊宝山城中六百义士》之文颂悼，蒋介石追授姚为陆军少将。

连凶暴的日本人也为我抗日勇士的精神折服，日军进城后将死者尸体收殓掩埋，并列队鸣枪致敬。

宝山保卫战历时七天，日军动用陆、海、空力量，付出惨重的代价方才占领。第六十八联队联队长鹰森孝大佐也为守军掷弹筒击中，受了重伤。据事后估算，日军为占领宝山，仅耗费弹药一项，价值便在十万美元以上。

宝山保卫战进行的同时，罗卓英的第十五集团军为克复罗店，与日军再度激烈交战。但日军在占领宝山后，以一部沿宝罗公路向西攻击，吴淞方面日军也越过泗塘河西攻，日军尚不断在各地登陆，中国军队顿时面临腹背受敌的威胁。

至9月中旬，日军援兵陆续开到，中国方面因无制空权和制海权，在进攻敌据点、抗击敌登陆和逐地争夺战中损失惨重，部队疲惫至极，被迫转入防御。此前，9月6日，第三战区发布的第二期作战计划：上海战区以持久抗战为目的，限制登陆之敌发展，力求各个击破之效。各个击破不能达成时，则依次后退于敌舰射程外之既得陆地，施行顽强抵抗，待后方部队到达，再行决战而取最后胜利，已做好攻坚不利转而实施防御作战的准备。

9月9日，日军沿军工路、淞沪公路和月浦、罗店之线向中国军队发动强大攻势，中国军队同敌展开殊死搏杀。9月11日，第十五集团军右翼阵地被突破，部队减员严重，遂渐次退至罗店以南施相公庙、浏河之线预筑阵地。第九集团军亦转移到北站、江湾、庙行、蕴藻浜右岸之线预筑阵地，与日军形成对峙。

日军逐渐掌握战场的主动权，日本最高层决定将侵华的主要作战方向由华北转移到上海，并要求加快上海战役进程，再次做出增兵的决定。将华北方面军所属第九、第十三、第一〇一师团转隶上海派遣军序列，此外，还从台湾调来了步兵旅团、重藤支队、第一后备步兵团以及伪靖安军第一旅、伪李春山旅和伪于芷山旅等部队。这样，加上原有的几个师团，日军到9月下旬在上海的兵力，光步兵就达到了当初松井石根要求的五个师团：第三师团师团长藤田进，第十一师团师团长山室宗武，第九师团师团长吉佐良辅，第十三师团师团长荻洲立兵，第一〇一师团师团长伊东政喜。算上空军和海军的兵力，日军在沪总兵力达到二十万人。

面对敌人调兵遣将，国民政府也决定迅速增派各省及中央军部队至淞沪参战。为打赢这场硬仗，蒋介石把当时的精兵良将几乎全部派到了淞沪前线。集团军中，除了原有的第八、第九、第十五集团军外，又增加了薛岳的第十九集团军、刘建绪的第十集团军，稍后，又调来廖磊的第二十一集团军。9月21日，前线部队部署也做了调整，以应对作战需要：第十五、第十九集团军编为左翼兵团，陈诚为总司令，下辖三个军团、江防军总司令部及总预备队，共约十六个师、两个要塞司令部、四个独立团、一个江苏保安队，作战地域为蕴藻浜以北的万桥、罗店、广福地区；第九集团军为中央兵团，朱绍良（取代因病调任大本营管理部任部长的张治中）为总司令，下辖七个军、十八个师、一个独立旅、一个炮兵旅、一个淞沪警备司令部和一个上海保安总队，作战地域为北站、江湾、庙行一线及其以西地区；第八、第十集团军为右翼兵团，张发奎为总司令，下辖十个师、三个独立旅、三个新编旅、一个中央军校教导总队和一个岸防部队，作战地域为苏州河以南至杭州湾北岸地区。

加上不久后赶赴上海参战的第二十一集团军及川军刘湘部五个师，国民党军总兵力已达七十五个师、七十余万人。

中国军队转入防御后，日军开始发动大规模进攻。

9月22日，日军集中主力猛攻固守罗店的左翼军阵地，防守这里的第十八军和叶肇的第六十六军拼死抵御，阵地屹立不动。次日黎明至24日夜，日军复以两个师团持续冲锋，国民党军第一五九师、第一六〇师以全体阵亡的代价坚守了十二个小时。为此日军也付出了惨重代价。第三战区司令长官部鉴于日军有以主力于宝泗公路两侧地区击破左翼军之势，为保存实力，持久消耗敌人，乃命令左翼军各部队逐次转入第二线阵地防守，相机打击日军。

此时，松井石根见从侧翼突入包围中国军队的企图无法实现，于是决定改分割包围为中央突破，集中兵力进攻蕴藻浜一线。

蕴藻浜是上海市仅次于黄浦江和苏州河的第三大河，上海人管一些小河叫作"浜"。蕴藻浜由苏州河南翔段向东北从炮台湾出口黄浦江，全长三十多公里，与西南的京沪铁路和东南的淞沪铁路组成一个等边三角形。沪太公路与其相交，形成上海北郊的水陆交通要道。

10月1日开始，日海军、航空兵协同地面部队发起新的攻击。北路以山室宗武第十一师团指向广福、陈家行；南路集中第三、第九、第十三、第一〇一师团强渡蕴藻浜，向大场、南翔进攻，以切断大场至江湾地区守军与外界的联系，使之成为孤军。10月5日至9日，国民党军第八师、第五十九师、第六十一师、第六十七师、第七十七师、第九十师及税警总团等作战部队因连日与敌浴血激战，终因牺牲重大，无力对峙，相继退出阵地。9日起，日军再度集中海空军火力，配合步兵向蕴藻浜南岸强攻，中国守军轮番上阵抵抗，经数昼夜血战，才遏止住日军攻势。

10月15日，日军突破蕴藻浜，战局再度告急。此时从广西调来的第二十一集团军抵达淞沪前线，蒋介石急将该集团军十个师编入中央军序列，领取作战军械和弹药。第二十一集团军属李宗仁、白崇禧桂系王牌部队，以能打能拼在地方军中享有威名。

白崇禧这时向蒋介石献策，认为纯粹被动防守非长久之计，徒增伤亡更无法取胜，必须以一支主力突击部队主动出击，实行积极防御的策略，蒋介石于是下达了实施反击作战的命令。

10月19日，中国守卫蕴藻浜南岸的部队，配合廖磊第二十一集团军发动全线反击。当日，日军吉佐良辅第九师团、伊东政喜第一〇一师团及第三师团一部，亦向蕴藻浜南岸发起猛攻。双方主力迎头相撞。

桂军初上战场，毫无与日军交锋经验，以血肉之躯冲进密集弹雨，将日军施放的烟雾误以为是毒气，队形自我混乱；加上当时淞沪战场上只有桂军头戴钢盔、身穿黄色军服，极为显眼，成为日军射击的活靶子。遭日军飞机、火炮、坦克和机枪密集火力突击，两万大军一日即被打散，上万敢死队大部战死。该集团军仅旅长即阵亡六人。激战至25日，部队被迫撤退。

左翼军四个团在广福南侧向北路日军反击作战，也被日军击退。

194

日军乘机反扑，兵锋直指大场。

10月23日，日军以重兵直趋真太公路，威逼大场左翼。刘行方面日军，渡过蕴藻浜后攻向大场以西塔河桥，国民党军队第十八师朱耀华、第二十六师刘雨卿、第六十七师黄维等部经过艰苦抗击，阻住日军攻势。

此时，中国军队从大场东面，经大场、市中心向东北而成一半圆形阵线，绕于江湾以北。庙行、大场位置突出，遂成日军眼中钉，日军调集各种火炮、飞机集中猛烈轰击，方圆数里，几为焦土。日军接着又以四十余辆战车为前导，掩护步兵夺占胡家桥、塔河桥、走马塘等处阵地。为保存实力，守军在做出最大努力抵抗后向南翼转移，大场失守。此战中国军队又蒙受惨重伤亡，第十八师几乎全军覆没，师长朱耀华悲愤难当，当即拔枪自戕，后经抢救生还。

大场丢失，全线撼动，塞克特防线实际上已被突破。第三战区只得做出放弃北站——江湾阵地之举。中央军部队撤退到苏州河南岸，左翼军也奉命转移，至10月28日，中国军队退入浏河、沈家桥、朝王庙、徐家行、广福、陈家行、江桥、北新泾至梵王渡一线的第二期既设防御阵地，新防线长达三十五公里。

在全军撤退苏州河南岸之时，蒋介石想到苏州河以北阵地亦不可轻易拱手奉送日军，此时又获悉国联于11月初要在日内瓦开会，届时将接受中国控诉，为获取国际舆论的同情，有必要留下少部兵力坚守苏州河以北地区，直至会议召开。

经蒋介石本人亲自下令，第八十八师孙元良部五二四团团副谢晋元率领该团主力一个营四百余人（对外称八百人，故后来这支部队被誉为"八百壮士"），据守闸北四行仓库，担当此项任务。

奉命后，谢晋元即指挥官兵与前来进攻的日军展开战斗，周旋三昼夜，毙敌百余名，而所坚守的四行仓库阵地始终岿然不动。在四行仓库被围攻到第三天时，日军兵力已达五千余人，双方力量悬殊。最后在租界各国请求之下，这支力战不屈的孤军，才于10月31日夜奉命退入公共租界。

在杀敌报国的日子里，谢晋元曾作诗自勉：

勇敢杀敌八百兵，抗敌豪情以诗鸣。

谁怜爱国千行泪，说到倭奴气不平。

"八百壮士"的英勇事迹轰动中外，声名远扬，虽于战局无补，但是震慑了日军，极大地振奋了全国人心，也赢得国际舆论一片称颂声，被一些国际人士誉为抗日奇迹，政治作用不容低估。

淞沪会战进入 10 月底和 11 月初，中国军队虽处于被动地位，一再后撤，但仍控制上海，这无疑是与日本当初的判断和盘算背道而驰的。日本是个岛国，资源有限，同中国这个庞然大国比拼耐力和韧劲，是万万消耗不起的，因此唯一途径就是速战速决。

此时，日本统帅部对于日军经数次增兵后依旧无法取得决定性胜利，甚至没能从根本上改变会战态势，感到极为恼怒，同时也大为焦急。大本营经过审慎研究商讨后，认为中国已倾全国兵力之五分之三云集上海，已然摆出决战架势，而此前日军一直放主力于华北方向寻求决战，无疑是战略部署的浪费，因而提出目前刻不容缓的是迅速结束上海战役，并决定将战略重点转向华中、华东。

为此，日本统帅部决定成立华中方面军，并于 10 月 20 日下令从华北和国内抽调第六、第十八、第一一四师团，国崎支队（第五师团第九旅团），独立山炮第二团，野战重炮第六旅，第一、第二后备步兵团等部队共约十二万人，组成第十军，由柳川平助中将担任司令官，准备实施登陆作战以打开局面。同时命在华北的中岛今朝吾第十六师团转隶上海派遣军序列，淞沪前线日军兵力至此增至二十七万人。其中包括陆军九个师团另两个旅团、海军第三和第四舰队主力及空军力量。

日军第十军的作战要领方案是：一、预定 10 月末或 11 月初在杭州湾金山卫附近地域登陆，主力以快速突进方式向黄浦江之线前进，攻占松江，切断沪杭铁路，一部向闵行渡河点前进，策应上海派遣军作战；二、渡过黄浦江之后向上海以西及南方攻击前进，与上海派遣军配合消灭上海周边的中国军队。

196

就在敌人大举调兵遣将，即将大兵压境之际，蒋介石却又深陷于列强干涉制止日本侵略的希望中，这样的念头他一直没有断绝过。淞沪这一仗，是被日本人逼迫太甚不得已而为之，"打"的目的是为了将来可以更好地"谈"。而国际社会的调解，就是他紧抓不放的救命稻草。所以，当蒋介石闻听国际联盟要于11月3日在布鲁塞尔召开"九国公约"会议，讨论中日之战时立刻喜出望外。

本来，蒋介石已听取了白崇禧、陈诚等人建议，决定放弃上海，采取持久战策略，全军退到上海外围设国防工事固守，抗击消耗日军，这么做在当时形势下是明智的可行之举。但国联要开会的消息传来，却搅乱了蒋介石的头脑，他在命令下达的第二天，11月1日夜10时偕白崇禧、顾祝同等人乘火车，冒雨来到国民党淞沪前线中央军总部驻地南翔，在一所小学里召集由师长以上将领参加的紧急军事会议。

在会上蒋介石说什么九国公约会议对国家命运关系甚大，要求大家做更大的努力，在上海战场再支持一个时期，至少十天到两个星期，以便在国际上获得有力的同情和支援。上海是政府的一个很重要的经济基地，如果过早地放弃，会使政府的财政和物资受到很大影响。会后，便宣布撤销撤退命令，各部队坚守原先阵地。

新命令传到阵地上，部队一片哗然，短短时间内命令两次反复，使得中国守军士气大受影响，一些已经卷好铺盖要走的士兵只好又匆匆返回阵地，队伍秩序开始出现混乱。

11月5日拂晓，日本新组建的第十军在柳川平助指挥下，由舰队护送，在杭州湾金山卫附近之漕泾镇、全公亭、金丝娘桥等处突然登陆，包抄淞沪中国军队防线南方的背后。防守这里的，原先有张发奎第八集团军所属的四个师一个旅数万人的兵力，因蒋介石一直认为日军全力进攻上海正面，不会有从杭州湾登陆的可能，故在战事趋于激烈、兵源枯竭之时，将防守杭州湾的部队一一投入前方战场，到日军登陆时，在杭州湾北岸从全公亭至乍浦几十公里长的海岸线上，仅有陶广第六十二师的两个步兵连、炮兵第二旅二团六连及少数地方武装防守。

既无重炮，也无像样工事，面对十万装备精良的日本生力军，结果可想而知，迅速即被日军击溃。日军登陆成功后，上海派遣军与第十军合编成立华中方面军，由松井石根统一指挥，日大本营规定其作战地域为连接苏州—嘉兴一线以东，任务以挫伤敌之战斗意志，获得以结束战局为目的，与海军协同消灭上海附近的敌人。第六、第十八师团按照预先部署，分别向松江、沪杭铁路扑去。

当蒋介石得知日军登陆金山卫的消息时，不禁大吃一惊。立即命令淞沪战场前敌指挥官陈诚做出应变处置，陈诚急令右翼军的东北军吴克仁第六十七军前往增援松江。殊不知，这个军刚从豫北调来，在松江附近未及集结完毕，即遭遇日军凶猛攻击，苦战三天三夜，未能退敌。

11月8日夜，日军凭借强大火力从东、南、西三面突入松江城，守军死亡殆尽，吴克仁率残兵据守西门，兀自死战不退，最后壮烈殉国，年仅四十三岁。第六十七军全军覆没，日军遂占松江。随即兵分两路，一部沿太湖东岸，经浙江、安徽直趋南京，主力则指向枫泾镇、嘉兴、平望。9日，切断沪杭铁路及公路。

与此同时，日军第十六师团在中岛今朝吾指挥下，在江苏太仓境内的白茆口登陆成功，前锋直指京沪铁路和公路，形成合拢之势。苏州河北岸的日军六个师团于10月31日强渡苏州河后，这时迅速向两路登陆日军靠拢，淞沪地区中国七十万大军顿陷危险境地，再不撤退将成瓮中之鳖，被日军一网打尽。

此时的南京统帅部和淞沪战场各个高级指挥部已经方寸大乱，是撤是守，争执不下。

蒋介石死抱着对国联不切实际的幻想，迟迟不肯下令后撤，他表示只要大家在上海继续顶下去，相信"九国公约"国家会出面制裁日本，此时此刻还在做梦。白崇禧告诉他，前方将士听到日军登陆消息后人心惶惶，有的部队已经出现混乱，大有控制不住之趋势，再不撤退，七十万人只有白白等死了。

于是蒋介石不再坚持，在11月8日晚下令进行全面撤退，所有部队撤出上海战斗，分两路退向南京、苏州—嘉兴以西地区。由于命令仓促，指挥失控，大撤退结果演变成全面大溃退，各部队完全没有章法，陷入极度紊乱，日军以飞机在天上轰炸扫射，地面部队穷追不舍，势如破竹，攻占上海各镇。

本来中国军队计划撤到吴福线、锡澄线、乍嘉线和海嘉线一带，依托原有坚固国防工事，做持久抵抗，但当部队进入工事后，才发现混凝土用手可以捏碎，机枪射口大如门窗，各个碉堡间无交通壕连接，修建的三百多个机枪掩体有一半不可用，等等，甚至闹出了部队要进入工事，却找不到钥匙的荒唐笑话，国民政府首都南京于是门户大开，日后的南京保卫战遂毫无意义。

自9日起，日军击退中国军队零散抵抗，连占虹桥机场、龙华、枫泾、青浦。11日，日军进至苏州河岸，南市及浦东担任掩护任务的部队奉令撤出阵地。当日，在凄风苦雨中，上海市长俞鸿钧发表告市民书，沉痛宣告远东第一大都市——上海沦陷。

中国军队向吴福、澄锡国防线撤退，江阴保卫战开始。

11月13日，国民政府发表告全体上海同胞书声明："各地战士，闻义赴难，朝命夕至，其在前线以血肉之躯，筑成壕堑，有死无退，阵地化为灰烬，军心仍坚如铁石，陷阵之勇，死事之烈，实足以昭示民族独立之精神，奠定中华复兴之基础。"

至此，国民党军以百分之六十的精锐部队损失殆尽的代价打破了日军"三个月灭亡中国"的狂妄话语，轰轰烈烈的淞沪大会战拉下帷幕。

在淞沪会战惊心动魄的三个月当中，全中国上下众志成城，"纵使战到一兵一枪，亦绝不终止抗战"。中华儿女为了民族的尊严，不惜流血牺牲，顽强抗争，同野蛮残暴的侵略者展开了殊死搏斗，腥风血雨里，中国将士用忠勇谱写了一曲爱国主义的凯歌，炎黄子孙用身躯筑起了一道民族灵魂的长城。

陈诚对淞沪抗战的指挥也颇有批评，1938年2月28日他在武昌珞珈山所作的《沪战的经过与教训》讲话中，认为淞沪抗战失败的教训之一是政略和战略不分，"战略原是达成政略目的的一种手段，但是战端既启，就应该以战略为主，不能因政略牵制战略。因为战

199

略保得胜利的时候，政略的环境就可以跟着好转。反过来说，如果战略失利，就是最初认为有利的政略，亦必跟着变化"。这显然是对蒋介石的批评，因为只有蒋一个人才可操作政略和战略。

1937 年 11 月 11 日，陈诚从昆山后撤。12 日受命为第三战区前敌总司令，前往皖南，指挥第三战区部队的后退和整顿。但不久，蒋介石将原第三战区的一部分部队和川军组成第七战区，由刘湘任司令长官，陈诚为副司令长官。第七战区不久撤销。

南京失守，保卫武汉

当中国军队从上海撤退时，蒋介石曾召陈诚去南京，问道："南京如何守法？"

陈诚反问："是否叫我守？"蒋回答："不。"

陈诚于是说："如不叫我守，则我不主张守南京。"

蒋介石于是命陈诚、何应钦、顾祝同、白崇禧和德国顾问法肯豪森等研究，他们将不能守的研究结果报告蒋，蒋乃派陈诚、顾祝同去皖南整理部队和部署防务，并未放弃守南京的想法。

1937 年 11 月中旬，蒋介石连续召开了三次会议，讨论守南京问题。第一次会议，只有何应钦、白崇禧、徐永昌和刘斐等几个人参加，会上刘斐认为由于日军海陆空协力进攻和国民党军在上海会战中损失过大，南京是守不住的。但因南京是国民政府首都所在地，不做任何抵抗就放弃，当然不行。主张只用象征性防守，做适当抵抗之后就主动撤退。

在兵力使用上，刘斐认为，"用十二个团，顶多十八个团就够了，部队太多将不便于机动"。白崇禧、何应钦、徐永昌都支持刘斐的意见，蒋介石也说刘的看法很对，但因"南京是国际观瞻所系，守是应该守一下的，至于如何守法，值得考虑"。

11 月 17 日晚，召开了第二次会议，参加者为何应钦、白崇禧、徐永昌、刘斐、唐生智、谷正伦和王俊，唐生智主张南京非固守不

200

可。他的理由是："南京是国府首都，为国际观瞻所系，又是孙总理陵墓所在，如果放弃南京，将如何以对总理在天之灵？"刘斐仍是第一次会议时的主张。

18日晚，蒋介石第三次召开会议，这次参加的人很多。

蒋介石首先问李宗仁："敌人很快就要进攻南京了，德邻兄，你对南京守城有什么意见？"

李不主张守城，表示："倒不如我们自己宣布南京为不设防城市，以免敌人借口烧杀平民。"

蒋介石再问白崇禧，白说他"极同意李宗仁的意见"。蒋介石于是问何应钦和徐永昌，二人皆异口同声说他们没有意见，一切以委员长的意旨为意旨。问到德国顾问法肯豪森，他也竭力主张放弃南京，不做无谓的牺牲。

最后问到唐生智，唐大声疾呼道："现在敌人已迫近首都，首都是国父陵寝所在地。值此大敌当前，在南京如不牺牲一两员大将，我们不特对不起总理在天之灵，更对不起我们的最高统帅。本人主张死守南京，和敌人拼到底！"

蒋介石说："孟潇（唐生智字）的意见很对，值得考虑。"

第二天晚上，召开了第三次高级幕僚会议，蒋介石一开始就以十分肯定的态度表示："南京为我国首都，又是国父陵墓所在地，必须固守！哪一位愿担此重任？"

会场上一片沉默，蒋介石一直希望白崇禧担任南京保卫战的指挥者，但白崇禧坚持不就。蒋只好说："如果没有人守，我自己守。"

唐生智见无人应答，起身对蒋说："军人以身许国，值此危难之际，何能苟且保全。抗战以来，在战场上，我国中下级干部已牺牲不少，但还没有一个高级将领为国捐躯！既然没有别人负责，我愿意勉为其难，拼了这条老命，坚决死守，誓与南京共存亡。"

蒋介石大喜。他知道自"九一八事变"后，唐生智一直是主张抗日的，而且六年来一直在负责京沪防卫；上海抗战开始后又兼任军法执行部总监，唯有唐能担当重任。于是，蒋问道："大家还有什么意见？"

何应钦站起来说:"孟潇兄愿意负责固守南京,是最适合不过的了。"

蒋介石问唐生智:"你看把握怎么样?"

唐生智挺身而立:"钧座,我只能做到八个字:临危不乱,临难不苟。"

蒋介石高兴地说:"很好,就由孟潇负责。"并对何应钦说:"就这么办。有什么要准备的马上办,可让孟潇先行视事,命令随即发表。"

11月19日,蒋介石正式任命唐生智为南京卫戍司令长官,罗卓英、刘兴为副司令长官,周斓为参谋长,率领七个军十三个师共计十一万余人保卫南京。

虽说在此之前,唐生智根据"一·二八"淞沪抗战的经验,制订了极其详备的"京沪保卫战军事设想和计划",设置了以上海、杭州湾为第一线,昆山、无锡、苏州、杭州为第二线,江阴、镇江为第三线,南京、京杭公路为第四线的防御屏障,但守军战线长、兵力少、装备差、隐患多等困难,使唐生智对南京保卫战的前景并不乐观,他设想过一切可怕的后果。

他的老师顾畴鼓励他说:"世人畏果,菩萨畏因,菩萨做事只考虑自己的动因是否纯正,而从不计较后果的得失。"因而,唐生智义无反顾,抱定"只问耕耘,不计收获"的态度。

当时,唐生智周围的许多人对他的举动很不理解,说他实在是干蠢事。他湘乡的老同学欧阳起莘开玩笑说:"你真是个湖南骡子!"

对此,唐生智只是淡淡一笑:"骡子也是人所需要的,世界有些事,是要蠢人办的。"

11月21日,苏州、嘉兴失守,蒋介石宣布迁都重庆。南京外围战打响了。

日本侵略军为震慑南京军民,于当日派出大批飞机空袭了南京城,给居民造成了很大损失。空袭过后,唐生智立即陪同蒋介石乘敞篷汽车巡视全城,安抚了人心,鼓舞了士气。

11月23日,守上海的主力部队退到了江阴,唐生智立即派刘兴

202

赶到江阴，指挥作战。日军分三路向南京进攻，因右路军阵地已丢失，日军集中兵力猛攻左翼，刘兴不得不从江阴无锡一线收缩兵力，整顿江防，死守江阴。

11月27日，唐生智在南京中央文化协会召开了中外记者招待会，来势汹汹的海陆空诸路日军，已使南京大有"黑云压城"之感。

唐生智说："本人奉命保卫南京，至少有两件事有把握，第一，即本人所属部队誓与南京共存亡，不惜牺牲于南京保卫战中；第二，此种牺牲将使敌人付出莫大的代价。"

由于刘兴指挥的守军与敌主力松井石根军团展开了五天五夜的殊死血战，给敌人以重创，赢得了时间，唐生智已完成了对南京城内外阵地的兵力部署。

11月29日，唐生智陪同蒋介石视察了紫金山、雨花台、狮子山等阵地，蒋指着牛头山说："这就是当年岳飞救驾的牛头山，这回你做宋高宗，我做岳飞，我已下令云南的部队开拔，一定会源源不断调动军队来救你的驾。"

唐生智深知此役之凶险，对此置之一笑。

这期间，日军的空袭和炮火更加猛烈。一日，趁敌机空袭间隙，唐生智集总部全体人员训话："谷司令（谷正伦）有病到后方休养，防守南京的任务，只好由我承担起来。我是主帅，守土有责，决心与南京共存亡；南京失守，我也不生。你们是幕僚，和我所处地位不同，我不要你们和我一起牺牲；我只要求你们在我活着的时候，坚持工作到底。"

在十分危险的情况下，唐生智坚持在自己的公馆——百子亭指挥部办公，不肯避进防空洞。唐生智以身作则，使大家很受鼓舞。

12月6日，蒋介石在离京前最后一次在唐公馆召开了少将以上军官训话会。蒋说："今天我把保卫首都的责任交给唐生智将军，他身经百战，智勇兼备，必能秉承我的意志负起责任的。"

而后，蒋介石对唐生智说："孟潇兄，你的身体还没有恢复，有劳你守南京，我很难过。"

唐生智说："这是军人应该干的嘛！"会后，宋美龄把几盒美制巧克力送给了唐生智，以示珍重。

12月7日拂晓前，蒋介石夫妇飞离南京。

从12月8日开始，南京城郭外阵地已先后失守，战斗转入城郭之内进行。这期间，唐生智仍坚持"每日傍晚在庭前散步，照常由侍从身背大温瓶，手捧小茶壶和'三炮台'香烟，随侍左右，每几分钟用热毛巾拂脸，品香茶，香烟一支一支地抽，看样子颇为镇定安详"。

12月9日，敌军以强大炮火猛攻光华门，城门被轰开，敌兵趁机突入城内，守军奋力拼杀，将敌歼灭，敌军复又冲入。

牛头山、栖霞山阵地也展开了激烈的争夺战，与此同时，敌军出动飞机七十多架次，对城内狂轰滥炸。唐公馆多次遭到轰炸，玻璃被震得粉碎，桌上物品乱飞，幕僚们一再劝唐离开，但唐说："我不能为日本人几颗炸弹就搬走，你们如嫌办公室狭窄，可以迁移到铁道部地下室去，我不能离开这里。"

敌军的狂轰滥炸并没有使南京守军屈服，在军事进攻的同时，日寇总司令松井石根派飞机在南京城投传单进行劝降和威逼，同时开始攻击近郊复廓地区。

为了表示破釜沉舟、背水一战的决心，唐生智下令：凡拾得传单者，必须立即销毁，不得传阅；复廓阵地为首都最后防线，决不允许后退，违者按委座训令连坐法严惩不贷；着第七十八军军长宋希濂负责江防，严禁私自渡江，违者格杀勿论！

唐生智拒绝了日军的逼降，命令向日军开炮以示回敬。

同时，唐生智命令刘兴、罗卓英分守光华门、中华门，肃清进入城内的日军。刘兴组织了几十人的敢死队，趁天黑潜入城门洞，与敌军搏杀，将敌全部击毙，敢死队员也全部壮烈牺牲。鉴于情形危急，唐生智令守军增厚城防，构筑街垒，准备同日军进行巷战。

12月11日，战斗异常激烈，敌军久攻光华门不克，转而猛攻中华门。罗卓英亲自指挥，仅八十八师就有两位旅长阵亡，守军与突入中华门的日军短兵相接，毙杀日寇三百余人。

当晚，敌军增派的援军赶到，向中华门潮水般涌来，中华门告急。

卫戍部队在城北道路上配备反坦克炮，击毁为日寇步兵开路的坦克、装甲车多辆，阻挡日寇进攻，城内以沙袋封死城门，日寇将野战炮推进至高桥门附近，直接向城门轰击，城门被掀下来，沙袋亦倾倒，百余日寇乘隙钻入，幸得城上守军及时投掷集束手榴弹，将其全数歼灭。

城门随堵随破，随破随堵。每一反复，双方都要付出沉重的血肉代价。日寇多次组织敢死队猛扑，进行白刃战。经多次争夺，虽均被击退，但已有少数日寇潜入城门洞圈内，城上火力无法发挥，而且夜间也难侦察。第一五六师便也组织数十名敢死队员跃城而下，搜索歼灭，并猛袭日寇营房，将其全部驱逐。这些勇士事后无一生还。

12月12日，从拂晓起日寇飞机、大炮便密集向各城轰击，终于城门洞开，交战双方在残垣断壁之间争夺。雨花门及中山门遭炮击后，日寇乘隙钻入，城内秩序混乱，各部队溃散士兵成千上万拥挤在一起，发现日寇攻入，似乎在一瞬间便统一了认识：退无可退，与其束手待毙，不如拼命厮杀而求生。这些无人指挥的士兵自发地反扑上去，以血肉之躯阻遏了日寇的长驱直入，为总撤退争取了时间。

12月12日正午，敌主攻方面的雨花台被攻陷，中华门失守，大量日军涌入城内，守军与之展开了激烈的街垒战，双方死伤惨重。

唐生智急调第三十六师准备巷战，确有与南京共存亡之决心。

唐生智自感快守不住了，但自己夸下的海口得自己圆，他总幻想蒋介石能兑现当初对自己许下的承诺："云南的部队即将开赴前线了，只要你能带兵坚守南京半个月，我们的百万大军就能形成合围，一举歼灭日军!"

望眼欲穿的唐生智没有等来蒋介石的百万大军，却等来了蒋介石的"撤退令"。

12月12日中午，蒋介石来电："唐司令长官，如情势不能持久时，可相机撤退，以图整理，日后反攻。"

下午5时，唐生智召集高级将领开会，征询大家战守意见。唐在会议上说："中华门已失守，敌人已进城，在各位看来，尚有把握再行守卫否？"

形势如此严重，结局已是明朗的了，但谁敢承担放弃首都之责呢？所以将领们默默无言。唐生智看到将领们并无决心死守，巷战又有何意义呢？

于是，唐生智向大家公布了蒋介石的命令，决定撤退，并对各军撤退路线、撤退时间、经过区域和集结地点做了详细规定。

最后，唐生智庄严地说："战争不是在今日结束，而是在明日继续。战争不是在南京保卫战中结止，而是在南京以外的地区无限地延展。请大家记住今日的耻辱，为今日之仇恨报复！"

激战江阴、激战汤山、激战淳化、激战牛首山、激战中华门，人数虽多但综合军力却远逊于日军的国民党军队打得可歌可泣，但基层官兵的浴血英勇，最终换来的却是一场彻头彻尾的耻辱溃败！

1937年12月13日清晨，屡遭重创、发誓再拿不下南京就剖腹自杀的日军第六师团师团长谷寿夫接到哨兵的一个紧急报告：昨天还不计伤亡寸土不让的国民党军队，一夜之间竟从杀红了眼的日军官兵眼前消失得无影无踪！他们跑到哪儿去了？

突然空无一人的中华门静得诡秘，静得令人窒息。

而在此时，南京下关码头挹江门外却是人山人海，沸声如雷。

"当官的都跑光了，凭什么让我们在南京白送性命？'与首都共存亡'的口号都是喊给我们听的，前线一吃紧，他们就开溜，垫背的都是我们这些小兵！"恼怒、悲凉、绝望与惊恐如恶性传染病般在被长官抛弃后失魂落魄的国民党官兵群体中蔓延。

昨日的慷慨赴死，转眼间沦为今日的狼奔豕突，十几万国民党官兵扔掉武器，抛掉军装，撕下徽章，将从民间借来或抢来的各色服装胡乱披在身上，混杂在同样夺路逃生的南京百姓中，汇聚成一道悲怆凄凉的汹涌人潮。

至此，南京保卫战以惨烈失败结束，南京城沦陷。

日寇入城后，大肆劫掠焚烧，奸淫屠杀达六周之久。中国军民被日军集体射杀、火焚、活埋者达十九万余人，被零星屠杀的尸体经收埋者达十几万具，总计我同胞惨死达三十余万人，六朝古都在日军暴行下，顿时变成了惨绝人寰的人间地狱。

日本法西斯妄图用这种极其狠毒的烧杀淫掠的政策摧毁中国人民反抗的意志。汪精卫等亲日派被日军的暴行所吓倒，声言再战必亡，主张立即对日投降。面对种种责难，唐生智仍然坚决主张抗日，他指出："已经死了这么多人，这些人都是为抗日而死的，他们是为不愿做亡国奴而牺牲的，中国不会亡的，抗战一定要坚持到底，除了抗战到底以外，别无出路。"

南京保卫战虽然失利了，但是南京军民的鲜血和英勇斗争的精神，却进一步激发了全中国人民不畏强暴，抗战到底的决心。

1938年初，中国北起包头、南至杭州的广大地区已经沦陷。日军又以二十四万兵力从南北两个方向夹击华东重镇徐州，企图通过占领徐州控制津浦、陇海两条铁路，进而掌握华北、华中全局。

三月正是桃花盛开的季节，第五战区司令长官李宗仁紧急调兵遣将，徐州城进入一级战备状态。

3月14日凌晨，号称日本王牌军的矶谷师团向滕县发起猛攻。滕县是通往徐州的咽喉，守卫这里的是国民党一二二师。战斗空前激烈，一二二师官兵的顽强抵抗使矶谷师团付出了沉重的代价。三天后，矶谷师团占领滕县，一二二师官兵几乎全部壮烈牺牲，师长王铭章也以身殉国。

滕县死守，重创了日军锐气，在此前，计划与矶谷师团会合于台儿庄的板垣师团被张自忠、庞炳勋部阻于临沂；南路夹击徐州的日军也被阻于淮河以南。当矶谷师团抵达台儿庄时，已成孤军深入之势，这一带的中国守军李宗仁将军打了一场大规模的歼灭战——台儿庄战役。

这是一场被载入史册的著名战役，历时十六天，歼敌一万六千余人，缴获大量辎重弹药，是全面抗战以来，中国军队在正面战场上取得的首次大捷。指挥这场战役的李宗仁将军也从此扬名中外。

4月17日晚上，武汉三镇各界人士十万多人举行了盛大的火炬游行，庆祝台儿庄大捷。

台儿庄战役是日本新式陆军自成立以来的第一次惨败，日本天皇震怒，下令调集重兵，企图围歼徐州地区的中国军队。蒋介石飞抵武汉，召开紧急军事会议，为保存第五战区数十万大军，决定放弃徐州，实施战略转移。

4月16日，李宗仁命令徐州一带的六十万中国军队突围。日军消灭中国主力部队的计划彻底落空了。6月1日，日军占领开封，郑州危急。

9日，蒋介石秘密下令，炸开了花园口黄河大堤，黄河水汹涌千里，吞噬了豫、皖、苏三省四十四个县的广大地区，使五千四百平方公里的土地一片汪洋，近九十万人死于非命，一千二百多万难民流离失所。

大水使以机械化部队和骑兵为主的日军土肥原师团，陷入泥泞和汪洋中不能自拔。中国以水代兵的行动也轰动了全世界。法国《共和报》说："中国已准备放出黄河与长江两条大龙，以致日军死命。"

早在上海、南京相继失陷后，国民政府宣布迁都重庆，但政府机关大部及军事统帅部仍在武汉。

花园口决堤迫使日军改变了进攻武汉的线路，但并未打乱日军的整体战略部署。

武汉地处江汉平原东缘，位于长江与汉水之间，是扼守平汉、粤汉两条铁路的衔接点，也是东西南北水陆交通的枢纽，素有九省通衢之誉，战略地位十分重要。这就使武汉成为当时全国实际上的政治、经济、军事中心，成为敌我必争之地。

当时，日本大本营陆军部认为，只要占领武汉，控制中原，就可以完全掌控中国。于是，日本御前会议决定，迅速攻占武汉，消灭国民党军队，迫使中国政府屈服，尽快结束战争。

为达此战略目的，日军在占领徐州后，迅速集结了十四个师团、一百四十余艘海军舰艇以及五百余架飞机，总计三十五万余人的开战以来最强大的兵力，妄图沿长江、淮河西进，攻取武汉。

面对强敌咄咄逼人的气势，国民政府下定了"以全力保卫大武汉"的决心，同时在军事上做了针锋相对的部署，倾注了最强大的兵力。蒋介石亲任武汉会战总指挥，他根据武汉外围大别山区的有利地形，确定了"保卫武汉但不战于武汉"的战略部署，以第五战区下辖的孙连仲、李品仙两个兵团守淮南、淮北直到长江北岸，以第九战区下辖的薛岳、张发奎两个兵团守武汉城区城郊、长江南岸及江防。投入总兵力共四十九个军一百一十余万人，保卫武汉决心之大，可见一斑。

近百万中国军队集结在武汉外围，沿长江两岸布防，坐镇指挥的是国民政府湖北省主席兼国民党第九战区司令长官陈诚。

其实，早在南京陷落、日军进攻徐州之前，国民政府和中共中央就已经提出了保卫武汉的战略口号。

1938年1月11日，蒋介石在开封召开的第一、第五战区团以上军官参加的军事会议上指出："大家知道自从上海、南京失守，我们唯一的政治、外交、经济的中心应在武汉，武汉决不容再失，我们要维持国家的命脉，就一定要死守武汉，巩固武汉……武汉重心不致动摇，国家民族才有保障。"

次日，叶剑英撰文称："武汉处天下之中，依今天的形势看来，隐然亦俨然的为中华民族精神所寄托。"

1938年2月，蒋介石提出了武汉会战的意义——以空间换取时间，积小胜而为大胜。他说："广大的土地和众多的人民两个条件，就是我们抗战必胜的最大武器……我们现在与敌人打仗，就要争时间。我们就是要以长久的时间来固守广大的空间，要以广大的空间来延长抗战的时间，来消耗敌人的实力，争取最后的胜利。"

5月，毛泽东在《论持久战》一书中指出："当此保卫武汉等地成为紧急任务之时，发动全军全民的全部积极性来支持战争，是十分严重的任务。保卫武汉等地的任务，毫无疑义必须认真地提出和执行。"

6月27日，国民党中央宣传部、国民政府军事委员会政治部颁发《抗战一周年纪念宣传大纲》，正式提出了"保卫大武汉"的口号。

在日本陆军进逼武汉之前，日本空军数次进犯武汉上空，企图用空袭来撕开中国守军的防线。

2月18日，三十余架日本战机飞近武汉三镇防空警戒区。下午，敌机飞临滠口及岱家山一带上空进行挑衅。中国军队立即组织人员驾机起飞，在空中与敌机展开激战。

战斗结束后，共击落敌机十一架，大大鼓舞了武汉守军及市民的斗志。据当年的《武汉日报》报道："按自武汉三镇发生空战以来，我空军战士，能于一次交锋内，奋勇杀敌，连击落敌机十一架，洵为空前之激烈战斗，可为空军史上辟一新页，故全武汉市民对此惊人成绩，欢欣鼓舞，兴奋若狂。"

4月29日是日本裕仁天皇的生日，也是日本最隆重的节日"天长节"。

1938年的这一天，三十六架日本战机从芜湖起飞，再次悄悄逼近艳阳高照的武汉。这批日本空军王牌飞行员准备用辉煌的战果向天皇献礼。但他们没有想到，年轻的中国空军和苏联援华空军早已严阵以待。

这场激烈的空战令武汉街头的市民大饱眼福。两个小时后，裕仁天皇收到了当天最为扫兴的贺礼——二十一架日本战机在武汉上空被击落。

空战中，中国飞行员陈怀民打光了所有弹药，架着中弹的战机与敌机同归于尽。后来，为了纪念这位以身殉国的空军英雄，汉口江边的一条小路改名为陈怀民路。

在随后的5月31日和8月3日，日本空军又两次派战机群进犯武汉上空，均遭到中国空军和苏联援华空军的顽强抗击。日军留下了数十架战机的遗体和数十名飞行员的尸骨。

空战的失利，使日军高层恼羞成怒，竟然不顾国际法，下令动用各种具有巨大杀伤力的武器，妄图尽快结束旷日持久的战争。据战后发现的一份日本军部的秘密统计资料表明，1938年武汉会战期间，日本大大小小共进行了三百七十四次化学实验。

6月下旬，日军几乎集中了最精锐的兵力，在武汉外围发动进攻，拉开了武汉会战的序幕。

长江两岸很快被战火所吞没。6月26日，马当要塞失守。7月5日，日军攻占湖口要塞。7月26日，日军占领九江。但是，日军遭到了最顽强的抵抗，每前进一步都要付出血的代价。在许多次战斗中，日军只能靠使用毒气来获得前进。许多中国士兵被毒气包围后，面部全部溃烂，万分惨烈。

此时，日本的正规军、后备兵源正在迅速耗尽，日本所有的十二个兵团中，已有十一个被派往中国，大量训练素质差的补充兵进入军队。这个岛国已经全民皆兵，几近疯狂。

同时，日本国内财政也面临崩溃。中日战争爆发不到一年，日本先后六次发行国债，黄金储备从二百八十八万吨剧降到八万吨。日本的战略资源也迅速消耗，甚至连学校教学使用的教练步枪也不得不收回军用。

7月30日，冈村宁次在九江城外师范学校内召开作战会议，计划兵分两路，向武汉进攻。一路以第九、第二十七师团、波田支队主攻瑞昌、鲁溪、幕阜山断粤汉线，然后迂回南昌之南；另一路以第一〇一、第一〇六师团，循九江至南昌铁路挺进，直接进攻南昌。

军参谋长吉本贞一少将对着地图指指画画，说完作战方案后，冈村宁次对第九师团长吉佐良辅、第二十七师团长本间雅晴说："幕阜山是你们师团前进的大障碍，天气又格外炎热，你们要辛苦了。中国军队我十分了解，上层腐败，下层素质差，他们不太讲战术，你们真正的敌人不是他们，而是复杂的地形。因此，可以说，敌非敌，地形是敌。"

他又转身对第一〇一师团长伊东政喜、第一〇六师团长松浦淳六郎说："你们两个师团沿铁路走，大部分地形比较平坦，估计打得比较顺利，但是，我也有顾虑，"他手指地图说，"万家岭、马回岭，还有庐山以南的隘口、泽泉、金湖、德安等地，是丘陵地带，据飞机侦察，有几座不太高的小山，你们千万别被中国军队诱至山里，一定要牢牢地盯着铁路走。"

冈村宁次讲完后，几个师团长表示说，一定记住他的话，请他放心，他们都充满信心地表示说："请司令官在九江城里等着我们的捷报吧！"

冈村宁次有个特点，一旦作战方案下达后，他就不再干涉下面的具体事宜。他对部下很放心，大胆地放手让他们干。这次也不例外。他认为自己已把如何打法，包括注意事项都说得清清楚楚了，几位师团长也肯定能领会他的意图，他相信他们会坚定不移地执行自己的命令。冈村宁次喜欢钓鱼，一有空闲，他就坐上吉普车，到塘边钓鱼去。上午开完会，他下午就带着卫兵，来到了甘棠湖边，静静地等待鱼儿咬钩。

这天下午，四个师团分别向南昌推进。向幕阜山方向迂回的这一路日军，因途中多为山路，又是大热天，走走停停，停停走走，加上遇到中方军队的阻击，走得不很顺利。沿铁路走的一路两个师团，第一〇六师团打头阵，他们出九江不远，在金官桥遇到了中方军队的猛烈阻击。第一〇六师团长松浦淳六郎在望远镜中发现是中国军队，阵地上有坚固的工事，便与军部联系，要求派飞机轰炸。

很快，十几架飞机飞来了，敌机轮番轰炸，中国军队阵地上火光冲天，烟尘蔽日，阵地被严重摧毁。松浦淳六郎对官兵们说："冲锋吧，支那军已被我们的飞机炸昏了，成了飞不起的野鸭子，你们赶快去捡野鸭子吧。"

第一〇六师团官兵端起枪，冲出不到五十米，却意外遭到中国守军的阻击，一个个趴在地下观察。因为后面有督战队，逃跑者都会被当场击毙。所以，双方展开了对射。

接替张发奎的薛岳，掌握了日军进攻的特点，将守军欧震第四军、李玉堂第八军、李觉第七十军、李汉魂第六十四军布防在金官桥的东西方向，一字形摆开。第四军在这次阻击中担任第一梯队。他们果然不负"铁军"英名，在前哨争夺战中，每次冲锋前，从军长到连长，都在队伍的最前面，放开嗓门大叫着："弟兄们，你们跟我冲啊！如果我后退，士兵不用请示，就可以打死我。"只要敌人炮火延伸，第四军就向敌人冲锋，鬼子怕遭合围，见中国军队冲锋就后退。

松浦淳六郎见屡攻不动，便下令施放毒气。守军十九师毫无准备，一个个昏倒在地。这样，日军第一〇六师团才占领了第七十军阵地。

日军正在得意，却不料从东南方向杀来一支中国军队。松蒲淳六郎在望远镜中见来的是一支人数不多的部队，认为完全可以解决，便命令部队呈迂回队形，向这支部队扑了过去。这支中国部队见日军杀了过来，采取且战且退战术，始终与日军保持着若即若离态势，日军只能眼看着却追不上。后来，日军被带进了薛岳的"八卦阵"。

薛岳在国民党中是个传奇将军。他出生在广东乐昌，原名薛仰岳，说起这个名字，有一个故事。他出生时，正值中日《马关条约》签订第二年，中国面临亡国灭种。他父亲看着这个呱呱坠地的儿子，起了个薛仰岳的名字，希望他长大后能以岳飞为榜样，精忠报国。薛岳考入黄埔陆军小学后，自己将仰字去了，索性就叫薛岳。1926年北伐时，他还不到三十岁，就担任第四军副军长之职。1927年至1937年，他一直在江西、福建、湖南指挥部队"围剿"红军。

1937年春天，他回家探亲，他父亲见到他时十分生气，指着他的鼻子说："薛岳，你向岳飞学了什么呢？岳飞从不打自己人，而你却以打红军发了迹，从士兵升到了上将。你难道不脸红吗？现在日本人打来了，有种的将军应该马革裹尸还，你应该和日本鬼子在战场上拼一拼。"

薛岳觉得父亲的话是对的，他发誓要为保卫国家而尽力。"七七事变"以后，他曾三次向蒋介石请缨杀敌。薛岳没有辜负父亲的希望，他指挥的部队在河南、上海、南京一带打了几次漂亮的歼灭仗。

张发奎被靠边站后，蒋介石、陈诚命令薛岳指挥二十个师，在九江至南昌一线打阻击。九江至南昌铁路称南浔路，战前薛岳带着参谋班子，在南浔路来回三遍地看地形，发现南浔路东边的庐山以南崇山峻岭，山连着山，山树茂盛，便设想着在此搞个八卦阵，将敌人引到这里来打。

作战会议上，薛岳指着沙盘对几个军长说："你们看到没有，庐山下面的小山头我们可以撒网捕鼠，敌犯右则中左应，敌犯左则中右应，我则可退可进，敌进迷魂阵，叫他有进无出。"大家十分赞同他的这个方案。

第一〇六师团被薛岳引入了八卦阵后，由李觉的第七十军截断了敌人的退路。几个山头全被中国守军占领了，日军在山与山之间转来转去，就是找不到先前紧跟的中国军队。

正当日军疑惑不解时，突然炮弹、手榴弹从天而降。日军被炸倒一大片。因为是山地，树多草多，日军根本看不见炮弹、手榴弹从何飞来。战至 8 月中旬，第一〇六师团的九个步兵大队主力被打光，零星的被打散。

敌第一〇六师团在约十天的作战中，被欧震的第四军和陈公侠的第一五五师歼灭了一半以上，约八千人。参战的中队长、小队长，死伤达半数以上。其在九江以南的占领地区仅至马鞍山附近。

松浦淳六郎腿部受伤，无法行走，只好和七八个随员躲在一个小山洞内，电台也在混战中丢了，无法与冈村宁次联络上。

冈村宁次多日不见第一〇六师团的电报，急得在屋内团团打转。冈村宁次在战前的作战会议上曾提醒过松浦淳六郎，叫他沿着南浔铁路走，不要被中国军队引到山里去。松浦淳六郎不听劝告，现在生死未卜，他嘴里不停地骂松浦淳六郎是个十足的大笨蛋。冈村宁次分析，第一〇六师团有可能已被歼灭了，决定派第一〇一师团偷渡鄱阳湖，从星子镇登陆，从侧后方攻击中国军队的主力。

8 月 19 日、20 日夜晚，第一〇一师团奉命在星子镇成功登陆。薛岳接到情报，命令王敬久率第二十五军前往堵截。他在电话中说："我不指望你们能全歼这股敌人，但你们必须缠住他们，同他们玩捉迷藏，为兵团调兵遣将、围攻第一〇一师团赢得时间。"

王敬久奉命指挥部队依托山区的坚固阵地，顽强地阻击敌人七天七夜，伤亡四千多人。9 月 2 日，薛岳调来的第二十九军、第六十军已全部到达指定位置，而且形成了包围圈。9 月 3 日下午，他下达全线反击的命令，首先全歼了第一〇一师团的第一〇一联队，并击毙了联队长饭冢国五郎大佐。师团长伊东政喜中将腿部受伤，被送回九江军野战医院。第一〇一师团虽然损失一个联队，还有八个联队。所以，他们的元气未伤，弹药充足，中国军队一下子无法将其消灭，双方形成了对峙局面。

冈村宁次双眼盯着地图，听着作战参谋报告中国军队的动向。由于日军攻击面宽，薛岳频频调动部队，不知不觉在南浔与瑞武线之间出现了一个宽约五公里的空隙。冈村宁次一下子发现了这个缺口，他决定派出一支部队，从这里插进去，致使中国军队腹背受敌，打乱薛岳的部署，与第一〇一师团形成对中国军队的反包围。

为了证实自己判断的正确性，冈村宁次命令两架侦察机在南浔线及瑞昌、武安地区侦察。两小时后，飞行员报告了中国军队的布防情况。

果然不出所料！

冈村宁次激动得双眼发亮，他立即命令已到瑞昌的第九师团和波田支队，插入范镇、乐山，占领岷山高地，向守军攻击，促使薛岳调动东边包围第一〇一师团的部队西援。他决定，如果第一〇一师团解了围，便可尾击西援的中国军队。

8月24日，第九师团和波田支队接到命令，经范镇、乐山，向岷山守军第三十军进攻。第三十军是川军，装备差，官兵的军事素质也差，连失鲤鱼山、笔架山，最后失岷山。9月1日，马回岭也被敌占领。

冈村宁次这一着棋救了松浦淳六郎的命，他逃回九江，收拾残部，又补充了七千余新兵，经过短暂休整后，恢复了第一〇六师团建制，被冈村宁次派往万家岭增援。

薛岳得知第一〇六师团的动向后，判断冈村宁次下一步的方案是集中两个师团和波田支队，消灭国民党军队主力于万家岭地区。

于是，薛岳想用一部兵力牵制第一〇一师团、波田支队，然后集中大部兵力歼灭第一〇六师团。

薛岳设想了一个围歼第一〇六师团的方案。

可是，由于兵力不足，必须请求支援，才能实现自己的方案。因此，他将方案上报军委会和第九战区，得到了蒋介石的首肯。蒋

215

介石督促陈诚协助薛岳打好这一仗，并交代说："这一仗至关重要，薛岳要什么你必须满足他什么。"

10月1日，薛岳围歼第一〇六师团的作战命令下发到各部，第四军、第七十四军及第一八七师、第一三九师，由新村、隘口、泽泉等地，由东向万家岭运动；新十三师、新十五师、第九十一师、第一四二师、第六〇师及预六师，由西向万家岭运动。两支队伍东西对进，拉开了围歼第一〇六师团的序幕。

冈村宁次通过飞机侦察，了解到中国军队频繁向万家岭运动的情况。他估计中国军队的动机，是要想吞掉第一〇六师团。因此，他于10月2日下午发电报给松浦淳六郎，向他通报了中国军队的动向，叫他尽快撤出万家岭，向北转进，与第二十七师团会合。

松浦淳六郎接到电报，吓了一身汗，立即带着部队撤离。可是，万家岭一带方圆十几里，全是参天大树，遮光闭日，只要进了林子就见不到太阳，也就无法辨别方向。第一〇六师团陷入了类似八卦阵的大树林里，这里有磁矿，指南针失灵。松浦淳六郎急得双眼血红，不知向哪里逃。

就在第一〇六师团马盲人瞎，到处乱转时，薛岳调来了十万大军，形成密密的围捕网。

蒋介石致电薛岳，限令他在10月9日24时前，歼灭第一〇六师团，为10月10日在武汉召开的双十节大会献上一份厚礼。

薛岳心情异常兴奋，他当然想打好这一仗，在老头子面前露一手。可是，他冷静地考虑，第一〇六师团虽是半年前刚经过补充恢复建制的师团，兵员素质参差不齐，战斗力还不强，是只受伤的老虎，但狗急跳墙，受伤的老虎更凶残。要想彻底消灭这只老虎，必须慎之又慎，方案必须周密。

于是，他一次又一次地审读作战方案，反复推敲，直到认为万无一失，才下达作战命令。下达命令时，他加了一条，如果谁活捉了松浦淳六郎，赏大洋十万。薛岳知道，日军为了给指挥作战的主官施加压力，明文规定，只要这个部队的主官被打死或被活捉，这支部队的番号立即取消。

10月7日下午，薛岳一声令下，十万大军奋起攻击。冲锋号、喊杀声此起彼伏，枪炮声震耳欲聋。王牌军第七十四军打头阵，在俞济时、张灵甫的带领下，官兵们如脱弦之箭，直扑敌阵。

几分钟后，宁静的万家岭顿时如倒海翻江。

战至10月8日下午，包围圈越来越小。冈村宁次得到第一〇六师团被围万家岭的消息，一屁股瘫坐在了椅子上。他知道，如果第一〇六师团被中国军队全歼，师团长被活捉，他的面子就要被丢光，轻者撤职审查，重者受军法处置，弄得不好，小命难逃。

为了帮助第一〇六师团突围，9日这天，冈村宁次派飞机向万家岭空投了二百八十名有实战经验的军官。偏巧，这天风太大，降落伞飘到了中国军队的阵地上，许多军官一落地，就被中国军队逮了个正着，被俘的敌军官大骂冈村宁次是个浑蛋，将他们往火坑里送。

9日晚，万家岭战役结束。

万家岭战役从9月28日战到10月10日，历时十二天，日军遭到毁灭性打击，被歼一万多人，被俘百余人，满山遍野皆为敌尸、弃械。

日军第一〇六师团几乎被全歼，但师团长松浦淳六郎却不知去向。

原来是万家岭密密的树林救了松浦淳六郎的命，战斗结束时他正躲在一棵大树下的杂树丛中，他清楚地看到了外面的一切。中国军队官兵在离他只有十米左右的地方来回地搜索，竟没有发现他的藏身处。

就这样，松浦淳六郎担惊受怕地熬了一夜，10日早晨，中国军队在寻找松浦淳六郎无望的情况下，离开了他藏身的那片树林。松浦淳六郎战战兢兢地逃出树林，碰到了前来救他的铃木旅团。

万家岭战役的胜利，正逢双十节，这极大地振奋了全国军民的抗日勇气和取得抗战胜利的决心，全国各地纷纷以各种形式开展庆祝活动。万家岭大捷的喜讯传到南昌，南昌市全市人心振奋，爆竹声昼夜不停。

武汉市听到万家岭大捷的喜讯后，各界人士奔走相告，争先庆祝，各报刊发号外，刊登万家岭大捷消息。全市鞭炮祝捷声和游行歌曲声响彻云霄，中华民族用热血筑起的长城不断延伸。

万家岭大捷狠狠地灭杀了日本侵略者的威风，极大地增长了中国人民的志气。万家岭战场，成了名副其实的武士墓地，日本官兵的尸骸枯骨证明了侵略者的可耻下场。

万家岭大捷，让蒋介石脸上笑开了花。在一片祝贺声、颂扬声中，蒋介石亲自起草嘉奖电给薛岳各部："查此次万家岭之役各军大举反攻，歼敌逾万，各级指挥官指导有方，全体将士忠勇奋斗，局胜嘉慰……关于各部犒赏，除陈（诚）长官当赏五万元，本委员长另赏五万元，以资鼓励。"

万家岭大捷是整个武汉会战中最引人注目的战役，大大震惊了日军上下、朝野内外和国际社会。新四军军长叶挺盛赞说："万家岭大捷，挽洪都于垂危，做江汉之保障，并与平型关、台儿庄鼎足三立，盛名当永垂不朽。"

9月中旬，日军攻占商城，然后转向西南，企图越过大别山直扑武汉，守军第五战区司令长官李宗仁部凭险抵御，日军直到10月中旬才越过大别山。其北路于9月下旬攻占罗山，迫近信阳，经守军反击，直到10月中旬方占领信阳。

10月25日，日军波田支队占领葛店，准备进攻武昌。日军第九师10月27日攻占贺胜桥，切断了粤汉线。日军第二十七师配合第九师向粤汉线推进，27日占领桃林镇。

至此，武汉已被日军从东、南、北三面包围。

为保存军力以利长期抗战，国民政府军委会于10月24日下令放弃武汉，撤退武汉地区部队。日军第六师26日占领汉口。波田支队同日占领武昌。27日，日军第一一六师与第六师各一部占领汉阳。

至此，日军攻占武汉三镇，武汉保卫战宣告结束。陈诚奉蒋介石命令，按预定计划，于10月25日将部队全部撤退至江西、湖南两省的永修、幕阜山、岳阳以南一线。

著名的武汉大会战，历时五个多月，大大消耗了日军的有生力量，成为整个抗日战争的重要转折点。中国军队近五个月的浴血奋战不仅重创了敌人，也使中国政府彻底粉碎了日本大本营速战速决的企图，在"以空间换取时间"和"积小胜为大胜"的整体持久战略上迈出了重要的一步，取得了战略上的成功。武汉沦陷后，日军已无力发动大规模的战略进攻，中国的抗日战争由战略防御转入战略相持阶段。

虽然武汉最终失守，但国民党军队在富金山、万家岭等局部战场给予日军以沉重打击；英勇的中国空军更是取得了击落敌机数十架、击沉敌舰十二艘之多的辉煌战绩，这些胜利都极大地坚定了广大军民抗战必胜的信心。

焦土失策，长沙歼敌

武汉失守后，第九战区司令长官陈诚率部退守湖南。

陈诚在名义上虽仍兼第九战区司令长官，但其实际工作，已由代司令长官薛岳处理。当时，中国军事当局预见到日军下一步的攻击目标将是南昌或长沙。国民政府军事委员会曾多次电令薛岳发动先发制人的攻击，摧破敌人的攻略企图。但薛岳或曰敌无进攻南昌企图，或曰战区准备不及，一再拖延时日，终至南昌于 1938 年 3 月 27 日失陷。

南昌失守，湖南局势紧张，长沙成了溃兵、伤兵和难民的集中地。鄂南、湘北的大路上，逃难的人群蹒跚而行，长沙城风声鹤唳，草木皆兵。

面对日寇的步步紧逼，长沙战事已不可避免。

1938 年 11 月中旬，日寇沿粤汉铁路向南侵犯，前锋到达新墙河北岸。

早在国民政府和蒋介石决心全面投入抗战之时，军委会就曾下令：基于战防之需要，在敌寇迫近，城池不保的情况下，得自行破坏军事设施和民间建筑，执行"焦土政策"。

事实上，早在 10 月下旬和 11 月上旬，蒋介石两次来到长沙召集军政会议，讨论战局问题，决定实行"坚壁清野"和"焦土抗战"方针。这个"焦土政策"原意是"坚壁清野"，就是使入侵之敌不能利用占领地区的战略物资。在武汉失守后，日寇以凌厉攻势指犯湖南，军委会又曾下令，倘若日寇临近长沙，可破坏市区。

"焦土抗战"被看作国民政府全国抗战时期积极御敌的一个范例。武汉沦陷前夕，蒋介石曾命令陈诚："将凡有可能被日军利用的设施全部破坏。"不料陈诚在实施过程中走漏了风声，遭到武汉各界的强烈反对，最后焚城一事不了了之。

一天，湖南省主席张治中到重庆开会时，特意去请示蒋介石，问他日军进攻长沙怎么办。

蒋介石眼睛一瞪，凶声恶气地说："这也要问吗？一把火烧掉不就了结吗？难道你还准备留给日军做补给吗？"

张治中一愣，追问道："委座，你的意思是不做抵抗，就直接将长沙城烧掉吗？"他担心敌人还没到，自己就先烧掉长沙，老百姓会反对。

蒋介石大声地训斥他说："你怎么不明白我的用意呢？我这样做，是以空间换取时间，保存实力，争取最后的胜利。你快去执行我的命令就行了，不能优柔寡断，火烧眉毛的时候了，你还迷迷糊糊的，还不快去将能运的东西赶快运走，运不走的就烧，公用的和民用的统统一把火化成灰烬，这就叫'焦土抗战'，你懂不懂？"

张治中对蒋介石的"焦土抗战"不解，回到长沙，没有执行他的命令。蒋介石气得叫林蔚打电话给张治中，叫他立即执行"焦土政策"。

张治中在电话中问道："焦土能赶走敌人吗？如果焦土能抗战，我们还打淞沪战役、徐州会战、南京保卫战、武汉保卫战干什么呢？焦土抗战是消极的，作为军人，对得起生养我们的老百姓吗？"

林蔚被张治中问得不知所措，啪地挂断了电话。

几天后，张治中收到蒋介石的正式通知："长沙如失陷，务将全城焚烧，望事前妥密准备，勿误！"

张治中顶不住蒋介石的压力，立即将长沙警备司令丰悌、湖南省保安处处长徐权召来，研究如何执行蒋介石的"焦土政策"。他俩各自谈了自己的看法。张治中认为火烧长沙必须谨慎从事，他要丰悌搞个文字的计划。

第二天，丰悌就将一份《焚城准备纲要》递到了张治中的手中。张治中看后，考虑了好一会儿才说："此方案最好暂缓执行，还是先动员老百姓向城外疏散，敌人确实逼近长沙后，在无可奈何的情况下，我们再烧吧。"

张治中说这番话时，心情十分沉痛。

1938年11月12日深夜，一场震惊世界的大火在古城长沙燃起。

首先起火的是长沙城内南门某处，查实后报告说是"失慎"所为，但消防队已擅离岗位，没有人扑救，火势失控，一小时左右，全城就变得火光冲天。守候各处的放火队员以为天心阁方向的火光是放火信号，便一齐点火，霎时，长沙城内浓烟滚滚，热浪滔天。很多市民从梦中惊醒，面对熊熊燃烧的大火，上天无路，入地无门。

大火连续烧了几天，一个拥有两千多年历史的文化古城，就这样在一场人为制造的大火中遭到了空前浩劫，地面建筑毁坏到几近于无。战后的官方统计表明，直接死于大火的市民有三千余人，全城街道、建筑百分之九十以上被毁，经济损失相当于抗战胜利后的一万七千亿元……受害最严重的当属广大百姓，他们即使逃出火海，劫后余生，但从此失去家园，忍饥挨饿，流离失所，再也难觅栖身之地……

半夜起火时，周恩来和叶剑英也在长沙，两人急忙撤离，随身只带了机要文件和一台老式收发报机。等他们到达湘潭时，长沙城已一片火海。

长沙也因此与斯大林格勒、广岛和长崎一起，被列为二战史上损失最为严重的四座城市之一。因为长沙大火发生在夜晚，12日的电报代码是"文"，故而此次大火也被称作"文夕大火"。

这一把火把民众心中的怒火点燃起来，引起了全国人民的愤怒和舆论的谴责。

周恩来、叶剑英对蒋介石不顾人民生命财产的行为表示了极大的愤慨。他们指责蒋介石将一个好端端的长沙烧成一片焦土，让无数平民死于非命，让无数的财富化为灰烬。

而此时，日军还在三百里以外。他们驳斥蒋介石的"焦土抗战"，强烈要求惩办纵火首犯，拨款救灾，处理善后。

蒋介石的"焦土政策"，也激起了外国侨民和外交人员的愤怒，纷纷提出质问。

蒋介石似乎也被这一把大火烧清醒了。14日，他坐车来到长沙视察，映入他眼帘的是房屋被烧光，一片废墟，断垣残壁，血迹斑斑，居民在残壁中绝望地号哭，悲切地呼唤死去的亲人，还有愤怒的诅咒声。总之，悲恸和恐怖笼罩在长沙上空。民众做梦也想不到，这场人为的灾难，是这个来视察的全国人民的抗战领袖蒋介石一手制造出来的。

蒋介石眼望着这个悲惨的画面，唏嘘不已。为了推卸责任，他突然责问张治中，这是怎么一回事，究竟是谁下达的命令，是谁放的火。

张治中被蒋介石的这一闷棍打得不知所以然，张着嘴瞪着眼望着蒋介石。此时，在场的党政军高级干部不明真相，也跟着追问张治中，这场大火的元凶是谁，强烈要求惩办。

张治中突然明白了，蒋介石的真正目的是为他自己开脱罪责，转移责任。为了让蒋介石下台阶，他只好背上这个黑锅。于是，他以沉痛的心情向蒋介石负荆请罪，要求委员长给予处分。

当时，有一副对联：

> 治术如斯，新官上任三把火；
> 中心何忍，三个头颅万古冤！
> 横批：张皇失措

这副对联，大家一看就知道是说谁。

蒋介石松了一口气，为了平息国人的愤怒，他撤销了张治中湖南省主席的职务，将直接责任者丰悌、警备团团长徐昆、警察局局

222

长文重孚三人逮捕处决。而身为第九战区司令长官的陈诚，由于事发当时正在前线指挥作战，蒋介石认为情有可原，免予追究责任。但很多人对蒋介石的明显偏袒，很不满意。

火烧长沙的风波就这么平息了。"文夕大火"和"花园口决堤"被认作中国抗战时最为严重的两起事件，都是人为所致，受害最重的都是中国老百姓，但直接动因都是为了抵御日本侵略。

火烧长沙之后，蒋介石下令由第九战区代司令官薛岳兼任湖南省主席一职。

薛岳到职之前，蒋介石找他谈了一次话。蒋介石综合各方面的情报，告诉薛岳，长沙与重庆相隔不远，敌人要进攻重庆，必先拿下长沙。他估计日军在10月中旬开始南犯，以主力由湖北直趋长沙，于赣江、鄂南同中国军队作战。他希望薛岳明白，湖南乃中国著名粮仓，是打持久战必保之地，如让日寇占领，则如虎添翼，对中国军队构成极大威胁。蒋介石说："我军的方针是诱敌深入，力争在长沙以北地区歼灭敌人主力。"

薛岳受命到了长沙，开设指挥所。他先是熟悉地形和了解敌情。日军由武汉南下，必然经湘北。湘北的地形是河流纵横，群山环绕，南高北低，恰如一个畚箕。洞庭湖居中，湘、资、沅、澧四水及浏阳、新墙、汨罗、捞刀河等河流，纵横形成天然屏障。湘北除了水就是山，有幕阜山和湘赣交界的九岭山、罗霄山、万祥山，它们一般都高达三百米至两千米。

薛岳摸清了湘北的地形后，对保卫长沙充满了信心。他认为，湘北处在江湖河网和崇山峻岭之中，和地势平坦的南昌不同，敌人的坦克在此无法横行霸道，也不利于敌人的炮车行动，敌人的优势无法发挥，只能与中国军队面对面作战。

蒋介石为了加强对长沙作战的指导，派白崇禧和陈诚到长沙与薛岳商讨作战方案。因为三个人掌握着不同的敌情，因而对作战方案发生了分歧。

白崇禧认为，武汉地区的日军分驻在长江两岸的江南、江北，由于占领的面积大，必定要分散兵力。敌人要想进行大规模作战，

223

只能抽出一半兵力，而且持续作战的时间也不会太长。如想消灭敌人主力，最好采取且战且退的战法，将敌诱至衡阳一带歼灭之。他还认为，如果在衡阳一带歼敌，中国军队驻幕阜山、九岭山的部队西进，驻湘北以西的部队东进，即可截断敌人陆上交通和水上退路。而且，中国军队驻武汉以北的第五战区、南昌以东的第三战区，可以配合进行牵制作战。

薛岳的主张却不同，他认为在湘北地区作战为好。他的理由是：一、中国军队在湘北有十五个军的兵力可参战，第五战区不需要参战，仅自己的九战区投入，兵力就足够对付；二、中国军队熟悉湘北的地形，可进可退，行动自由；三、湘北水多山多，敌人机械化兵团行动受限，相反，衡阳是平原地区，适合敌人机械化兵力作战，同时广州的安藤利吉的第二十一军部队，可以北上衡阳，直接配合南下的敌人与中国军队作战。

就在白、薛二人发表意见时，陈诚久久地盯着地图，一边听他俩的分析，一边思考着，最后发表了自己的意见，他同意薛岳的方案，还为这个方案总结为八个字，这就是：后退决战，争取外翼。

陈诚和白崇禧离开长沙后，薛岳看到了一份来自武汉地下工作者送来的情报，情报说日军第十一军司令部准备在9月底进攻宜昌。经过周密的思考和反复的论证，薛岳认为这是敌人搞的声东击西的阴谋。但是，为了以防万一，在部署兵力时，他还是做了适当的准备。湘北、鄂南、赣北都要兼顾，重点放在湘北。

在兵力使用上，将第十九、第三十两集团军，部署于赣北的高安、奉新、靖安、武宁、修水地区；将第十五、第二十七两集团军，部署在岳阳以南的新墙河和湘、鄂、赣边界的幕阜山区及汨罗江南北两岸；将第二十集团军部署在湘江以西洞庭湖以南地区；将第七十军放在长沙附近，作为战区机动部队。

1939年9月14日，日军十一军司令官冈村宁次指挥日军精锐部队十八万多人，在海、空军的配合下直取长沙。

然而，大敌当前，以蒋介石为首的国民政府军委会却以从战略考虑为由，决定弃守长沙。

此时的薛岳已打定决心保卫长沙。薛岳坚信长沙一定守得住，毅然抗命，电呈军委会，表示"誓与长沙共存亡"的决心。

同时，薛岳给陈诚打电话说："我有充分的根据，长沙是可以守得住的。俗话说，将在外，君命有所不受。你叫我当第九战区司令官，长沙不守，军人的职责何在？"

为了争取蒋介石的军令，薛岳那一段时间几乎每天都要直接与蒋通话，表达自己坚决抗敌、死而后已的决心。

蒋介石开始还耐心地与薛岳通话，劝他"少安毋躁，静待时机"，后来看到说服不了薛岳，就干脆不接他的电话了。

没办法，薛岳只好直接打电话去找宋美龄。他对宋美龄说："请转告委员长，敌人再敢向我长沙逼近一步，我就要立即开打了！"

此话经宋美龄转告蒋介石后，蒋又急得连续向薛岳打电话，但薛岳以其人之道还治其人之身，不接电话了，只让参谋人员回话说："薛长官上前沿阵地了，不知道何时能回来。"

得知情况的陈诚很担心，在战事激烈之际，决策层和指挥官如果还存在重大分歧，将会对战事的发展极为不利，于是果断给薛岳打去电话。

陈诚在电话里面很谨慎地问薛岳："伯陵，现在坚守长沙，部队士气如何？"

薛岳肯定地回答："现在各级长官决心坚定，部队士气正旺，定能守住长沙。"

陈诚见薛岳回答得如此肯定，心里知道薛岳是能指挥打仗之人，若心中无一定把握，是不会出此豪言的。

于是，陈诚告诉薛岳："那好，伯陵，现在你就去兑现你的承诺，委座那边，交给我来应付。"

就这样，陈诚的当机立断和薛岳坚守的决心，使中国军队在长沙战场焕发了另一番面貌。

在得到陈诚的答复后，薛岳把电话打到了重庆，找蒋介石，希望得到蒋介石的亲自鼓励。

当时蒋介石已经睡觉了，是宋美龄接的电话。

薛岳跟宋美龄说："让我守半个月就撤离长沙，我不准备这样做，我就要在长沙打，打败了我自杀，以谢国人；打赢了算我抗命，你们枪毙我！"

宋美龄说："薛伯陵，不要这样讲。我会向委员长转达。"

第二天，宋美龄就给薛岳打电话："伯陵兄啊，委员长讲过了，你要有这个信心，你就在这里打。你这不是抗命，现在委员会重新再下个命令，配合你。"

当天，蒋介石果真下了个命令给薛岳："在长沙打！"

应该说，蒋介石对薛岳还是大方的，在第九战区部署了包括第一、第十五、第十九、第二十、第二十七、第三十六等集团军及湘鄂赣边区挺进军，共五十二个步兵师和特种部队、游击部队，全归薛岳统一指挥。其兵力之多，居当时各战区之首。

一切部署就绪后，薛岳就等着和冈村宁次进行铁与铁的较量。

日军从赣西、鄂南和湘北三面发动进攻，打得最激烈的是湘北战场。

9月18日早晨，日军第六师团及奈良支队集中炮火向新墙河北岸的守军前线警戒阵地进行猛烈炮击。胡春华营与史思华营拼死抵抗，一场激战由此展开。

在接下来的三天里，日军不断地发起一轮又一轮的冲击。守军阵地的防御工事几乎全部被毁。战至21日下午，胡春华营几百个活生生的小伙子，只剩下不到五十人了。黄昏时分，日军终于攻占了胡春华营与史思华营所在的警戒阵地，两营官兵全部壮烈殉国。

到了9月24日，日军在飞机和强大炮火的掩护下，突破了新墙河正面主阵地。薛岳当机立断，命主力即刻向汨罗江以南转移，占领第二线阵地。

中国守军有计划地顺利撤退，激怒了冈村宁次。围歼第九战区主力于新墙河畔的预定计划已经落空，冈村宁次只有急令紧追不舍，死死咬住后撤中的中国军队，以求决战。

然而，冈村宁次在此次作战中不仅低估了中国军队的战斗力，而且，他还忽略了一个更为重要的因素，那就是当地民众的力量。

在会战开始前，当地民众在政府的组织下，和中国军队配合，把新墙河至捞刀河之间的主要交通要道已全部破坏，就连这一地区间的土地都被翻了一层，成为新土，从而使得日军的机械化部队无从施展，其战斗力也就相应地减弱了，甚至后勤也不能完全保证，只能在中国军队的屁股后面徒步跟进。

9月28日，赣北、鄂南的部队成功地阻挡了日军助攻长沙的部队，湘北部队也逐步到达指定地区，薛岳觉得在长沙附近围歼日军的时机已经来临，便通晓各部："候敌进入伏击区域，突起包围敌人而歼灭之。"

冈村宁次特地乘飞机观察战场。他从空中俯瞰，长沙城就在眼前，但他的目光扫过幕阜山、九岭山的崇山峻岭时，他隐约感受到其中隐藏着的中国军队随时都要跳出来"捶他"，使他生出莫名的心惊。

他顿然醒悟，他的对手薛岳将军并非抵挡不住，其手里还有众多有生力量，足以以长沙城为中心，摆开一个口袋阵，张网以待！而他的各路部队被中国军队冲得七零八落，再这样打下去，将被一个个切割、包围、吞没……

在这种情况下，冲向长沙只能是冒险，冈村宁次仔细权衡后，最终十分不甘心地下达命令："全线撤退！"

薛岳得知日军撤退，马上下达全线追击令。于是，全线杀声四起，中国军队猛追猛打，给日军致命的打击。

10月2日，第十五集团军各部开始追击，当日克复上杉市。3日，第二十五、第一九五师追击到达福临铺、金井附近。日军开始向汨罗江北岸退却。4日，第十五集团军收复长乐街、汨罗、新市等处。

至10月14日，赣北、鄂南、湘北各战场均恢复到战前态势。第一次长沙会战结束。

这一次长沙会战，打退了日军的轻狂进攻，共歼敌三万余人，成为日军侵华以来遭受最大损失的战役，对日军士气打击严重。日本军部的总结报告也承认："中国军队攻势的规模很大，其战斗意志之旺盛、行动之积极顽强，在历来的攻势中少见其匹。我军战果虽大，但损失亦为不少。"

第一次长沙会战，极大地鼓舞了国民对于抗日胜利的信心，各地民众奔走相告。美联社、合众国际社、《泰晤士报》、塔斯社等国际知名媒体组织联合战地记者团，赴湘北考察证明此次大捷确有其事，纷纷向世界报道。

宜昌失守，临危受命

早在1938年10月武汉失守后，宜昌城就取代了武汉的战略地位。抗日前线所需的战略物资经宜昌转运，抗日将士必备的后勤补给在宜昌集散。

宜昌城雄踞大巴山峡口，扼长江三峡之咽喉，是一座进可攻、退可守的战略要地。宜昌城的战略地位和日益增高的军事价值，搅得日军惶恐不安。日军第十一军司令官冈村宁次贼心不死地盯住宜昌，多次密谋攻打宜昌，都未获准。

1940年，日本本土石油储备出现危机。日军中央统帅部为应对危机，就如何尽快结束对华战争，建立东亚新秩序，使中国成为太平洋战争的后勤基地进行讨论。有日军参谋本部提出的从武汉撤军，引诱国民党投降，建立东亚新秩序的意见；有日本海军和中国派遣军提出的发动宜昌作战，开展新攻势，打压重庆政府，以城下之盟来结束战争的建议。两种意见没有根本的对立，都是为了占领中国。两种意见都在考虑之中。与此同时，德军在欧洲战场快速获胜的军事行动，让支持宜昌作战的战争狂人们更加不可一世。

1940年4月10日，日军参谋本部批准了中国派遣军宜昌作战的报告，决定增派两个甲种师团参加宜昌作战。日军第十一军司令官冈村宁次被调他任，由园部和一郎任第十一军司令官。日本中国派遣军为缓解第十一军宜昌作战兵力不足的状况，从南京、杭州抽调七个步兵大队和一个炮兵大队增援第十一军。陆空军第三飞行团也归第十一军指挥。

日军在襄河以东暗地调兵遣将频繁，我方有所察觉。

4月3日，蒋介石电令老河口第五战区司令长官李宗仁和江防总司令郭忏，称"如判明敌之主力在汉宜公路方面，我在襄河东岸决堤，确能予敌以严重打击，俾阻止日军西犯宜昌"。这道命令后来未付诸实施。4月10日，蒋介石又电李宗仁、张自忠（第三十三集团军总司令）及汤恩伯（第三十一集团军总司令）等，令其对于日军可能进攻宜沙迅即预行部署，要求第五战区应趁敌进犯宜昌企图渐趋明显之前先发制敌；汤恩伯、王缵绪（第二十九集团军总司令）两部主力，分由大洪山两侧地区向京（山）钟（祥）、汉宜公路之敌攻击，并由襄花路、豫南及鄂东方面施行助攻，策应作战，打破敌西犯企图。

4月13日，第五战区李宗仁召开各集团军总司令会议。将军们认为，敌似将以主力由襄花方面攻击，企图歼灭我襄河以东野战部队，并相机攻取宜沙。五战区据此制订了襄河东岸对日作战计划。到了4月17日，李宗仁、汤恩伯又接到蒋介石拍给他们的电报，称日军西犯"其目的不在于夺取宜昌与襄樊，而在于打击我军以后，使其安全退守……即使向襄河以西进攻，亦必佯攻"。这令大将们大惑不解。时至今日，中国军队对日军作战目的和进攻方向未能做出准确的判断。

日军为迷惑中国军队高级将领，4月20日起，对国民党军薛岳第九战区发动佯攻。日军海军舰艇分别开进鄱阳、洞庭两湖进行窜扰炮轰；23日起又频繁出动空军对国民党军九战区的重要城镇进行狂轰滥炸；同时于26日起，与九战区各部对峙的日军亦分别向中国军队发起进攻，企图以此造成日军第十一军发动一场对国民党军九战区大规模进攻的假象。

日军一方面极力隐蔽其作战意图，另一方面悄悄地进行战前准备。

到了4月30日，装备精良的日军沿襄花公路开始与中国军队接触，枣宜会战在此打响。第二天拂晓，信阳、随县、钟祥方面日军

229

六个师团共二十余万人在大批飞机、大炮的支持下，向鄂北、豫南之第五战区全线发起进攻，动作神速，攻势凌厉，一举突破中国军队阵地，接着兵分六路向枣阳方面包围。5月4日，日军突破中国军队第五十四军和八十四军防线，并攻占了随县。5月8日，日军第三十九师团又攻陷枣阳。

蒋介石对日军以日行三四十公里的速度，横扫五战区各军，极为震惊。

5月8日晚8时，蒋介石紧急电告李宗仁，称"日军企图向原驻地退却，应全力以赴首先在战场附近围歼敌人，然后向应城、花园一线挺进"，并悬赏激励前方将士，凡占领信阳者奖赏五十万元。同时李及兰第九十四军、陈鼎勋第四十五军等部分向敌后攻击。江防军第九十四军自多宝湾下游渡河，向京山、随枣方面迂回袭击，第四十五军由江陵进至汉宜公路，攻击应城、京山、云梦等地之日军。5月11日下午6时，蒋介石又发来电令，称敌已完成计划，开始撤退，如果让敌人撤到原来阵地，再要捕捉将不可能。望中国军队克服一切困难，乘此绝好机会，竭尽全力完成光荣使命。

于是，一场围歼日军的反攻战迅即展开。

5月12日，第五战区各部反攻枣阳，日军向枣阳以南收缩。14日，第八十五军王仲廉部克复枣阳北湖河镇。池峰城第三十军一部进抵苍台镇东北，向郭滩镇进击。第十三军张雪中部新编第一师由苍台镇东南侧击北犯之敌。第四十五军一部北上，攻克随县附近安居、均川等据点。汤恩伯集团军一部及第三十军攻战枣阳以北之湖阳镇。受挫日军一部沿襄河东岸南窜，主力在枣阳一带构筑工事固守。

在宜昌作战之前，张自忠曾赴重庆述职，返回前线途经宜昌时，当着宜昌的军政要员郭忏（长江上游江防总司令）、严立三（湖北省政府代主席）说："到了决战时刻，就跟敌人死拼！"为防备敌犯宜昌，张自忠将三十三集团军总部移至当阳慈化。

宜昌作战打响时，张自忠的集团军总部已移至距敌较近的钟祥快活铺。

在敌人攻占枣阳以后的最关键时刻，张自忠留下阵前遗书："我们的国家及我五千年历史之民族，绝不致亡于区区三岛倭奴之手。为国家民族死之决心，海不枯，石不烂，决不半点儿改变。"然后渡河督战，向北进击。

张自忠率七十四师、骑九师及总部特务营与敌激战几天，5月14日回师方家集，截击南窜之敌。至15日，又驰援宜城南瓜店，伤亡甚重。16日晨，日军复以大部包围，张自忠登山督战，指挥余部与敌拼杀，多次击退日军进攻，但张部五百余官兵大部阵亡。在长山山坡下，张自忠身中数弹，壮烈殉国。

抗日名将张自忠壮烈殉国的消息传出后，举国哀痛，特别是国共两党对此尤为关注。重庆国民政府为张将军举行了隆重的国葬，延安各界代表一千余人齐集中央大礼堂，举行了隆重的追悼会，中共领导人毛泽东、朱德、周恩来等分别题写了"尽忠报国""取义成仁""为国捐躯"等挽词。

就在张自忠将军殉国的当天，枣阳附近我第五战区各部向枣阳日军发动进攻，第三十军第八十九师一部攻克七房岗、土桥铺，第十三军一部克复枣阳。

5月29日，日军第十一军做出进攻宜昌的部署，命其主力部队强渡襄河，空军协同作战。5月31日半夜，数万日军向襄河西岸扑来，枣宜会战第二阶段在此打响。敌军先用大炮向襄河西岸轰击，然后分由襄樊、宜城间强渡襄河。我守备襄河西岸之第六十七军、五十九军抵抗不支，向西面山地退走。

日军强渡襄河的当晚，蒋介石连夜召集军事高层紧急会议。将军们认为宜昌若失，陪都将门户洞开，决定派政治部部长陈诚出川，指挥宜昌方面战争。应陈诚请求，调驻万县的第十八军赶往宜昌防守，调九战区之第三十二军、第八军到当阳至宜昌之间布防。

6月1日，蒋介石电令，指示宜昌战役作战的要旨应以确保宜昌、襄樊为目的，并将第五战区分为左右两个兵团，左兵团长由李宗仁兼任，右兵团长由陈诚兼任，全权指挥宜昌战役。

陈诚于6月3日抵宜，即组织由襄河沙洋线后退的第二十六军和第九十四军在当阳以东的南北地区构筑工事，同时急调在广东前线的第八军赶赴宜、当之间设防，以屏障宜昌，要求第十八军立刻出川，参加宜昌防守。

然而，日军却抢在我方的前头，于6月4日晚至次日，十三师团和第六师团两个支队，分由荆门之旧口、沙洋附近渡过襄河，与自襄樊南下的日军配合，向江防军发动进攻。由于江防军正面过广，兵力单薄，与敌激战后，被迫撤出战斗。这时蒋介石深感问题的严重性，三天内连下三道命令，北调大兵南下，堵击日军，以解宜昌之危。

在我方急调援兵之际，南路日军于6月5日向沙市、江陵、十里铺一带推进。第二天日军向荆门发起进攻，我守军与敌激战至夜9时，我第五十五军不支而转移，其余各部逐次后撤。当日日军攻陷荆门，并占领观音寺。7日，日军向我第二军阵地进攻，图犯远安。8日，日军攻入当阳县境，我第九十四军、第二军（含十八军回调的第十一师）、第七十五军在河溶、慈化、当阳之线及沮河沿岸与敌激战之后，第二军奉命退守龙泉铺、鸦鹊岭、安福寺间第二线阵地。同日，南路日军一部由江陵万山一带进至枝江县境，我第三十二师和第四十师在草埠、问安一带抵抗不支而后撤。当晚，日军池田支队攻陷江陵、沙市。此时，日军南北两路各师团已呈遥相呼应之势，正将中国军队向宜昌正面压缩，古城宜昌岌岌可危。

从万县东下的援军先头部队第十八军十八师（师长罗广文）于6月8日夜抵达宜昌，连夜选定阵地。该师以第五十二、第五十三两团担任郊区防守，第五十四团防守市区并做巷战准备。两天后，彭善第十八军军部和宋瑞珂第一九九师相继到达，并将第一九九师配置在南津关、小溪塔地区，担任机动任务。

日军于6月9日以陆空联合向枝江董市、当阳、远安进攻。午后，突破我第十一师右翼阵地。10日当阳、远安陷敌。同日，日军第十一军下达攻占宜昌城的命令。于是数万敌军向宜昌方面席卷而来。第三、第三十九师团向宜昌北面中国军队展开猛攻，第十三师团两万余人，分三路攻至宜昌外围之紫荆岭、安福寺、鸦鹊岭一线，我第二军抵抗不支。11日，日军在上百架飞机的支援下，向宜昌守军第十八师阵地发起全面进攻，攻破城郊东山至镇镜山段，并向铁路坝机场发展。守城部队与镇镜山师指挥所联络中断，师长罗广文对守城部队失去掌握，守军各自为战。

6月12日，日军第十三师团及配属之第三十九师团二三一联队开始向宜昌城区发起进攻。上午10时，日军先头骑兵部队由城东杨岔路突入城区中心时，遭到我坚守在宜昌中国银行和聚兴诚银行内的十八师五十四团邓萍营一部的阻击。邓萍营官兵凭借"两行"坚固的钢筋水泥建筑物为掩体，机步枪口不断从这里吐出炽红的火舌，打得日军人仰马翻，数十名敌军当即毙命。日军对邓萍营进行反扑，久攻不下，乃以烧夷弹纵火，邓营除少数官兵化装躲进宜昌红十字会得以幸存外，绝大多数官兵在烈焰中壮烈牺牲。后来人们把邓萍营坚守宜昌"两行"的官兵以"八一三"淞沪抗战坚守"四行仓库"的八百壮士相誉，实为我抗日爱国将士平添了一份光彩。是日，宜昌沦陷。

为夺回宜昌，蒋介石于6月12日下令守备远安、观音寺之线的第三十军及观音寺、荆门之线的第八十五军和第九十四军部队，统归汤恩伯指挥，准备攻击进犯宜昌之敌。第二天，又命五战区右翼兵团陈诚占领三游洞以北两河口阵地，迅速收容各部，掌握有力部队反攻宜昌，以一部攻荆门，以主力由远安、观音寺之间攻击宜昌方面之敌，并要求各部不顾一切，猛力进攻，不失时机。于是第十八军、第七十七军、第八十五军三十二师于6月16日猛烈反攻宜昌、当阳。次日，第一九九师继续攻击宜昌市区之日军，冯治安部猛攻当阳之敌，截断了荆门、当阳日军的交通线，并毙敌第六师团步兵第十一旅团长池田直三。

五天后，即17日凌晨1时，侵占宜昌的日军匆忙撤离，集结于土门垭一带。这不是日军放弃占领宜昌的企图，而是在保住与不保住宜昌的问题上敌军内部高层意见不一。争论结果，主张保宜昌的意见占了上风，于是当日中午12时30分，日军又掉转头来重新占领了宜昌城，直到1945年日本无条件投降。

日军重新占领宜昌后，中国军队继续对敌进行攻击和袭扰。到了6月24日，随着国际格局的变化，蒋介石对枣宜会战下了最后一道电令，称"为应付国际变化保持国军战力，俾利整训之目的，第五战区应立即停止对宜昌攻击，第三、第九战区应立即停止大规模攻击，而各以一部与敌保持接触，不断袭扰、牵制敌人"。

至此，宜昌战役结束。

经过枣宜会战，日军攻占宜昌的罪恶目的虽已达到，但亦付出沉重的代价。宜昌战役，中国军队毙伤日军九千余人。这些战功，都是我中华儿女在前方浴血奋战，用鲜血换来的，张自忠将军及其部属和邓萍营官兵就是这些英雄中的代表，值得后人缅怀。宜昌失守原因固然很多，如中国军队装备落后、制空权丧失等等，但统帅部对此次战役的错误判断并由此产生指挥上的失误，不能不说是一个很重要的因素。

宜昌失守，对中国政府精神上的打击是沉重的。蒋介石在日记中承认，1940年失去宜昌是（中日）战争以来，他感到最困难的时刻。1940年7月，蒋介石为巩固重庆门户，恢复第六战区，仍由陈诚任司令长官，以防守长江两岸为重点，左接第五战区，右邻第九战区，战区长官部设在恩施。

主政湖北，略施雄才

抗日战争的特定历史条件，把陈诚这名驰骋疆场的武将，推上了政府官员的岗位。国民政府为了把战时各省的军政领导统一起来，规定由驻节各地的最高军事长官担任省主席。因此，在那时的社会背景和抗战形势下，军、政合为一体。

湖北，就全国地理和政治环境来说，始终是全国的中心。在日军步步侵占下，湖北更成了抗战期间军事与经济的中心。为了巩固这一战略要地，为使军事、政治一体化，加强作战效率，陈诚两度被任命为湖北省政府主席，同时仍兼第九战区司令长官。

陈诚就任湖北省政府主席之后，就立即提出要建设新湖北，而"新湖北运动"便是陈诚在湖北主持省政最富有个性和成果的举措。"新湖北运动"是一个包括全省政治、经济、文化实行三民主义的全面革新。

1941年7月7日，在陈诚的主持下，省政府公布了《新湖北建设计划大纲》，规定主要任务是"开发资源，增进生产"，以提高全省人民经济生活组织水准；加强训政，推行自治，以提高全省人民政治生活水准；普及教育，提倡学术，以提高全省人民文化生活组织水准。

第一，是实行三民主义新经济建设。

陈诚任湖北省主席时，鄂西的经济十分落后，基本没有现代经济。陈诚十分重视建设现代经济，认为要发展鄂西、坚持抗战，必须大力发展现代经济。他将新湖北的企业分为国营、省营、县营、民营、合营等五种，兴办了兴株煤矿管理处、恩施煤矿厂、咸丰化工厂、万县机械厂等一批企业。改善了巴（东）石（门槛）、老（河口）白（河）公路，新建了通连川湘两省的咸（丰）来（凤）公路，有力地推动了大后方的经济交流和支援了战争。中央银行、中国银行在恩施、老河口设立分行、支行，湖北省银行总行迁往恩施，从而激活了鄂西的现代金融。1942年1月，陈诚具体提出"增进生产代、征购实物代、物物交换代、凭证分配"的战时四大经济政策。

第二，是进行土地改革促进农业发展。农业在湖北经济中占有主导地位，从事农业的人口占湖北大后方人口的绝大多数。为了"安定人民生活，增加生产"，陈诚在鄂西实行了减租减息。1941年4月他签署了《湖北省减租实施办法》，实行"二五减租"，渐次达到耕者有其田。何为减息，就是规定年息二分，严禁复利和质押。为了促进农业生产，省政府还增加发放农业贷款和贷放春耕种子，扩大耕种面积，改良农作品种，兴修水利等。以上措施减轻了鄂西、鄂北等地区广大贫困农民的经济负担，提高了他们的生产积极性，使湖北后方的农业生产有了明显的改善，从而推动了鄂西等地的整

235

个经济发展，有利于抗战。陈诚在湖北的减租减息也为他后来主政台湾，推行"三七五"减租提供了最初的经验。

在实行新湖北经济和促进农业发展时，陈诚下令开展严厉的禁烟活动。鸦片特税是历届省政府的主要财源，各级政府公开实行鸦片专卖，特别是宜昌、鄂西是鸦片主要集散地，以致鸦片贸易无法断绝。陈诚坐镇鄂西后，下决心禁烟。他指出"鸦片是帝国主义侵略中国的开端，而倭寇现在复以此为灭我民族之最毒辣的手段，今后欲雪耻复仇，必须彻底禁绝"。为此，他下令从1941年1月起，"所有种、吸、途（运）、售、藏、庇各犯一经拿获，概行枪决，希望大家尽量宣传，使一般民众了解政府禁烟的决心，并尽全力检举，彻底根绝烟毒"。他雷厉风行，大张旗鼓地开展禁烟，仅1941年就处决了二百七十一名烟犯。

第三，大力推进新县制改革。新县制是新湖北运动的政治建设中心。所谓新县制是国民政府于1939年9月推行的一项县级行政机构改革的举措，为此湖北省政府于1941年10月、1942年2月下达了《修正湖北省县各级组织纲要实施计划》和《修正湖北省县政府组织规程》等文件，陈诚多次亲自加以解释。他指出这个政策是政府加强基层组织、动员民众的有效组织和方法，是用来与日本军阀、贪官污吏、土豪劣绅等反革命斗争的唯一机构，必须具备单纯、健全、灵活三要素。其主要内容：扩大县政府的组织，大县政府为民政、财政、建设、教育、军事、粮政、社会等七科和秘书、会计等二室，小县为六科或四科二室，编制为大县七十人，小县五十人不等。革新后的县政府和县长，权力得到很大的加强和集中。整顿了区署，设立乡（镇）公所，训练适应新县制机构的人才。

陈诚在执行新县制时，要求树立廉洁的政风，铲除贪污、腐败的积弊，并处决了宜昌县县长武长青、监利县县长黄向荣等一些贪官污吏。

原来，鉴于鄂西烟毒严重、烟民众多的情况，1940年10月27日，陈诚以省主席名义，向全省各地颁发了"酉感保民代电"，要求各地在本年年底前宣传禁烟，到次年1月1日前，"如尚有愍不畏法

236

之徒，胆敢种、运、售、吸鸦片毒品，及开设烟馆者，即遵委员长本年六月三日训词之意旨，概处极刑，以绝烟毒"。各地接令后也很快行动起来，全省除沦陷区外，即刻掀起了禁烟宣传的高潮。

可就在这个风口，时任宜昌县县长的武长青犯事了。武长青是陈诚保定军校的同学，在县长任上三年多，积攒的家财即有几十万之巨。但这次"酉感保民代电"一出台，势头明显不同于往日法令，种、运、售、吸的都要处死，谁还敢去干买卖烟土的勾当？土膏行当然也要关门了。这样一来，原先已向县长行了贿，准备预定来年售烟执照的人可就不干了，他们纷纷找县长要求退回行贿款。其他县区好像还算平静，可武长青偏偏是个爱财如命的人，吃到嘴里的肉，他怎会吐出来？结果，商家一怒之下，便将他受贿之事密告给了陈诚。

陈诚是痛恨贪污的，再则他刚履新职，也需要借严惩来杀一儆百，树立威信，端正吏治民风。于是，在查明实情后，他令人将武长青押解至省城恩施（当时武汉已沦陷，湖北省政府已迁往恩施），并借次年1月"全省专员县长扩大行政会议"开幕之际，宣布其罪状，着即枪毙，以儆效尤。

听说陈诚要枪毙武长青，时任军委会高级参议的樊崧甫从重庆打电话为武长青求情。原来樊崧甫也是保定军校毕业的，与陈、武皆为同学。

陈诚听樊崧甫求情后，不耐烦地说："我只知他是贪污犯，不知他是谁的同学，这种人不杀，我怎么向老百姓交代？"樊崧甫碰了一鼻子的灰，悻悻地放下了电话。

连樊崧甫都讨了没趣，别的还有哪个敢多嘴？武长青就这样死定了。行刑那天，陈诚命令来省城开会的各区专员、各县县长，都要到刑场看这场杀人话剧，那些平素在下属面前威风十足的专员、县长，全都吓得面如土灰、了无血色。

就这样，一场活生生、血淋淋的现场教育，让湖北的政府官员在近三年时间内，没出大的贪污案子。

陈诚虽然是一名武将，但他对文化教育事业却非常关注。

陈诚在《新湖北建设计划大纲》中，确定湖北计划教育为新湖北运动的重要内容之一，是本省教育设施的最高准则。

平津失陷之后，成百上千的青年学子纷纷从北平、天津、河北、山东等地流落到了尚属安全的武汉，到 1938 年初时，汇集到这里的总人数有万名之多。

如何安置这批知识青年呢？

1938 年 6 月，陈诚接手湖北省主席的时候，日军开始攻打安庆，鄂东和武汉的教育事业随之面临重心西移的问题。

7 月 20 日，湖北省政府在武昌中正路省府会议室（今武昌解放路）召开第三○二次会议，讨论中等学校战时教育问题。会上，陈诚提出将全省四十七所省立、市立和私立中等以上学校（包括鄂西、鄂北的学校）合并为"湖北省联合中等以上学校"（简称"湖北联中"），并转移至宜昌以上地区。办学经费，包括学生的食宿、服装、书籍等费用均由省府支出。

"联中"的校长谁来当呢？

"让陈厅长来干吧！"陈诚对教育厅长陈剑脩说。

陈剑脩是江西遂川人，毕业于北京大学，留学于伦敦大学，曾任北京大学教授、教育部社会教育司司长兼代高教司等职。此人虽是学人出身，又是五四运动时的学生领袖，还是蔡元培先生的乘龙快婿，但于官场宦海颇为熟谙。陈诚此议一出，他知道管着一万多人的吃喝拉撒意味着什么，遂连连摆手说："陈主席，这恐怕不行。我虽是教育厅长，当这个校长也应是分内责任，但我德薄能鲜，务虚可以，务实不行。何况'联中'人逾万数，事涉多方，我难堪重任，难称众愿，主席您还是另选贤能吧！"其他人也互相推诿。

陈诚这时已是脸色铁青，他厉声说道："好啦，大家别争了，这个校长我来当！不过，我不能没有一个副手，这个副手我想来想去，还是陈厅长最合适！"

他似笑非笑地看着陈剑脩说："陈厅长，当这个校长肯定不容易，一万多人吃饭放屁都找你，肯定要抓脑壳、掉头发，但也比不上前方指挥打仗，死不了人。就算死了也没关系，我给你申报政府褒扬，所以你尽可放手去干!"

陈诚这一番话，让陈剑脩窘得无地自容、大汗涔涔。

此后不久，国民党军相继在江北大别山地区和江南赣北地区与日寇发生激战，战局于中方愈加不利。此时鄂东、鄂南虽闻战火，但大部尚在国民党军控制之中；鄂北、鄂中和武汉虽岌岌可危，但不少人尚持观望心态，许多家长还不放心让孩子背井离乡，独自一人到千里之外的鄂西去求学。陈诚得悉此情，心急如焚，于倥偬之中，连夜草拟《敬告本省中等学校学生家长书》，一改铁血冷峻面孔，款款深情地劝慰诸生家长："当此战乱之际，我们唯一的目的，就是要维持战时教育，使我们的子女在安全环境中求学，不致流离失所，荒废学业，同时积极地施以抗战建国的教育与训练……为着他们青年的幸福与我们国家未来建国的基础，我们必须把学校变为家庭，学校的学生犹如家庭的子女，学校的教师犹如家庭的父兄。所以，诸位可以放心，把你们的子女赶快送到学校里来，政府一定完全负责，给予他们免费教育——免除所有的学费、膳费、宿费及制服费，并施以严格的管教，真正造就为国家的人才。"

陈诚还表示，如果经费发生困难，宁可把本省的保安团队裁减一两团，也要把学生安顿好。

这一番动情告白深深地打动了学生家长。家长们相信陈主席言出必行，视学生如子女，他们先前的顾虑担忧便放下了一大半，纷纷为孩子整理行装，主动把孩子送到学校。

师生们面临的最大困难，一是校舍的安置，一是教学及生活用具的添置。为解决这些难题，各分校主任只得商请地方上热心教育而又明识大局的人士出面协商，以租赁的方式，将当地的祠堂、庙宇及富绅大户多余的住房腾出来，加以必要的整建或扩充，以做校舍。

就这样，到达目的地后，各分校师生即忙碌异常，他们自己动手清牛栏，填猪圈，改茅坑，凿壁开窗，粉墙除尘，并就地取材，请当地的木工制作桌椅、床铺。很快，学校规模初具，桌椅初设，琅琅书声便从那祠堂的天井处袅袅腾腾地飘出来。不仅战区的学生努力于学，当地百姓的子弟也结队成批地成为课堂的主人。到 1938 年岁末，"联中"辖分校二十二所，有就读学生一万一千八百八十四人。当陈剑脩将这一情况报告给陈诚时，陈诚露出了笑容："我们这是为湖北保留文化种子，为抗战储备人才，为党国蓄积长久能量。今后还要扩大生源规模，要管好他们的吃穿住用，让他们安心学习，学有所成。"

但此时的陈诚实在兼职太多，他作为高级"救火员"，哪里有困难，哪里战局出现危情，他就会作为蒋介石的化身出现在哪里，所以恩施方面的教育事务多由陈剑脩主持。因此，三十多年后，当陈诚在台湾回忆这段往事时，他检讨说："这时湖北的教育，我实际仅做到一个'养'字，对于'管'和'教'方面，做得未免太少，实在有悖初衷。"

省府西迁恩施后，财政收入锐减，各机关人员工资时有断发之虞。但教育文化经费非但没有缩减，反而逐年增加：1940 年为四百五十五万元，位列年度各项经费支出之首，占当年财政总支出的 22.9%；1942 年预算为一千三百六十三万元，几乎为 1940 年的三倍。

全省国统区的教育亦在此过程中得到长足发展，中学总数从 1938 年"联中"成立前的六十余所，上升到 1945 年的一百二十九所，学生总数从一万多人增加到近四万八千人。在辖区面积不断被蚕食的战争状态下，在全国其他国统区的教育不断萎缩的情况下，湖北国统区的教育就成了一种绝无仅有的现象。

在军事方面，陈诚不仅解除了民众在战时的若干困苦，同时还加强了抗战的一些力量。陈诚既要在实地指挥战地军务政务，又要策谋于帷幄，积极部署反攻。每天都要忙到深夜 12 时以后才就寝。第二天早晨，5 时就起床，然后便赶到办公室，长此以往，侍从人员可有些吃不消，但又不敢明言，后来他慢慢发现了这一问题，就说："你们青年人早上可以多睡一会儿，不能和我比，只要不睡得太晚就行，6 点半可以了吧。"中午午睡，他只在藤椅上闭眼十几分钟，很少超过半个小时。他既不抽烟，也不下棋，唯一爱好的是在晚上临睡前，临摹岳父遗留的柳公权的字帖。

另外，陈诚也为禁赌、取缔不良分子和土豪劣绅恶势力做了不少工作。还在基础建设上做了一些工作，如在恩施北门外飞机场附近修建了一座清江公路大桥。

作为蒋介石的忠臣，陈诚效忠于国民党，始终坚持"一个主义、一个政党、一个领袖"，在政治上认真地执行蒋介石的羁縻政策和包而不办的方针。在武汉抗战时期，也曾出现由武汉卫戍司令部解散抗日救亡民族解放先锋队、青年救国团和蚁社等严重破坏抗日民族统一战线的事件；在鄂西主政时，杀害了中共鄂西特委书记何功伟。这些都是全面认识陈诚这个人不能回避的事实。

鄂西会战，重挫日寇

硝烟弥漫的 1943 年，正是世界反法西斯战争出现历史性转折的一年。这一年的 2 月，苏联取得斯大林格勒保卫战的胜利，消灭了德军一百五十余万人马，希特勒的主力几乎被耗损殆尽。苏德战场的局面因此而改变，世界反法西斯的局面也因此而改变。与此同时，与欧洲战场盟军对德意法西斯军队的反攻相呼应，美军在西南太平洋战场向日军发动了反攻。日本大本营为摆脱困境，意欲从陷于泥沼中的中国大陆战场抽出兵力，转用于太平洋战场对付盟军，因此决定加快对中国军队的攻势，迅速围歼中国江防部队，从宜昌溯江而上，直捣国民党战时陪都重庆。

5 月，南北两线的日军齐聚长阳、五峰附近，旨在夺取三峡险隘石牌。

陈诚当时在云南组建中国远征军，孙连仲已赴常德指挥布防，恩施城内一时群龙无首，人心浮动。

5 月 14 日，蒋介石的侍从林蔚给陈诚打电话告知鄂西战事，陈诚反复权衡后，打电话给林蔚说："作为第六战区名义上的主官，现在鄂西事急，我不能不切实负起这方面的责任，故请蔚文兄转报委员长，准我回鄂指挥战事为要。"

次日清晨6时，军委会即给远征军司令长官部发来加急电谕，批准陈诚即日飞渝转施，指挥鄂西战事。

陈诚带着副官处处长邱行湘等少数几个随员，当天就乘机赶到了重庆。

来到蒋介石官邸时，天色已晚。两人简单寒暄后，蒋介石直截了当地对陈诚说："辞修，我只送你三句话：军事第一，第六战区第一，石牌第一。你自己去相机处理就行了！"

当天夜里，陈诚即叫重庆沙坪坝机场备好了去恩施的飞机，准备第二天天一亮就动身。可就在重庆方面万事俱备时，恩施方面报告说，因天降暴雨，飞机无法起落，希望重庆方面等候消息再出发。

谁知，这一等就足足等了一天。

这一下把陈诚急得大声骂娘。骂完之后，陈诚只得把邱行湘等人找来，初步研究了一下鄂西作战的方案。

5月17日，恩施方面仍说大雨不停，可陈诚再也等不及了，他挥手对邱行湘等人说："走，不等了！就是下刀子，老子今天也要飞回恩施去！"

下午5时，陈诚一行人终于在雨雾中有惊无险地安全到达了恩施。

一下飞机，陈诚即驱车土桥坝战区司令长官部，要参谋处处长杨伯涛通知江防军及各集团军，命令各部师长以上将领次日上午来长官部开会，布置作战事宜。次日一早，就在各将领陆续到达会场，准备开会时，军委会副总参谋长白崇禧也受蒋介石的委托，特地乘专机飞到恩施，赶来赴会。

因战况紧急，陈诚在会上简要分析了敌我形势和这场战役的意义后，即直接下达了各部的作战部署：

一、第十集团军扼守现防线，尤以防守渔洋关为要。

二、江防军以第十八军固守石牌为要；以第八十六军守备聂家河、安春垴、红花套、长岭岗一线，作战略持久战。以第五师为主力的第三十二军，位置于三斗坪、陈家坝之间，为战区预备决战的兵力。渔洋关、津洋口、石牌要塞一线为第十集团军与江防军的决战线。

三、其余第二十六集团军和第三十二集团军警戒宜昌、当阳之敌，必要时可相机向南增援。

会后，鉴于第六战区各部作战日久、兵将疲乏、伤亡严重、兵员不敷的现实，陈诚与第九战区司令长官薛岳协商，借调第七十四军王耀武部、第七十九军王甲本部北上抗敌，并命令第三十三集团军的第三十军池峰城部进抵宜昌以西，与第三十二军一道，做战区总预备队。

就在中方部署战事的同时，日军占领下的宜昌，同样是气氛森严。

日军第十一军司令官横山勇将其指挥部迁至宜昌市内后，随即在这里召开了各师团长参加的军事会议，也对下一阶段的攻击计划进行了部署。

横山勇总结了前期行动战果后宣布："本次作战的目的当在占领三峡，以皇军攻略支那战时首都重庆，为迫使华府早日投降做准备。因为后期作战多在山地间进行，部队行动当以分路展开为宜，因此军部命令：以赤鹿理君之第十三师团为主力，向北进击，沿渔洋关、都镇湾、木桥溪一线，包抄石牌的背面，切断支那江防军之退路；以山本君之第三师团为主力，自茶园寺、聂家河，北取长阳，捕捉消灭支那之第十集团军；以澄田（澄田睐四郎）君之第三十九师团为主力，沿宜昌以西之长江防线，正面攻击石牌要塞。各部应克难奋进，不畏牺牲，达成最后目标。"

就这样，在宜昌两岸的崇山峻岭之间，一场蓄势待发的恶战终于不可避免地全面打响了。

国民党军队虽顽强抵抗，但仍一路退守，直至中日两军聚焦石牌要塞。

5月19日凌晨，敌第十三师团首先行动。经过几天恶战后，5月22日，日军占领渔洋关的同时，南北两面的日军也倾巢出动，牵制江防军。其南面，独立混成第十七旅团由公安出发，佯攻常德，掩护其北进部队，保护其右翼之安危。其北面，5 月 22 日午夜时分，日军第三十九师团在师团长澄田睐四郎的率领下，由宜昌古老背渡江，直扑对岸的红花套，宜昌东南地区一时杀声四起，战火遍燃。

红花套是一个临江小集镇，头靠宋山，背枕红花岭，半弧形的红花岭宛如母亲的臂弯，护翼着古镇上的数百户人家。很明显，日军欲借红花套攻击石牌，必先夺取宋山，越过红花岭方能采取下一步的行动。宋山是红花岭的制高点，战前第八十六军即在山上布置了一个营的兵力，日军进攻时，这一营的官兵与敌反复搏杀，战至最后只剩下四十余人时才撤出阵地。得势后的日军遂尾追第八十六军西略清江北岸之鄢家沱，北攻长阳，及长阳东面的花桥、罗家坪、纱帽山阵地，目标直指军事要冲偏岩。

此消息传到后方后，恩施城内人心惶惶，省府各机关都在秘密收拾档案物件，做转移准备。

陈诚见此，就在省府门前的大楠树下，召集各部门人员讲话："敌人这次进犯石牌，是蓄谋已久的，其目的不外乎两个：一是动摇恩施，二是威胁重庆。现在的形势确实很危急，但是不是到了我们卷起铺盖，避之深山的地步呢？没有，完全没有！"

陈诚见大家都不吭声，知道大家心里没底，于是鼓励道："对这场战役，我战区已有严密部署，我广大将士已鼓足斗志，步步设防，我们军队的装备也较前大有改善。况且敌人这一次进攻的是山峦连绵的鄂西地区，所以无论是从天时、人和，还是从地利上来讲，我们都会取得这场大战的胜利！请大家恪守岗位，尽忠其职，不要慌张，不要后退半步！"

陈诚的这番讲话，简短且富有说服力和感召力，传到社会上后，恩施市面平静了许多。

但偏岩方面的情况却紧张得叫人喘不过气来。八十六军作为这一线的防守主力，承受着日军一个师团的正面冲击。

八十六军也是陈诚属下的一支老牌部队，其军长朱鼎卿曾在贺龙的部队中当过上尉参谋，更在陈诚任军长的第十八军中当过团长。朱鼎卿长得剑眉虎目、四肢粗壮，指挥作风也颇为硬朗，因而他带出的队伍也多少带着他的影子，很能打硬仗。

偏岩地处丹水北岸，往北有公路通石牌，向东有山路到达长江边，隔岸可观望宜昌市内灯火，战略地位可想而知。陈诚深知此地对石牌要塞的重要性，遂严令朱鼎卿务必守住该处阵地，同时令三十二军第一三九师守备资丘、马连、都湾镇地区，屏护第八十六军的右翼；令第十八军固守长岭岗、小平善坝一线，防备第八十六军的左翼，以共同拒敌于清江南岸、宜昌西侧。

对老长官的命令，朱鼎卿向来是谨遵不逾的。第八十六军下辖第六十七师和第十三师两个正规师，他将六十七师布防在都湾镇以南，协助第三十二军、第四十四军阻击由渔洋关北上的日军第三师团和第十三师团；将第十三师部署在长阳附近，右与第一三九师联系，左与第十八军接触。整个战线从津洋口、板桥铺到乌龟山，全长约四十里地。

然而，现在的八十六军经过近二十天的战斗，早已损兵折将，疲惫不堪，加上四十里地的战线拉得太长，兵力不敷，朱鼎卿纵然有三头六臂，也难挡日军的锐利攻势。所以，当 5 月 24 日凌晨敌以步骑炮兵，并以飞机向第八十六军发起全线攻击时，第六十七师在都湾镇不支，被迫渡清江北移；第十三师苦战天坑坪、永和坪不敌，只得弃守长阳，转守长阳郊外的向家河、凤凰山一带。

次日上午，日军第三十九师团又得其第三十四师团的援助，呼啸着向长阳郊外扑来。国民党部队慌忙后退，撤向偏岩。

江防军顿时感到事态严重，急调第三十二军的第五师南下增援。第三十二军本为战区的总预备队，留着用在决战之时。但事已至此，陈诚和时任第六战区副司令长官兼长江上游江防总司令的吴奇伟顾及不了这些，只好先调军防守。吴奇伟甚至赶赴前线，亲临指挥。

可实际情况远比陈诚、吴奇伟掌握的要严重得多，日军早已抢先占据了几处高地，国民党军虽匆忙布阵，杀伤了一些日军，可终究没能阻止敌人的攻势，日军很快拿下了偏岩。

和敌第三十九师团的进攻相比，敌第三师团的攻击则遭到了中国军队更沉重的打击。第三师团 5 月 22 日从茶园寺向北进攻，三天后他们陷在长阳山中进退维谷，且损兵折将，死伤惨重。不得已，师团长山本三男只好调整作战方案，以一部攻取长阳，大部绕道渔洋关北上。四天后，也就是 5 月 26 日，他们才到达高家堰附近。

至此，日军第三、第三十九师团及其各配属部队齐集高家堰、曹家畈、平善坝一线，向石牌要塞步步逼来。

5 月 26 日，日军大部拥至石牌外围后，陈诚清醒地意识到，大战已逼近江防军的核心防区，到了胜败在此一举的紧要关头。

陈诚整天待在作战室内，不停地接听各方报告的敌情动态，又不停地指挥各部布防换防的工作。紧张使得陈诚的胃病发作，疼得他冷汗淋漓，他只好用手压着腹部硬撑着，不让自己倒下去。

其实，和陈诚一样紧张的还有远在重庆的蒋介石。蒋介石明了日军作战意图后，同样对石牌要塞极为关注。

5 月 22 日渔洋关失守后，蒋介石给陈诚、吴奇伟发来电令指出："石牌要塞应指定十一师死守。"

5 月 26 日，重庆来人给陈诚送来蒋介石给第六战区诸将领的军令，称石牌乃中国的"斯大林格勒"，是关系陪都安危的要地，各将领须英勇杀敌，坚持职守，为歼灭强寇立勋功，为民族自由争荣光！

第六战区将士为此斗志倍增，各师、团先后举行了誓师大会，"英勇杀敌""血战到底"的口号似响雷一般，久久回荡在鄂西南的崇山峻岭之间。

这时候，第十集团军各部已损失严重，正待收容整理，陈诚遂对所部兵力重新调整。保卫石牌要塞的重任，陈诚把它交给了第十八军第十一师。这是陈诚的发家部队，嫡系中的嫡系，时任师长胡琏。

由于石牌要塞周围峰峦叠嶂，高耸入云，日本人需要在陡峭悬崖中觅路前行，因而他们所能携行的武器仅为有限的 75 毫米的山炮，这自然难抵第十一师轻重火力的交叉打击。因此，敌军被压制在沟壑山崖下动弹不得。一筹莫展的日军将领澄田只好借助空中力量来代替炮击，每天以九架飞机轮回低飞助战。石牌要塞背靠的虎头山阵地是其轰炸的重点，澄田部不便于大部队运动，就以小股势力趁飞机袭击的间隙向虎头山阵地做锥形深入，仅 5 月 30 日午后至 31 日早上，他们在此地的进攻就达三十多次，除去晚间短暂消停了几个钟头，他们的攻击频率平均为每二十分钟一次。

在石牌保卫战中，发生过一场二战期间最大的白刃战，那就是八斗方战役。有人说，八斗方一战是二战中反法西斯军队和法西斯军队所展开的最大的一场白刃战。

八斗方是一块呈漏斗状的冲积平地，入口开阔、平坦，便于大部队展开行动，出口则为两山收夹的通道，最窄处仅容四五人并排通过，因而，整个地形有如风箱般狭长，又有如咽喉般扼要。

熟读过中国《孙子兵法》的日军第三十九师师团长澄田睐四郎率部抵达这里后，见这里地形如此险要，而四周空寂无声，料想此中必有埋伏。

于是，在进攻八斗方之前，澄田睐四郎先派搜索队侦察了一番，而所部步兵第二三三联队（联队长吉武安正大佐）、野炮兵第三十九联队（联队长黑泽盛大佐）和辎重兵第三十九联队（联队长田中鼎三中佐）则成梯队排列候进。

而此时，中国军队早已经给日寇准备好了口袋，即使再狡猾的猎物，进了口袋也跑不了。

原来，早在日军攻占偏岩后，胡琏当即断定朱家坪为其下一阶段要攻取的要地。

朱家坪有多条溪流直通石牌，因此胡琏认为此处当为日军攻略的重点。八斗方作为通往朱家坪的主要关隘，胡琏就将三十二团的主力布防在了这里。

第三十二团团长张涤瑕率领第二营、第三营到达八斗方后，依托山上的岩石和树林，修筑了一批隐蔽工事，他要求部下不到万不得已，决不暴露自己，不得上级命令，决不擅自开枪，以期最大限度地诱敌至"风箱"深处，予以歼灭。他自己则守在电话机旁，大气不出一声，瞪大着狮子一般的眼睛，紧盯着山下猎物的出现，随时准备下达命令。这也是澄田的步兵侦察和炮兵没有发现第三十二团踪迹的主要原因。

日军的行进始终是较为谨慎的，他们从开阔处前进到"风箱"中部时，大约花了一顿饭的工夫。张涤瑕等得满头大汗，他想，凭借自己手中的两营人马吃掉六七倍于己的敌人，几乎不可能，但打掉敌人的前锋，阻滞敌人于狭地之中，等待援军一起来收拾敌人，则完全有可能。

于是，见日军第二三三联队大部分进入"风箱"后，张涤瑕对着手中的话筒大吼一声："弟兄们，给我打！狠狠地打！"

已在两侧山上等候多时的官兵们早就盼着这一声命令。眨眼间，无数支枪管好像从岩石里蹦出来似的，直接将枪弹倾泻到山下，一批日军很快就躺在了地上。

联队长吉武安正大佐先是一阵惊愕，待反应过来后，马上组织轻重武器对山上展开反击。但以下攻上，谈何容易？

结果，山上的火力越来越猛，山下的死尸也越积越多，吉武安正虽然急得如暴怒的斗牛，也只能躲在山脚一块巨石下指挥作战。

澄田一看大事不妙，急忙下令野炮兵联队组织炮火压制中方火力，同时要求军部派飞机支援。

日军第三十九野炮兵联队拥有三个野炮中队和一个山炮中队，共有75毫米的野炮三十六门，150毫米的山炮十二门。黑泽大佐像是输光了钱的赌徒急于扳回本钱似的，将其所有的家底全部派上了用场，两侧山梁顿时被打得石飞尘扬、烟雾腾腾，树木、荆棘、草丛燃起了团团火焰。

一会儿，六架敌机也飞临八斗方的上空，对山上又肆虐了一番。

眼见中国军人的火力渐渐弱了下来，吉武安正从巨石下钻出来，挥舞着战刀，嘴里不停地喊着"嘶嘶没！嘶嘶没！"命令部下抢占两侧高地。

按照张涤瑕不服输的性格，他原本想凭借地势之利，在这里多拖住日军一些时间，因为他很清楚，现在石牌附近战火遍燃，哪个地方都在激战，调出哪部分力量来支援八斗方都有困难。但经过日军炮火、飞机的打击之后，他身边的部下接二连三地倒下，部队伤亡严重，就连他的警卫班也有一人被炸死，一人被烧伤。现在日军又像马蜂似的向山上攻来，形势万分危急。

不得已，他只好向师长胡琏报告战况，请求紧急增援。

胡琏打仗有如下棋布子，善于算计，走一步，想十步，所以后来毛泽东说他"狡如狐"，原因就在于此。

对八斗方的战情，其实胡琏心中早就有预案，因而得到张涤瑕的报告后，他一方面命令第三十三团团长刘声鹤带领一营机动兵力迅速驰援，一方面请求军长方天调集友军就近支援。方天随即指令在土城寺一带备战的暂编第三十四师抽出一团人马，一小时内赶往八斗方地区。

这两支部队差不多在同一时间到达八斗方两侧的山梁。

巧合的是，这时候，日军也已端着上了枪刺的三八大盖，嗷嗷大叫着冲到第三十二团的核心阵地前。张涤瑕握着一挺轻机枪，虎视眈眈地站在指挥所门外，他周围的官兵或托着枪，或上好刺刀准备和日军做最后的搏杀。

来不及和守军打一下商量，刘声鹤与暂编第三十四师那位尚不知姓名的团长，一见情况危急，便不约而同地命令部队安好枪刺，呼啦啦地齐声呐喊，如山崩地裂一般冲入敌阵，与日军噼里啪啦地格杀起来。

顿时，两面山坡上和悬崖下，近万柄刺刀在上下翻舞，数千双人影在捉对厮杀：有枪刀相向伺机而动的，有互掼胸膛挺立不倒的，有扭抱一团扳手掐脖咬耳的。喊杀声、叫骂声、刺刀碰击声、哭爹骂娘声，以及不时发出的枪声，在空中飘荡，四下喷溅的血珠与光芒把这一片山地变成了名副其实的屠宰场。

几个小时之后，当胡琏带人气喘吁吁地赶到八斗方时，只见夕阳残照之中，满山满坡遍躺着血肉模糊的尸体，到处都是血，像下了红雨。那些倒下的战士身上也全是血，有的血已风干，成了黑红色，有的尸身还汩汩地向外冒着殷红的鲜血。

5月30日，第六战区发现日军撤退迹象，随即下达追击命令。至6月12日，各部队先后返回原驻地。

至此，第六战区部队收复了曾一度被日军侵占的地方，双方恢复到会战开始前的态势，鄂西会战以中方胜利而结束。日本人想占领石牌，窥视巴东，进而谋取重庆的企图最终彻底破灭。

鄂西会战，是中国抗日战争中发生在湖北境内的四大会战之一，也是抗战期间全国四十多个著名战役之一。此次会战从 5 月 4 日开始至 6 月 14 日结束，历时一个多月。战线东起湘北濒湖之华容，西止长江西陵峡口之石牌，绵亘千里。我三军将士同仇敌忾，浴血奋战，使不可一世的侵华日军遭到空前惨败。

在国际上，对中国军队在鄂西抗日战争取得的胜利，同盟国方面也给予了高度评价。6 月 5 日，美国国会参议院军事委员会主席雷诺尔斯发表评论说："中国军队在鄂西之大捷，足以表现中国军事力量，乃盟国制胜战略中不可或缺的一部分。"

鄂西会战得到了中外赞扬，民众更是四处歌颂中国军队的英勇和顽强，这让蒋介石在世人面前赚足了面子，他的高兴不言而喻。6 月 29 日，蒋介石偕夫人宋美龄、白崇禧、林蔚等人到达恩施，祝贺鄂西会战的胜利，对陈诚自然也是给了十足的褒奖和面子，多次在各种场合对陈诚予以褒奖。1943 年 10 月 9 日，陈诚因指挥鄂西会战有功，荣获国民政府授予的青天白日勋章。这是他自 1930 年元旦获得第一枚勋章以来，十四年中所获得的第六枚勋章。

1943 年 7 月中旬，陈诚在处理完他手上事务后，取道重庆，转赴云南。得知他要离开恩施的官吏军民，约有三万人前来机场为他送行。

然而，战争并未以鄂西会战之结束而远离鄂西大地，接近末日的日本法西斯仍在做垂死挣扎，中日双方战事依然不断，不过日军已再无能力对鄂西及大西南发动如此规模的军事行动，直到 1945 年 8 月，日本无条件投降。

谋划远征，整编裁军

就在陈诚悉心指挥第六战区军事和主持湖北省政的时候，1942 年春夏，中国首次入缅作战的十万部队，由于指挥失误，步调不一，损失巨大，溃败的部队大部分转入印度整训。此后，日军侵入滇西，并切断了西南唯一的国际通道——滇缅公路。

为了打通陆上与盟国的通道、编练新军、准备反攻，中国最高军事当局于 1943 年初，决定设立远征军司令长官部，拟任陈诚为司令长官。

从 1943 年 1 月起，陈诚即以第六战区司令长官的身份与外交部长宋子文一道，同史迪威就训练中国军队三十个师的问题进行了磋商。陈诚给史迪威的印象非常好，史迪威认为陈诚是中国将军中"最强有力和最令人感兴趣的"人物。

1 月 28 日，史迪威在给蒋介石的编练计划中，要求让陈诚指挥远征军，强调"应加速集中部队，陈诚将军应摆脱其他一切职务"。

蒋介石也觉得远征军训练应由可靠而得力的人员掌握，于是同意史迪威所请，于 2 月 11 日任陈诚为远征军司令长官，仍兼第六战区司令长官和湖北省主席，第六战区司令长官一职由孙连仲代理。

3 月 10 日，陈诚与史迪威在重庆举行会谈，决定首先调集八千至九千名中国军人到昆明训练基地分批训练，然后空运到印度兰伽训练基地，熟悉新式武器的性能和使用方法。陈诚主张，将特种兵科的干部，更多地送往印度去加强技术训练，而对高级干部，则以精神训练为主。

3 月 12 日，陈诚和史迪威乘坐由陈纳德亲自驾驶的飞机自重庆飞抵昆明，整顿滇西、滇南防务。为了解前方部队的实际状况，陈诚由昆明抵楚雄后，即赴滇西、滇南视察。在视察中，陈诚发现云南前线的部队士气低下、军纪涣散、装备落后、待遇极差，这让陈诚深深感到这些都无法满足反攻的前提。

面对如此严峻的形势，陈诚和史迪威经过协商，迅速制订了"远征军作战部队整备计划"，决定装备和训练"滇西十一个师、滇南六个师、昆明三个师、拱卫陪都部队三个师、第六战区四个师等共三十个师"的练军计划。

陈诚在制订并实施远征军作战部队整备计划的同时，又主持制订了远征军反攻缅甸作战计划。4 月初，蒋介石特电嘱陈诚和军令部部长徐永昌，令其详细研究反攻缅甸的路线。蒋在电报中提示陈、徐，"以其正面甚难进攻，似宜由南北二面研究，预定侧攻道路与方向"，要求他们就进出路线的选定、修路、渡河与各种有关材料之准备，以及指定部队与实习课目等，研拟具体实施的计划呈报。

5月初，在蒋介石的指示下，陈诚又拟出了远征军反攻缅甸的作战计划，预定在8月底完成一切准备后，就以恢复中印缅水陆交通及协助英印盟军收复缅甸为目的，与英美盟军同时发动攻势。

后来，反攻作战计划实行的时间，由于鄂西会战的发生和盟军作战部署的调整，向后推移。

1943年5月至6月间，进行了鄂西会战。陈诚亲赴恩施指挥这一会战，并于事后主持各项祝捷活动。

鄂西战事结束后，陈诚迅速返回楚雄，进一步规划反攻作战事宜。8月上旬，他统一了远征军所属各军、师的编制。在编制问题上，史迪威与陈诚的看法有所不同：史迪威主张每军两师制，而陈诚则认为远征军现行的每军三师制比较符合作战要求。

为了协调彼此间认识上的分歧，陈诚巧妙地决定：各军一律按照1943年远征军编制改编为每军三师，目前每军按编制仅先补充装备两个师。8月12日，陈诚复向最高军事当局提出将滇西、滇南部队统一在一个战斗序列之下的建议。

陈诚指出"滇西滇南，唇齿相依，无论攻守，均须指挥统一"，期以全滇兵力，统筹运用。陈诚的这一意见，迅速得到了蒋介石的认可。

9月，关于陈诚所辖部队的编练与范围，史迪威又多次向蒋介石提出新的建议。6月，史迪威报告蒋介石，练兵三十师的计划有了改变，拟将陈诚所属云南地区的编练部队视为第一批三十四师中的一部分，优先训练和装备。16日，史迪威又建议蒋介石授权陈诚指挥云南、广西境内的所有部队，将滇、桂打成一片。但此议未获蒋的批准，蒋坚持广西部队仍由军事委员会直接指挥。

10月12日，陈诚在楚雄司令部再次拟订反攻计划。其要旨为：在英美联军对缅甸发动攻势的同时，中国远征军以主力分别攻取腾冲、龙陵，进出八莫、九谷，然后进攻腊戍，与盟军会师曼德勒。预定在 12 月完成作战准备，1944 年春季实施。

然而，就在陈诚全力进行反攻缅甸日军准备时，他长年积累的老毛病——胃病复发了，而且这一次病情异常严重。陈诚反复咳血，痛苦不堪，甚至严重到了昏迷的程度。幸亏夫人谭祥一直在身边悉心照顾，精心护理，才勉强渡过难关，但已不能正常工作了。

10 月 26 日，蒋介石亲拟电稿，对陈诚病发表示慰问，并对反攻缅甸作战予以指示。

之后几天时间，蒋介石又多次打来电话，询问陈诚病情。虽然陈诚口中表示仍能坚持，但在电话中仍有几次胃疼得无法言语。

鉴于陈诚严重的病情，蒋介石经过几番考虑，决定让陈诚暂时放下工作休养。

11 月 23 日，蒋介石任原第一战区司令长官卫立煌为远征军代理司令长官；陈诚仍保持远征军司令长官的名义，于 11 月底赴重庆休养。

陈诚实任远征军司令长官约十个月时间。在此期间，为编练新军、制订反攻作战计划做了大量的工作。他不断巡视滇西、滇南部队，还和白崇禧将军一起飞赴缅甸中国驻军的营地视察。可惜，由于健康的原因，没能按照自己精心拟订的作战计划，去指挥远征军的反攻作战。这对于陈诚来说，恐怕是深感遗憾的一件事。

1944 年春，日军拟订并开始实施了以打通大陆交通线为目的的"一号作战"计划。其作战方针规定：于 1944 年春夏季节，先后由华北、武汉、华南地区发动进攻，将黄河以南平汉铁路南部及湘桂、粤汉铁路沿线各要地，分别予以占领并确保。

日军动员了五十万部队来实施这一庞大的作战计划。中国第一战区蒋鼎文部首当其冲，但防御力量非常薄弱。中国军队在进行了英勇的抵抗之后，被迫后撤。日军自 4 月 18 日渡过黄河，20 日占郑州，21 日陷新郑，5 月 1 日下许昌，9 日开始向洛阳城郊攻击。

就在中日双方在洛阳展开殊死搏斗的时刻，5 月 12 日，陈诚奉命结束休养，赶赴豫西前线指挥作战。这时，他的军职仍是远征军司令长官。

7月15日，陈诚正式就任第一战区司令官兼冀察战区总司令，随即到河南西峡口为蒋鼎文、汤恩伯收拾中原败局。陈诚到豫西西坪及西安，即分别召集师长及政治部主任等举行业务检讨，又召集党政干部检讨中原战役之得失。陈诚担任统一指挥，监督、考核河南、陕西、察哈尔、山东及江苏北部之党政军一切事宜。其中统率的部队有集团军，下辖二十三个军。陈诚指示加紧整顿训练，以达到攻守两势作战准备的要求。

9月，中国战区参谋长史迪威因与蒋介石不合，奉召返国。美国派魏德迈将军到中国任中国战区参谋长。11月，蒋介石指派陈诚担任军政部长，负责整顿军政。12月初，中美军事联席会议举行第一次会议，陈诚以军政部长身份与魏德迈举行会谈，魏向蒋介石及陈诚建议缩编军队。他指出，中国军队人数太多，薪饷菲薄，给养低劣，部队又吃空缺，以致士气低落。他还主张全国军队待遇提高到和缅甸印度军队一样的标准，除改善士兵生活外，还要裁并机构，逐步裁军。

据此，军政部在陈诚主持下，开始做裁军的计划。

1945年8月10日，全国上下忽然传出日本已宣布无条件投降的消息，报纸刊出号外：日本天皇已向盟国投降。顿时举国欢腾。

十四年辛苦抗战，中国人民含冤忍痛，毁家纾难，终于等来了这一天。

麦克阿瑟以远东盟军总司令的名义，命令日本政府及其中国派遣军总司令冈村宁次率在中国战区的日本军队向中国战区统帅蒋介石委员长投降。8月15日，日本政府宣布无条件投降。

陈诚此时身兼军政部部长和军政部后勤总司令，权重一时，炙手可热，负责复员接收重任。8月下旬，即由重庆到汉口、南京、北平等处。

战争结束时，国民党的部队有四百三十万人之多，但是军队的改编，特别是何应钦控制下的臃肿的高级指挥机构的改组仅仅进行了一部分。

复员工作中最重要的是部队的整编。早在陈诚接任军政部部长之初，即以军队编制庞杂为由，计划着整编部队。

事实上，国民党军队之待整编，已非一朝一夕之事。非但体制繁复混杂，领导统御也弊端百现。中国政治由腐化而倾向专制。军事之糟乱，并不在政治之下。抗战以前，军阀为乱，抗战开始后，全国军队五百多万，但杂乱不堪。就历史缘由上看，有中央军、东北军、西北军、山西军、粤军、桂军、川军、滇军及其他各省地方军，各军训练方法不同。

在装备方面，中国军队是全世界武器的陈列馆和试验所。德、意、英、日、美、法、捷、苏各国武器一应俱全。当时国内汉阳、金陵、巩县、沈阳、太原等兵工厂出品不同，军队的装备，有时因编制而异，有时因将领而有良莠之别。就地域来讲，有北方军人、南方军人、西南边塞军人，生活习惯和作战适应性都有所不同。在征募方式上，广西是征兵，中央和有的省是募兵，也有征募并行的。在军队思想上，除信仰孙中山的三民主义外，还有信仰马列主义及其他的。

这些军队的性格、特质不一，战斗力的强弱自是有别。但在抗日战争时期，基于强烈民族意识，数百万人同仇敌忾之士气是一样的。

日本投降后，国共两党以及其他党派，在重庆召开了政治协商会议，除通过有关政治方面的协议外，在军事方面，也商定了关于国共双方整编部队的规定。当时，陈诚正任国民党政府的军政部长，有关国民党军队的整编方案，均由陈诚负责拟订。

陈诚军事集团在武汉地区的军队，于五六月之间整编完毕。整编办法是：军整编为师（军长改为师长），师整编为旅（师长改为旅长）。

抗战胜利后，国民党所属军队已完全归属中央政府。然而，国民党中央政府硬将军队分为"中央系"也就是"嫡系"，以及有别于"嫡系"的旁系杂牌军。而"嫡系"军无论物资补充、功过赏罚，都比杂牌旁系吃香。因此黄埔出身的将领，不管在武器、弹药和粮饷方面都源源不断。而冯玉祥的西北军、张学良的东北军、陈济棠的粤军、唐生智统领过的湘军，以及川、滇、黔、陕甘的军队，不是由黄埔系的将领统率，则最多只给一个高级参谋，否则面临裁并。

12月，陈诚奉派担任中央军事机构改组委员会主任委员，蒋介石特别做了指示：以国家利益配合目前及将来的需要，彻底调整，改组时要按美国的军事系统与组织原则，计划1946年5月底之前完成改组。

国民党当时的处境是，庞大的军费开销，国家的财政支付不起。

按照陈诚的裁军计划，到1945年底，国民党原有的一百二十四个军、三百五十四个师、三十六个独立旅、二十八个独立团、十五个独立营，要裁去三十一个军、一百一十一个师、二十八个独立旅、十三个独立团、十个独立营。军事机关原有的四千五百五十个单位，裁并一千七百七十九个。原有的九十二个军事学校，裁并七十个。总计原有兵员五百九十多万人，整编后留四百三十余万人。

陈诚的计划是在1946年内，用集体转业、个别转业和遣散三种方式，裁汰官兵一百六十万人。

陈诚主持的军政部整编由于不公出现了更多的麻烦。

国民党军队内部，本来就是中央军、西北军、东北军、晋军、川军、桂军、粤军派系林立，但经过抗日战争，除了桂军和晋军还能维持自己的系统外，其他的事实上已完全听命国民党中央。陈诚在中央军内部，还争权夺势奋斗不已，这次执掌整编大权，磨刀霍霍，大有拿本已中央化的杂牌军开刀之势。

对于如何处理抗战时的伪军，蒋介石曾召集何应钦、白崇禧和陈诚等人开会讨论。在会上何、白主张收编，陈诚坚决反对。

何、白认为："我们既要伪军坚守阵地防拒共军，又要解散他们，这怎么行得通，势必激成变乱。"

陈诚则认为："如果把伪军编成正式部队，不仅妨害国军的整编，且混淆了国军的血液，千万不能办。"

由于蒋介石支持何、白的意见，陈诚不便反对，收编伪军就成了定案。可由于陈诚主持军政部，在执行中就有了问题。陈诚下令军政部不给收编伪军军师番号，军给纵队名义，师给总队名义，而且在纵队、总队之前要加上"暂编"二字。同时陈诚又命把收编的纵队、总队军官人事档案与国民党军军官人事档案分放。

经陈诚手直接收编的伪军几乎没有，即使是抗战时各地的非共产党游击队，陈诚也主张解散。由于军政部长陈诚不许收编地方团队和伪军，一些伪军大头目都走戴笠路线，如吴化文、郝鹏举、张岚基、任援道都是通过戴笠报请蒋介石批准收编的，军政部只好照办。

很多被裁掉的伪军和地方团队，无奈之下转投共产党。关于这一特点，李宗仁曾劝告陈诚说："辞修兄，你这种干法是替共产党凑本钱啊！"

陈诚答道："他们要到共产党那里去，我求之不得，正可一锅煮掉！"

李又说："我们在抗战之前剿共剿了那么多年，还没剿掉，现在怎能一锅煮掉呢？"

陈诚说："那时是因为我们空军无力量。"

……

陈、李二人，话不投机，不欢而散。

然而，国民党的军事将领和军人，都是除了带兵打仗之外一无所长的职业军人，军队便是他们的家。在军队未建立起良好的退役制度时，他们脱离部队便无法生存。中央裁去他们，如果自求生路，只有投靠他处，心里非常不满，以致发生失业军官到南京哭陵的事情。

1946 年 5 月，国民政府接受美国军事顾问团团长巴大维的建议，成立国防部，原军事委员会及所属军令部、军部及何应钦的陆军总司令部一概撤销，将权力集中到国防部。6 月 1 日军委会撤销，国防部成立，白崇禧任国防部长，陈诚任参谋总长，但参谋总长实际掌握大权，指挥一切。对职权的划分，其间权力之争非常激烈，白崇禧坚持主张把重心置于国防部长身上，权能归一。但如果这样，参谋总长必须事事秉承部长的旨意才能行动。

陈诚因不愿受制于白崇禧，坚持主张权能分立，认为国防部长有权，参谋总长有能；国防部长只管决定政策方针，参谋总长则总揽行动，国防部长不得过问，这样大权就全集中在参谋总长身上。国防部长只是发训令和向行政院要军费。

就这样，陈诚在蒋介石的授意下，撤销何应钦的陆军总司令部，成立国防部，架空了白崇禧，陈诚掌握了实权。

而另一方面，蒋介石的手腕更深。蒋介石利用何应钦在蒋军中资历、威望甚深的优势，限制着陈诚的权力，同时又扶植陈诚以抑制何应钦。后来，即有人评价，陈诚和何应钦都没有蒋介石会使手段，二臣争宠的把戏让他们都誓死忠诚于蒋介石。

陈诚任参谋总长，管辖陆、海、空三军和联勤四个总司令，这也是陈诚的极盛时期。当时在蒋介石的嫡系中，陈诚军事集团的实力也是最雄厚的，到1946年军队数量近二十个军。

第七章 内战先锋，豪言终成笑柄

　　在北京中外记者招待会上，记者问陈诚："如果内战打
起来，请问总共要多少时间才能解决？"

　　陈诚脱口而出："三个月！"

　　坐在一旁的傅作义咳嗽一声，陈诚马上改口："至多五
个月吧。"

不顾调停，挑起内战

　　抗战结束后，蒋介石和中共方面都确信自己是可以打垮对方的。
在重庆谈判期间，蒋介石就曾对毛泽东表示，中共如果不接受他的
条件，他将以战争解决问题。毛泽东毫不退让，立即反唇相讥，声
称将以对付日本人的办法对付国民党军队。

　　从当时的情况看，国共如果立即爆发战争，双方虽然都未准备
充分，但对共产党方面，确实更为不利。一是抗日战争，中共军队
进行的是分散游击战，部队立即进行大规模正规化编组，改变成大
兵团作战，还需要时间，而蒋军不存在这种问题；二是美国更多地
支持蒋介石，希望蒋介石政权能维持下去，苏联虽同情中共，但也
希望中共能加入蒋介石政权。

　　由于对中共不利，美国派马歇尔来中国进行国共两党之间的调
停，操纵建立国共联合政府，而中共方面对此有较大的诚意。1945
年的重庆谈判，中共方面做了较大的让步。

蒋介石因害怕得罪美国失去美援，而又抱着迫使中共加入他的政府的思想，三心二意地参加谈判。由于蒋介石的蓄意破坏，使马歇尔的使命失败，马歇尔和美国政府大为不快，本来想给蒋介石的一些美援都不给了，就是给一些，蒋介石也得苦苦哀求。美国的做法是使蒋介石军队"既饿不死，也吃不饱"。

1945 年 6 月 30 日，马歇尔停战协定期满。8 月 10 日，马歇尔特使与司徒雷登发表声明："国共无法协议。"这样，国共内战已不可避免。

而就在马歇尔调停的这段时间，中国共产党迅速组织起了大规模作战的兵团，做好了应对蒋介石发动全面内战的准备。

蒋介石所以甘冒天下之大不韪而发动这场内战，主要是由于他自恃拥有远较共产党方面强大的军事力量和经济力量，其中包括美国给予的大量援助，以为可以凭着这些力量很快地消灭中国共产党领导的人民军队和解放区。

蒋介石当时的兵力，包括陆军的正规军、非正规军，海军，空军，特种部队以及后方机关、军事院校，总数达四百三十万人；而中国共产党方面，只有六十一万人的正规军（野战军）、六十六万人的地方部队（军区、军分区、县属武装）和后方机关人员，总数一百二十七万人。双方兵力比是 33.7：1。

蒋介石的军队，由于接收了侵华日军一百万人的武器装备，再加上美国政府在抗日战争期间和抗战胜利后给予的大量援助，装备先进，武器精良。他的正规军约有四分之一是用美械装备起来的，一半以上是日械装备，四分之一是混合装备。他们不但拥有大量的炮兵，而且有相当数量的坦克、作战飞机和海军舰艇。而中国共产党领导的人民解放军却只装备有抗日战争时期缴自日军的各种步兵火器（主要是步枪、轻重机枪、迫击炮）以及极少数量的山炮、野炮，没有坦克，没有飞机，更没有作战舰艇。

同时，蒋介石还控制着全国几乎所有的大城市和主要交通干线，控制着全国百分之七十六的土地和百分之七十一的人口，控制着几乎全部的现代工业，军火工业也有相当规模。而中国共产党方面，却只有全国土地的百分之二十四和全国人口的百分之二十九，除哈尔滨外没有一个大城市，经济上主要依靠农业和手工业生产，交通运输只靠肩挑、背扛、大车拉、小车推，军工生产基础极为薄弱，只能制造远不能满足作战需要的机步枪弹、手榴弹、炸药以及极少数量的迫击炮。当时人们往往把这些自制的弹药加上一个"土"字，来说明它的技术性能之落后。

另外，美国政府对蒋介石的大力援助，也是蒋介石敢于发动这场大规模战争的重要原因之一。据统计，仅国共停战的 1946 年上半年，美国政府就向国民党政府提供了价值十三亿五千万美元的各种物资。美国总统杜鲁门承认，美国在抗战胜利后给予蒋介石政府的物资援助，是抗战胜利前美国援华物资的两倍。美国前后为国民党军队训练了各种技术军官十五万人，重新装备了四十五个陆军师（旅），为空军配备了各类飞机九百三十六架，其中大部分是在抗战胜利后移交给国民党军队的。在全面内战爆发后，美国政府又向国民党军移交了舰艇一百三十一艘。从日本投降到 1946 年 6 月，由美国海、空军帮助输送到内战前线的国民党军队达五十四万人。大规模内战爆发前夕，美国国务院除向国会提出《继续对华军事援助法案》请求通过外，又着手同国民党政府进行谈判，准备把储存在西太平洋的价值二十亿美元的战争剩余物资以五亿美元的低价出售给国民党政府。

蒋介石对发动这场大规模内战充满自信。在 1946 年 6 月的一次会议上，他告诉他的部下："我们军队的长处是什么呢？就是我们有特种兵以及空军、海军，而共产党没有这些兵种。"他还提出"速战速决"的战略方针，声称"因为我们有空军，有海军，而且有重武器和特种兵，这是他们匪军绝对没有的"，因此"我们就一定能速战速决，把奸匪消灭"。

战争是敌对双方实力的竞赛。

面对国共双方这样悬殊的力量对比，毛泽东是怎样考虑的？他充分看到蒋介石在军事、经济力量方面所占有的优势，尤其是美国大力支持这个优势，这是一个方面；但他坚持对事物采取两面分析

261

的态度，另一方面也清晰地看到蒋介石存在的种种弱点和自己的种种优势，尤其是革命力量在抗战中取得的巨大发展，已远非土地革命战争时期可比。

正是根据对双方力量对比的这种清醒的认识，在蒋介石发动全面内战的第二个月，也就是1946年7月20日，毛泽东对前面所说的这个重大问题做出明确的回答："我党我军正准备一切，粉碎蒋介石的进攻，借此以争取和平。蒋介石虽有美国援助，但是人心不顺，士气不高，经济困难。我们虽无外国援助，但是人心归向，士气高涨，经济亦有办法。因此我们是能够战胜蒋介石的。全党对此应当有充分的信心。"正所谓，得民心者得天下。

为了使人们认清蒋介石和美帝国主义的虚弱本质，树立起必胜的信念，毛泽东在延安接受美国记者安娜·路易斯·斯特朗采访时提出了一个简单明了的观点，也就是著名的"一切反动派都是纸老虎！"

6月23日，上海五万群众举行反内战游行，沿途高呼"反对内战""要求长期全面停战""要求美国不干涉中国内政""驻华美军立即撤退，并停止对国民党的一切军事援助"等口号。

这时，国民党在中南地区的军队，大多数已调集到长江以北地区。国防部认为华北和东北的大、中城市和铁路交通线，都控制在国民党军手里，妄图在三个月到六个月内，基本上消灭共产党军队主力。国防部的策划是：首先包围鄂豫边区的李先念所部，然后抽调湖北、豫南地区六七个整编师转用于豫北、山东。当时属于陈诚军事集团的整编十一师、整编六十九师和整编七十五师在武汉地区。

1946年6月，美国用军舰和飞机，将国民党五十四万军队运到进攻解放区的前线。

1946年6月26日，陈诚在被任命为参谋总长后，尚未正式宣誓就职，便遵照蒋介石的命令，撕毁停战协定，通过郑州绥靖公署主任刘峙，指挥第五、第六两绥靖区的部队约十个整编师三十万人，向中原解放区李先念部发动进攻，从而点燃了全面内战的战火。

7月，中共中原军区李先念所部，在国民党军包围的情况下，主动做了战略转移，突破国民党军围攻。这一行动完全出于刘峙和南京国防部参谋总长陈诚的意料。

7月下旬，陈诚亲自到武汉指挥。由于蒋介石、陈诚消灭李先念所部于宣化店地区的计划彻底破产，在1946年下半年不能北调苏、鲁战场，这就削弱了国民党军的作战能力。这时，解放军的战略反攻也起了一定的作用。

紧接着，陈诚又调动第一绥靖区李默庵部、苏北绥靖区李延年部和第五军邱清泉部，向苏中、苏北解放区发动了大规模的进攻。他甚至扬言："两星期解决苏北问题。"

七八月间，苏中解放区部队在粟裕、谭震林的指挥下，打了个"七战七捷"，歼灭国民党六个半旅和五个交警大队，计五万多人，而国民党军只夺得了海安等两座空城。

淮南、淮北解放区的部队将进攻该地区的整编第六十九师戴子奇部歼灭了第九十二旅全部和第六十旅一部。但是，在蒋介石、陈诚的指挥和部署下，国民党军还是以绝对优势的兵力，将这些解放区的点、线以至大、中集镇，全部占领。

9月后，陈诚亲自到河南封丘召集师长以上将领开会，以为整编三师师长赵扬田、整编六十八师旅长刘广信被俘，三师之被歼，是由于刘峙指挥无方，友军之间不能协力和该师本身作战不力所致，遂将刘峙及参谋长赵子立撤职，郑州绥靖署撤销，改为陆军总司令郑州指挥所，由副总司令范汉杰任主任。

10月9日，陈诚以参谋总长身份在北平召重要军事会议，出席者有陆军总司令顾祝同、北平行营主任李宗仁、保定绥靖主任孙连仲、张家口绥靖主任傅作义、集团军总司令李文以及军、师长多人，还有行营的全部高级将领。

会上，陈诚首先宣读了蒋介石关于平汉路应于三周内打通的手令。读毕，大家均面面相觑。陈诚问李宗仁的看法，李表示："论军人本分，原应服从命令，不过为事实着想，我们更不应欺骗最高统帅。若以现有兵力来打通平汉路，简直是不可能。因为平汉路如果打得通，则早已打通了，然而打了这么久还未打通，现在并未增加一兵一卒，忽然限于三个星期内打通平汉路，实是梦想。我们如果不知彼不知己，贸然用兵，不但平汉路打不通，恐怕还要损兵折将，为天下笑。"

陈诚询问李宗仁："德公，你认为现在的形势肯定打不通吗?"

李宗仁回答道："照我看，以现有兵力，无此可能。"

陈诚觉得如果这样，无法向蒋介石交代，便说："若果如此，我如何能向委座复命呢?"

李宗仁肯定地说："辞修兄，那只有据实报告了。"

陈诚脑子一转，问李宗仁："德公，您是老前辈，能否用您的名义打一电报给主席，据实报告呢?"

李宗仁知道陈诚不愿承担违背蒋介石意旨这个责任，笑笑说："你既不愿直接报告的话，用我的名字也无妨!"

陈诚一看李宗仁愿意承担责任，心中便放松下来。

李宗仁当即命参谋长王鸿韶起草电稿，向蒋介石报告。不久，蒋介石复电李宗仁，表示收回成命。

当大规模内战初起时，由于解放军没有大兵团作战经验，蒋军攻势咄咄逼人，在东北、热河和平绥线上国民党军取得了一些胜利。尤其是在10月11日，傅作义利用解放军晋察冀部队的判断失误，攻占张家口之后，蒋介石更觉得胜利在望，在10月19日召开的秘密军事会议上，声称要在"五个月内打垮共军"。

傅作义部攻占张家口，是国民党在内战中唯一的一次胜利。蒋介石认为共产党军队已被拦腰切成两段，剩下的就是各个击破的问题。蒋介石满以为只要倾注全力，很快就能将共产党军队逐个歼灭。

由于认为胜利在望，蒋介石这时已开始考虑战争结束后的问题了，在蒋军占领张家口的同一天，蒋介石宣布将于11月召开"国民大会"，制定宪法。而且"国民大会"的召开，不需要有中共和民主同盟的参加。

在北京中外记者招待会上，记者问陈诚："如果内战打起来，请问总共要多少时间才能解决?"

陈诚脱口而出："三个月!"

坐在一旁的傅作义咳嗽一声，陈诚马上改口："至多五个月吧。"

经过半年与解放区部队的较量，国民党军损兵折将，损失惨重，但仍凭借优势的兵力，占据了大片解放区，控制了若干地区的点线。

莱芜惨败，豪言落空

1947 年 1 月中下旬，华东解放区主力集结在临沂地区。蒋介石、陈诚错误地判断该部将固守临沂，遂制订了"鲁南会战"计划，企图在临沂附近进行决战。

陈诚奉蒋介石之命，亲自坐镇徐州督战，声称："党国成败，全看鲁南一役，只许成功，不许失败。"

1 月 20 日，陈诚为实施他的"鲁南会战计划，"以机密文件发出《告剿匪各部队官兵书》，称："此次剿匪任务，为我革命成败最后关键，亦即我革命军人最后应负任务。"接着，他又颠倒战场形势，欺骗国民党军官兵说："苏北、鲁南、鲁西之匪鉴于大势已去，不得不做困兽斗"，"国军部队虽略受损失，但就全盘战局而言，实属莫大之成功"。

最后，他又为官兵们打气说："盖此地区（指鲁南）为主要战场所在地，同时更为匪我决战所关也。剿匪之成败全赖于此，望我将士齐心协力，切实遵奉命令，发挥革命无上之精神。"

1 月底，陈诚分别发表了《告新四军官兵书》和《告共军民兵》，竭尽造谣污蔑、挑拨离间、威胁利诱之能事。

1947 年 2 月 21 日，陈诚晋升为陆军一级上将。可是，只过了没几天，山东战场便响起了丧钟。

面对陈诚三十余万大军向鲁南地区的进攻，中共中央军委特地向华东野战军发出了《关于粉碎陈诚向鲁南进攻的几点指示》，并对陈毅、饶漱石、粟裕、谭震林等指挥员指示了作战方针。

2 月中旬，华东野战军根据中共中央军委的指示，将主力做战略转移。15 日，国民党军整编第七十四师占临沂。

陈诚误将华东野战军主力的战略转移看作是"败退"，并为自己的"胜利"冲昏了头脑，遂发报给第二绥靖区司令官王耀武："陈毅已率其主力放弃临沂，向北逃窜，有过黄河避战的企图；务须增强黄河防务，勿使其窜过黄河以北，稗便在黄河以南地区歼灭之。"李仙洲部遂于 17 日重占颜庄、新泰。

为了迷惑和调动敌人，陈毅、粟裕采取了一系列"示形于南，击敌于北"的策略。具体为：一示南征之形，在军事上隐蔽北上歼敌的意图；二示决战之形，以迎合敌人企图在临沂与我决战的心理；三示失利之形，主动放弃临沂，使敌人产生我军连战疲惫、不堪再战的错觉；四示西进之形，使敌人难以辨明我军北上作战的真实意图。

蒋介石、陈诚果然中计，陶醉于虚假的"空前大胜"的战报之中。而陈毅、粟裕、谭震林却暗暗发出了在北线作战的行军命令。南线主力部队，冒着雨雪风寒分兵三路向北急进。每天日落出发，到天亮宿营。与部队并肩前进的，还有当地数十万支前的民工。当时，从临沂到蒙阴一百五十公里的地区内，白天宁静，夜晚沸腾；山上山下，人欢马叫；村前屯后，熙熙攘攘；大小道路，车轮滚滚；千军万马，浩浩荡荡，好一派人民战争的宏伟场景。

坐镇济南的国民党军第二绥靖区司令长官王耀武，得知华野主力向北运动，有包围李仙洲集团的企图，迅速报告陈诚。

然而，趾高气扬的陈诚，断定"共军已被打垮，不堪再战，现在要放弃山东，向黄河北窜了"。

后来，又有人告诉陈诚："鲁中南确有共军向北移动。"

陈诚不屑一顾地说："几个被打垮了的散兵游勇，何足大惊小怪。"他一面斥令王耀武不准后缩，一面直接令李仙洲确保莱芜、新泰阵地，堵住胶济路一线。

经过先后四次与蒋军的周旋较量，当年 2 月 21 日，华东野战军部队全部展开，在莱芜地区形成了兵力对比上的绝对优势，基本上完成了对李仙洲集团的战役合围。

决战中，粟裕把注意重心集中在如何达成对李仙洲集团的全歼上，在作战指导思想上辩证地处理网开一面与四面包围的关系。采取围三阙一，网开一面的战法，调虎离山，纵敌出城，然后四面包围，收网捉鱼。到 2 月 23 日中午，五万多蒋军被团团包围在东西三四公里、南北十一二公里的袋形阵地里，北进不能，南退不得，乱作一团。

到下午 5 时，李仙洲集团大部被歼灭。乘隙逃出的第七十三军军长韩浚及其残部五千多人，也被华野部队截击全歼。

莱芜战役至此胜利结束。中共华东野战军这一仗打得干净利落，只用三天时间，就以伤亡六千余人的代价，歼灭国民党军队七个师六万人左右，生俘第二绥靖区副司令官李仙洲、第七十三军中将军长韩浚和少将十七名，击毙少将师长、副师长两名。莱芜战役后，鲁中、渤海、胶东、滨海四个解放区连成一片，大大改善了华东野战军的战略态势，华东战场的形势从此转入一个新阶段。

东北挣扎，难挽败局

1947 年，随着国民党军在各个战场的惨败，解放军由防御逐步转入反攻，蒋介石越发将部队的人事、指挥大权直接操于自己手中，不经参谋总长中转。同时，与全国其他各战场相比，对于国民党政权来说，东北战场显得特别重要，那里的行辕主任熊式辉同保安司令长官杜聿明又配合不好，急须改变这一格局。

这一年，蒋介石将陈诚派到东北战场，担任东北行辕主任，意图夺取整个东北。

然而，东北战局与陈诚的估计正好相反。

陈诚到东北后，颇有一番重整东北蒋军的雄心，公开宣称"要六个月恢复东北优势，收复东北一切失地"，"要消灭共军，建设三民主义的新东北"。由于陈诚干事一向干净利落，开始时一些东北人士对他也是抱很大希望的。

陈诚到东北后开的第一刀是惩治贪污和整饬军纪。

辽宁省主席徐箴被撤职，五十二军军长梁恺、副军长兼十二师师长刘玉章被撤职。中将田湘藩以开"兵学研究会"为名，暗中开设赌场，陈诚将之逮捕。本溪区的一个保安司令李耀慈，弃职潜逃，被捉住后，陈诚命令将其处以极刑。

最让人不可思议的是，七十一军军长陈明仁，6月下旬刚在四平街战役中取胜，获得青天白日勋章，陈诚到东北即以陈明仁盗卖军粮、贪污为名，将陈明仁撤职查办。当时有人说："陈明仁胸前挂勋章，手中拿撤职令，真是令人啼笑皆非。"

陈诚这种作风很快在东北得罪了很多人。东北的党政人员主要是熊式辉拉来的，军队高级将领主要是杜聿明的老部下。陈诚大肆攻击原在东北的国民党高级官员和将领政治腐败无能、军事指挥失当，致使东北"国军"成了瓮中之鳖，等等。他当着众多新闻记者的面，如此刻薄地攻击熊、杜等人，一时舆论哗然，在场的国民党高级官员和将领们，也多有不平之色。

陈诚的第二刀是锐意整军，大力扩充部队。他在一次公开演讲中说："在这里，官多于兵，兵多于枪，各部队不负责作战，反而去做生意，做政治活动。各级地方政府收编杂色游击队伍为保安团，将保安经费数字列在预算第一位。这些保安团打了败仗，各自逃走了事，这简直是祸国殃民的行径。"

由于保安部队还到处扰民，陈诚便决定将其编散，准备将东北原有九个保安区十一个保安支队以及交警总队等，编入正规部队。这时有东北当地人向陈诚建议说："听说总长将东北各保安支队司令撤换，有许多部队会叛变投向共产党的。"

陈不听，回答说："谁要投，就让他去投。他今天投，我现在就缴他的枪。"

陈诚还在东北扩军，扩编了新三军、新五军、新七军、新八军四个军，又把骑兵支队扩编为骑兵师，把青年军二〇七师扩编为第六军。另外，陈诚又从苏北将四十九军调到东北，加上原有的八个军，总数有十四个军之多。陈诚这么干，虽然将地方部队编入了正规部队，表面上部队实力增加，但实际效果未必好。

陈诚在东北首先策划打通北宁路，把北宁路锦州至沈阳段以西的解放军"彻底肃清"，使关外和关内的铁路交通解除被切断的危险。9月初，他以刚从苏北调来的四十九军主力和从华北调来的四十三师分路向热河进攻。四十九军主力离开锦州不久，就在锦州西北的杨家杖子被解放军包围全歼，解放军乘胜切断了北宁路。

为了重新打通北宁路，陈诚请蒋介石下手令让华北的傅作义出兵支援。傅作义命侯镜如指挥两个军，向热河出击，不久打通了北宁路。看到侯镜如在北宁路的成功，陈诚决心在东北打几个漂亮仗以扭转局面，企图以沈阳及其外围城市为依托，将新编第六军、新五军、第四十九军等部队组成一个强大机动兵团，准备在南满，特别是北宁路以西地区，与解放军主力进行决战。为此，他将新一军主力从长春调回了沈阳。

为了策应北宁路作战，1947年10月中旬，东北野战军发起冬季攻势，分路向中长路进攻，先歼灭开原以东威远堡门地区的五十三军——六师和许多地方部队，随后歼灭了驻开原东南八棵树的一个团。陈诚急请蒋介石派兵增援，蒋于是调新六军守铁岭，又调华北的六个师增援东北。不久，解放军又歼灭了蒋军暂五十一师、暂五十七师一部，奉命西援的四十三师被击溃。

陈诚初到东北时，北宁铁路和中长路长春到沈阳段还能通行，到1947年底，已是时断时续。当时沈阳人编了一句顺口溜说："陈诚真能干，火车南站通北站。"

尽管形势越来越糟，打肿了脸的胖子还要充下去。

1948年元旦，陈诚在《告东北军民书》中，声称"目下国军已完成作战准备，危险时期已过"。不久即派作为机动部队的第九兵团部队由铁岭、沈阳、新民三路出兵，向沈阳以西地区的解放军进攻。此次陈诚动员了新一、新六、四十九、七十一、新三、新五共六个军，解放军也以主力七个纵队应战。1948年1月初，当新五军前进到公主屯时，突然被解放军五个纵队包围，新五军军长陈林达当即向陈诚报告，请求退守没有坚固工事的巨流河。陈诚闻报立即召集幕僚研究，最后采纳了行辕副参谋长赵家骧提出的退守辽河方案。

269

可这一迟误，使新五军失去了撤退时机，至1月7日新五军被全歼。

当新五军被围时，廖耀湘指挥的新六军本可就近解围，但廖害怕被歼，便借口道路泥泞，该部是重装备，运动困难而迟迟不行。随后第四十九军又被歼灭两个师。

国民党军在东北连吃败仗，使蒋介石非常震惊。

1948年1月10日，蒋介石亲飞沈阳，召集师长以上将领开会。会议开始后，蒋介石对第九兵团司令廖耀湘和新六军军长李涛大加申斥，"切责其不服从命令，拥兵自保，见死不救，致使新五军全军覆没"。声称廖、李二人要对这次惨败负责任。

没想到蒋介石的话刚说完，廖耀湘和李涛二人立即站起来申辩说："我们从未接到援救陈林达将军的指示，故不能对新五军的失败负责。"陈诚说他曾让东北行辕副主任罗卓英给廖耀湘打电话，而现在是非无法辩明。最后陈诚站起来说："新编第五军的被消灭完全是我自己指挥无方，不怪各将领，请总裁按党纪国法惩办我，以肃军纪。"

蒋介石无奈，只得说，仗正在打着，待战争结束后再评功过。此事也就不了了之了。

1947年底，陈诚的胃病复发，但此时陈诚正在忙着组织机动兵团和东北解放军主力作战，仍带病坚持工作，因此病情日渐严重，胃溃疡部分时常出血。蒋介石特派权威医生威寿南到沈阳为他治病。新五军被消灭后，陈诚还对各将领说："我决心保卫沈阳，如果共军攻到沈阳的话，我决心同沈阳共存亡，最后以手枪自杀。"

但陈诚在东北威信大降，本来就不怎么听他命令的郑洞国、廖耀湘对陈更加轻视，再留下来，也难以指挥。东北党政人员也认为陈无能。加上陈诚胃病复发已经无法工作下去，蒋介石便决定让陈诚离开东北去养病，重新建立东北"剿匪"总部，以卫立煌为东北行辕副主任兼"剿匪"总司令，代替陈诚指挥军事。2月5日，陈诚在将党政军指挥权完全移交给卫立煌后，离开了沈阳。

陈诚初到东北时，大言炎炎，东北各界以为陈肯定有所作为，结果损兵折将，无果而终，东北各界大为失望。陈诚整饬军纪，严治贪污，得罪了很多在东北的党政军高级官员。陈诚一失势，这些人趁势对陈报复，要出他的洋相。

有人说："陈诚初来东北气势汹汹，不可一世，原来是一个草包，到了紧要关头他就逃了。"

还有人说："陈诚人小鬼大，他说同沈阳共存亡，最后以手枪自杀，他才不自杀呢！简直是骗子，有谁相信这个骗子呢？"

据说在陈诚要离开东北之前，马占山听得陈诚要逃跑的消息，曾去见陈诚，疾言厉色地对他说："你来得去不得。"

由于东北人士对陈诚攻击太过厉害，蒋介石便让他请张作相、马占山等东北军政要人讨论东北问题，借以联络感情，缓和东北人士对他的攻击，但东北人士仍然攻击他。

1948年2月27日，陈诚由夫人谭祥陪同由南京到上海国防医学院检查身体。此后，陈即在上海治疗胃病，并准备出走美国。

这时，正值1948年4月国民党国民大会召开，消息传到代表中，代表群情激愤。在白崇禧做军事报告的大会上，全体代表不约而同地大喊："杀陈诚以谢国人！"

在国大代表交口攻击下，陈诚成了过街老鼠，当然也不好再提去美国。蒋介石只得出面为陈诚解释说："责任在我，与辞修无关。"

5月13日，南京政府免去了陈诚参谋总长、东北行辕主任兼海军总司令职务。参谋总长由顾祝同担任，东北行辕主任为卫立煌，海军总司令由桂永清接任。

从蒋介石宣布"五个月内打垮共军"到国民党军队全面溃败，不过七八个月的时间，蒋军何以失败如此之迅速？

仅从战场上看，蒋军犯的最致命的错误是固守城池、占领点线。在内战开始之初，蒋介石也曾宣布不以一城一地为得失，以"歼灭共军兵力"为目标，但在具体作战时，不知不觉中，即将这种战略变了形。

首先，蒋军从一开始，军事行动即受了政治宣传的影响。蒋军攻占承德，宣传是大胜；占领张家口，宣传是大胜；占领延安，宣传也是大胜。但这些大胜，事实上都未伤及中共军队主力。这就在宣传上捆住了自己的手脚。蒋军也并非不知道宣传占领一城一地为大胜有点儿勉强，但为了鼓舞士气、激励军心和在国际宣传上造成一种有利于自己的声势，便不惜饮鸩止渴。

宣传的结果，便是这些地方占领了，就要守下去，结果自然而然地就成了以一城一地为得失了。抗战爆发以后，陈诚在武汉曾委婉地批评过蒋介石因"政略"影响"战略"，当时是因蒋要照顾国际联盟开会，而改变了在上海预定的作战计划，导致上海抗战以后无秩序的溃退。此时实际上也是"政略"影响了"战略"，因为政治宣传上的需要而使预定的以歼灭有生力量为目标的作战方针变了形。

从战术上讲，中国共产党部队并没有用对付日本人的办法（分散游击战）来对付蒋介石，而是重新用红军时代早已得心应手的运动战，而且规模比过去大得多，有时达十几万人甚至几十万人。共产党缺少重兵器，所以在运动战中侧重于野战，以重兵在运动中包围蒋军一部，将其消灭。蒋介石在解放战争中实际上未找出对付中共大范围、大规模运动战的办法。因为作战范围大，蒋介石在江西用过的堡垒战术无法实行，而且由于中共已有炮兵，蒋军在江西的那种土碉堡也抵不住打击；因为中共部队多，蒋介石也没有从几面将中共部队包围的兵力，限制不了中共部队的机动性。

另外，蒋军的军事行动和其地方政权基本上是分离的，后勤补给也都基本上由军队本身来办，在作战中，军队是单独行动。而解放军和地方政权配合密切，地方游击队提供军事、情报上的支援，地方政权提供运输、后勤以及救护上的保障。所以在正规军队人数上，无疑蒋军要比解放军多得多，但若加上地方部队的后勤、运输、救护等方面的援助，中共方面的力量和蒋介石方面对比，差得也就不是那么悬殊了。而且由于中共在解放区的动员彻底，实行的土地政策又深得民心，政治稳定，尤其是解放军前线指挥员指挥得力，蒋军很快失去优势，而最后陷入失败。

蒋军战略上失败的责任，最主要的承担者应是蒋介石和陈诚。

第八章　败退台岛，宠臣遗憾谢幕

　　陈诚想了想，确实是个好去处。那里社会比较安定，环境幽静，物价低廉，非常适合养病，更重要的是远离了大陆上激烈厮杀的紧张气氛，远离了物价飞涨、通货膨胀的局面，也远离了"杀陈诚以谢国人"的逼人气势。

病寓台湾，临危受命

　　辞去参谋总长职务的陈诚，于 1948 年 6 月 5 日在上海接受了胃溃疡治疗手术。陈诚后来在回忆录里写道："这是我一生中最值得纪念的一日，把多年来的胃溃疡完全割治好了。"

　　尽管手术很成功，但也必须经过较长时间的休养才可完全康复。这件事情却让陈诚犯了个大难——偌大一个中国竟然找不出个像样的疗养之所来。

　　此时，国共两党的全面内战已经打了整整两年。交战之初，国民党拥兵四百三十多万，而共产党仅有军队一百二十万。内战初起，由于解放军没有大兵团作战经验，在东北、热河和平绥线上国民党军取得了一些胜利。尤其是在国民党军攻占张家口之后，蒋介石大喜过望，声称要在"五个月内打垮共军"。陈诚也深有同感，在北平答记者问时，公开宣称："三个月至多五个月可以完全以军事解决问题。"

　　然而，事情的发展完全超出了陈诚的预料。1948 年 6 月，当陈诚躺在手术台上的时候，国民党军队已经下降到三百五十万，而共产党领导的人民解放军则迅速增加到二百八十万。

手术很成功，陈诚留在上海静养。病中的他终究放心不下国家大事，每天都要阅读当天的报纸。然而，令他颓丧的消息却接连传来。

9月24日，济南"陷落"，锦州随之"告急"，一时间大上海谣言四起，人心惶惶不可终日。上海已经不再是可以安心疗养的地方了。到哪里去养病呢？陈诚思虑再三：去老家青田吧，自己在故乡并无恒产，况且那里是偏僻山区，治安不好，不能去；大陆其他地区似乎也不比上海好到哪里去，要么正受到解放军的威胁，要么正在举行轰轰烈烈的示威游行，罢工罢课；也有人建议陈诚到美国去，然而作为蒋介石肱股之臣的陈诚无论如何也不能在"大局逆转"的时候，选择置身事外。而且陈诚从政三十余年，向以廉洁闻名，未能置下什么丰厚的产业，单靠自己根本负担不起美国的疗养费。

正当陈诚无所适从的时候，蒋介石给了他一个建议，到台湾去。陈诚想了想，确实是个好去处。那里社会比较安定，环境幽静，物价低廉，非常适合养病，更重要的是远离了大陆上激烈厮杀的紧张气氛，远离了物价飞涨、通货膨胀的局面，也远离了"杀陈诚以谢国人"的逼人气势。或许蒋介石早就知道陈诚囊中羞涩，便资助了一笔钱，建议他到台湾养病。

陈诚或许不曾想到，蒋介石貌似随意的建议，其实包含着很深刻的用意。

早在1946年10月，蒋介石就偕同宋美龄视察台湾。视察结束后，他曾经十分赞许地说："台湾尚未被共党分子所渗透，可视为一片净土，今后应积极加以建设，使之成为一模范省，则俄、共虽狡诈百出，必欲亡我国家而甘心者，其将无如我何乎！"总之，一句话——有了台湾，就有了一切。

如今，国民党在军事上接连失败，虽然未到全盘崩溃，却也足以让蒋介石萌生兵败大陆的恐惧来。他把自己最亲信的爱将陈诚"送"往台湾养病，其实就是要在国民党无可救药的时候启用这颗

"棋子"。

尽管不清楚蒋介石全部的用意，陈诚还是对这个建议非常满意。1948年10月6日，陈诚一家飞抵台北松山机场。刚刚接到蒋介石电报的台湾省主席魏道明仓促迎接，不得已只能暂时将其安顿于台北郊外的草山海军招待所。

魏道明确实很有眼光，海军招待所远离闹市，空气清新，确实是一个疗养的好地方。初到台湾，陈诚每日的作息完全听从夫人谭祥的安排，俨然一个不问世事的隐士。时隔多年，在回想这段经历时，他自己也认为那是一生中"最恬适轻松"的时候。

然而，这一切不过是表象。病中的陈诚一刻也没有放下自己的"党国大业"。

在台养病的短短几个月里，辽沈、淮海、平津三大战役相继展开，东北全境"陷落"，徐州危在旦夕，平津已成孤城。

1948年11月2日，辽沈战毕，解放军增加到三百万，而国民党则减少为二百九十万，国共双方的力量已经发生了根本性的变化。

或许是为了让陈诚安心养病，这段时间蒋介石很少与陈诚联络。因此，陈诚并不知道，由于军事上的接连失败，蒋介石在国民党内的地位已经开始动摇。

三大决战虽然还未全部收官，但国民党已经输得丢盔弃甲。

1947年5月，国民党王牌师整编七十四师两万余人在山东孟良崮被歼；1948年10月，新一军大部和新六军被围歼于辽宁黑山、大虎山一带；1948年12月，陈诚的嫡系十八军（整编十一师）被全歼于安徽宿县双堆集；1948年12月，最后一支王牌第五军被困于陈官庄，已成瓮中之鳖（一个月后，该部被全歼）。

随着五大王牌的相继覆灭，蒋介石的嫡系主力损失殆尽，唯一可以依靠的只有白崇禧统领的二十五万华中部队。然而，恰恰是这位蒋介石寄予厚望的"小诸葛"白崇禧，非但不专注于军事防御，反而协助李宗仁发动"和谈攻势"，逼迫蒋介石下野。

武汉街头甚至贴满了"蒋总统不下野，中共将不肯谈和""蒋不下野，美援无望"这样醒目的标语。蒋介石已经陷入四面楚歌的境地。

不久，在魏道明的帮助下，陈诚一家搬到了台北市延平南路的一栋二层小洋楼。迁居台北市区，大大方便了陈诚了解外界信息。但是，海峡那边国民党军队节节败退的消息不断传来，每一个字都像匕首一样扎向他的心窝。尽管深知"国军的败绩，实非一朝一夕之故"，却也忍不住"绕室彷徨"，甚至忘了自己还是"养病之身"。

但是，又能怎么办呢？早在上海入院之前，老对手何应钦（时任国防部长）就借东北失利免除了自己参谋总长和海军司令的职务。尽管此时，陈诚既不知道蒋介石对共产党的凌厉攻势有何对策，也不知道党内其他派系在打着怎样的如意算盘，但是，透过三大战役的一败再败，他已经隐隐地感觉，国民党在大陆的溃败恐怕只是时间问题了。"盖国事至此，实为中华民族数千年来的一大变局"，陈诚此话确实一语中的。

面对共产党的军事攻势和李宗仁发起的和谈攻势，蒋介石不得不考虑"下野"暂避风头。但是，蒋并不甘心大权旁落，他也不相信毛泽东会有和谈的诚意，李宗仁一厢情愿的和谈终究逃不过失败的结局。

为了尽量避免和谈失败后更加惨重的军事溃败，蒋介石利用下野前最后一点儿时间调整自己的战略部署。

首先，把中央、中国两银行的外汇化整为零，存入私人户头，以免遭到接收；其次，把京沪警备部扩大为京沪杭警备总司令部，任命其嫡系将领汤恩伯为总司令，积极布置长江防务；再次，命令朱绍良为福州绥靖公署主任，张群为重庆绥靖公署主任，余汉谋为广州绥靖公署主任，方天为江西省主席；最后，任命陈诚为台湾省主席兼警备司令，蒋经国为台湾省党部主任委员。

陈诚作为蒋介石最后一颗棋子，终于派上了用场，不必独自"绕室彷徨"了。

1948年12月29日晚上9时多，魏道明突然来访，交给陈诚一封蒋介石发来的电报："决任弟为台湾省主席，望速准备。"电文很简单也很急迫，完全没有商量的余地。

这一道指令来得太突然，不仅陈诚没有心理准备，就连送电报过来的魏道明也没有准备。

双手拿着电报的陈诚，尴尬地看着魏道明。

"这……这……"面对即将被自己取而代之的魏道明，陈诚嘴里不停地说。

倒是魏道明很坦然："众所周知，总统每到危难之际，总要请辞公（陈诚字辞修）协助。现在大陆政权岌岌可危，台湾应成为最后反共复国基地。情况十分紧迫，非辞公谁能当此重任？"

那一夜，陈诚与魏道明深谈了两个多小时，他惊奇地发现这个比自己小三岁的留法博士居然同自己有着许多相同的看法。这让陈诚在钦佩魏道明的同时，也对自己是否应该接替其职位产生了疑问。

当晚，陈诚复电蒋介石，请求收回成命，表示自己只须在军事方面协助魏道明即可。五天后，蒋介石复电："如何不速就职，若再延滞，则夜长梦多，全盘计划，完全破败也！"接到电报后，陈诚情知事情急迫，不容推辞，赶紧找魏道明匆匆商议，于1949年1月5日正式接任台湾省"主席"。

即使此时，陈诚仍然解不开心中的疑团。

1月7日，陈诚收到蒋介石的电报："闻昨已就职，甚慰。自主台命令发表后，反对者对弟攻讦复起，所可痛者，我同学干部，亦受影响，革命环境，至此险恶极矣！"

原来国民党内部有人反对蒋介石对自己的任命，想必海峡那边已经上演过一场十分激烈的斗争。陈诚这才意识到国民党内部正在酝酿着一场足以危及蒋介石统治的政治斗争。

1月21日，陈诚奉召回南京。专机飞临定海上空，忽接蒋介石临时指示，要求改飞杭州。傍晚，蒋介石的专机也飞抵杭州，并告诉大家自己已于当天宣布下野，由李宗仁代行总统职权。

陈诚心中的疑团这才彻底解开。因为事出突然，陈诚来不及多问，只就今后的施政重点在行宪还是革命，向蒋介石请示。蒋沉吟一会儿说："我们当然要继续革命。"

第二天一早，陈诚送蒋介石夫妇登机飞往溪口，随即飞赴南京向"代总统"李宗仁述职。对他而言，蒋的下野来得太突然，尽管必须向李宗仁俯首称臣，在他心中最重要的依然是那个渐行渐远的背影。

和蒋介石的判断一样，陈诚对李宗仁的和谈完全不抱希望。他必须为国民党退往台湾做好一切准备。

此时的台湾虽然相对平静，但是，随着国民党的一再败退，数以十万计的国民党军队及高级人员家属一波又一波地涌入台湾，这其中也不乏共产党的地下工作者。大批移民的到来不仅增加了台湾的经济负担，而且潜藏着巨大的危机。

于是，上任伊始，陈诚就顶着来自社会各界的巨大压力，在台湾实施了入境管制。

入境管制措施一出台就遭到了各方面的反对。

一开始，台湾民众认为入境管制手续繁杂，大费周章，完全没有必要。经过政府部门的详细说明，加上手续上的不断简化，民众的反感情绪很快得以平息。但是，一部分立法委员认为入境管制办法违反了"宪法"中关于国民迁徙自由的规定，遂准备在南京"立法院"会议上提出议案要求终止。

3月15日，陈诚因公去南京，巧遇"立法院"讨论此事。后经陈诚的多方解释，绝大多数反对入境管制的"立法委员"表示理解这一非常措施，之后该议案因提案人数不足而流产。事后，陈诚下令对发起该议案的连谋进行监视，使其离开台湾。尽管关于连谋的记述国共双方颇有分歧，也无法以后事逆推前事，但入境管制限制了共产党的渗透却是一个不争的事实。

3月27日，台湾大学与台湾师范大学爆发学潮，喊出了与大陆学生运动相同的"反内战、反饥饿、反迫害"的口号。台湾省政府认为这次学潮受到了共产党的操纵，于是派出军警进行镇压，制造了轰动全国的"四六事件"。

为了防止共产党的渗透，陈诚命令台湾师范大学停课，所有学生一律重新登记，"国立"台湾师范大学与台湾大学实行军事化管理，校园戒严正式开始。

一个月后，为进一步肃清共产党的活动，陈诚以台湾警备司令的名义发布《台湾省戒严令》，宣布台湾地区处于"战时动员状态"。此举开启了台湾"白色恐怖"的时代，直到 1987 年蒋经国解除戒严令，为期整整二十八年。

实行入境管制和戒严令，国民党不仅限制了共产党的渗透，同时也限制了大陆赴台移民的过快增长，使得台湾有能力承受适度的新增人口，避免了经济崩溃。

阔斧改革，整军布防

入境管制和戒严令虽能防范于一时，却不能根本解决台湾的社会问题。此时的台湾正处于兵荒马乱之中，百废待兴。

为此，陈诚在初任台省主席之际，便提出了"人民至上，民生第一"的施政纲领。

民以食为天，食以地为本。"民生第一"首先就是要解决老百姓的吃饭问题。陈诚决定首先从整顿农业入手，而要整顿农业，就必须来一场翻天覆地的土地改革，以减轻农民沉重的地租负担，提高他们的生产积极性。

陈诚在台湾进行土地改革的第一步，就是实行减租政策。

台湾素有"海上粮仓"之称，但经过日本人的占领之后，台湾的农业萎缩到可怕的境地。原因是少数地主掌握了大部分土地，大多数佃农和雇农完全没有土地，且租金高得惊人，新竹一带佃租高达百分之七十，日本人投降后到 1949 年，粮食产量也只有一百二十一万吨。这对增加了二百多万大陆撤退的军政人员的台湾来说，是远远不够的。

几千年来，中国的农民都被沉重的地租把血汗榨得所剩无几。落后的土地政策，实际上是阻碍中国迅速发展的桎梏，这是几千年来困扰中国的头号问题。不解决这个问题，中国没有出路。国父中山先生的民生主义包含土地改革主张，已勾勒耕者有其田之理想。

279

抗战时，陈诚主政湖北，着手土地改革，推行"二五减租"方案，后来由于战乱而无法贯彻。

早在 1941 年陈诚担任湖北省主席期间，曾按照国民党的土地政策，实行"二五减租"。此举不仅激发了农民的生产积极性，还缓解了地主与农民的尖锐对立，取得了较好的效果。所谓"二五减租"指的是粮食收获后，优先提取百分之二十五的粮食给佃农，剩下的百分之七十五由地主和佃农对半分。

陈诚主政台湾后，同样推行这一制度，只不过把名称改成了"三七五减租"。

然而，"三七五减租"政策一推出便遭到了台湾地方士绅和省级"参议院"的公开反对。这些人大多都是台湾本省的地主。

为了顺利推行"三七五减租"，陈诚召集这些地主开会，耐心细致地做说服工作。向他们说明，一方面，农民的生产积极性调动起来后，粮食产量会有较大的提高。另一方面，陈诚计划将"国营"水泥、工矿、造纸、农林四大公司转为民营，通过发行公司股票，作为向地主收购土地的代价，鼓励地主投资工业。他形象地比较说，农业利润只不过是数学级数（大陆称为算术级数），而工业利润却是几何级数。

地主们最终接受了陈诚的"和平土改"方案，"三七五减租"得以顺利推行，农民的生产热情空前高涨。1949 年，台湾粮食总产量达到一百二十万吨，比上年增产二十一万吨。

"三七五减租"确实给农民特别是佃农带来了巨大的实惠。据彰化县大桥村的统计数据，全村二百户中，一百四十户为佃农。减租后，佃农新盖房屋者七户，休整土地者二十户，购买耕地者四户，购买耕牛者四十户，娶妇完婚者二十五户。当时，台湾农村称刚过门的新娘子为"三七五新娘"，足见"三七五减租"的巨大社会功效。

"三七五减租"使佃农的境况得到改善，在一定程度上稳定了台湾的经济和社会生活，但这只是"土地改革"的初步阶段，它并没有改变土地所有权，仅仅调整了租佃关系。

陈诚在台湾进行土地改革的第二步，就是"公地放领"。

在土地减租政策的基础上，1951 年 6 月 4 日，陈诚按蒋介石颁发的《台湾省放领公有土地、扶植自耕农实施方案》，将国民党的公有土地（主要是从日寇手里获得，占台湾耕地面积的 21.58%）出售给佃农，地价为全年正产作物收获总量的两倍半，分十年摊还，免交田租，但须缴纳土地税。到 1954 年 3 月，放领公有土地六万余甲，产生十二万多户自耕农。同时还放租一批公地，大面积的公地一般租给合作农场，零散公地租给私人农户。

在这之中，也有波折，在"公地放领"不久，台南地区农村忽然发生了退耕事件——佃农自愿将耕地退还给地主，开始几十起，不到三个月，骤增至五千多起。这样发展下去，土地革命就会在无形中夭折。中国的农民又要回到封建体制的老路上去。"行政院"派人追查，原来是"佃农被地主威胁利诱，被迫放弃耕地"。于是陈诚通告台湾全省："凡是地主威迫佃农退耕，一经查出，即以重罪惩处，毫不宽谅。"此令一下，如天雷震耳。地主莫不悚然：为了土地掉自己的脑袋是件不合算的事。于是没有人胆敢继续顶风作案。"公地放领"遂顺利进行。

陈诚在台湾进行土地改革的第三步，就是实现"耕者有其田"。

"耕者有其田"计划规定，每户地主可保留三甲水田，或者六甲旱田，其余的土地都由政府收购，再出售给无地、少地的农民。

为了实现这一计划，陈诚又培训了两千多名干部，动员了三万多辅助人员，采用实地复查、按图索地、就地问人等方式，仅用一个月的时间就摸清了台湾全省的地籍情况。

做好了准备工作后，1951 年 1 月已成为台湾"行政院长"的陈诚，向人民宣布耕者有其田的计划，并亲手改订了《实施耕者有其田条例草案》。同时拟定了三大原则：一、在不增加农民负担之情况下，使其取得土地；二、兼顾地主利益；三、转移地主土地资金入工业。

根据陈诚拟定的原则，台湾省政府于 1953 年 4 月 23 日正式颁布了《实施耕者有其田条例》，其主要内容为：一是凡私有出租耕地，地主可保留相当于中等水田三甲（一甲相当于0.97公顷）的面积，超过部分一律由省政府征收后转放给农民；二是当局补偿地主被征土地的地价，地价标准为该耕地主要产物全年收获量的2.5倍，以实物土地债券七成、公营事业股票三成搭配分配；三是农民有偿受领耕地，在原定地价基础上加算年息的百分之四，在十年内分二十期偿付。这样一来，又使相当一部分佃农因购得土地而变为"自耕农"。据统计，至1953年底，台湾省政府从地主手中共征了十三万九千公顷土地，约占地主原有耕地的百分之三十，承领农户十九万五千户。

此外，从1949年到1977年底，台湾地主陆续将保留的"三七五减租"的七万三千公顷土地直接售予十四万三千户农户，使大部分农民成为自耕农，客观上实现了耕者有其田。台湾农村的经济，由此产生了飞跃性发展。

至此，陈诚的一系列"土地改革"措施逐渐演变成了一场资产阶级的改良运动，在一定程度上平抑了农民的不满，缓和了农民和地主以及政府的关系，基本消灭了封建势力。这些措施调动了农民的生产积极性，促进了农业发展，也促使地主阶级把土地转变为资金后，开始投资工商业，为台湾工业发展提供了资金来源。

后来，陈诚总结了土地改革中的经验，著有《台湾土地改革纪要》，并被译成英、法、德、西班牙、阿拉伯等多种文字，成为一些国家实行土地改革的参考。

陈诚倾注全力推进土地改革，台湾土地改革通过和平赎买的手段，成功解决了农民的土地问题，将地主的农业资本转化为工业资本，为台湾20世纪60年代的经济起飞打下了坚实的基础。

直到1965年陈诚去世，仍有大批农民自发前往台北市殡仪馆为其送行。据陈诚的儿子陈履安回忆："送葬那天，好多从中南部来的老农民跪在地上哭，哭了不走。"直到今天，台湾农民仍然很亲切地称其为"陈诚伯"。

在金融方面，陈诚接掌台湾时，国民党在大陆滥发金圆券，致使台湾物价飞涨，造成了严重的金融危机。当时的台币采取了与金圆券挂钩的政策，受其连累，台币也随之急剧贬值。

与此同时，大批机关和国民党军队迁台，所有费用都由省政府垫支，造成省财政的巨大亏空，台湾银行不得不增发纸币弥补亏空，结果台币进一步贬值，致使整个台湾财政金融均受严重影响。

为稳定台湾金融，整顿台湾经济，陈诚认为必须进行币制改革。

为配合币制改革，台湾省政府做出了三项承诺：一、"中央"军费和公款开支允许用"中央"存台物资与黄金折算偿还；二、"中央"在台生产事业悉归台湾省政府统一管理；三、"中央"借八十万两黄金作为改革币制基金。

1949 年 5 月，获蒋介石批准，陈诚以"中央银行"存台的八十万两黄金作为币制改革基金，美钞一千万元作为台湾省对外贸易基金，于 6 月 15 日颁布了《台湾省币制改革方案》《新台币发行办法》及《新台币发行准备监理委员会组织章程》，新台币开始出台。

此次改革的要点为：以台湾银行钞票为主币，以美金为计算单位，以台湾省为限。自此，旧台币停止使用，新台币正式流通，新台币与大陆货币不发生任何联系。与此同时，陈诚以严厉手段，断然封闭地下钱庄四百余家，禁绝投机买卖，为新台币的顺利发行清除了障碍。

陈诚的币制改革取得了成功，不仅未发生通货膨胀，而且物价稳定，在利率不断降低的情况下，储蓄额仍有大幅度增长，从而稳定了台湾经济和社会生活，为国民党政权在台湾长期立足创造了条件，同时为台岛的经济发展奠定了良好基础。

经过几年的恢复整顿，台湾经济渐渐稳定后，从 1953 年开始，台湾"政府"开始执行"四年经济建设计划"。陈诚亲自主持制订了前两期的四年计划，并全程执行了第一期四年计划，程度不等地主持了前三期四年计划的实施。到 1956 年，第一期四年计划的各项指标基本完成，工农业生产都有了大幅度提高，工业年均增长率达 11.7%，超过了 11.1% 的原定指标；农业年均增产 6.2%，比原计划平均增产 4.8% 的指标，几乎提高了百分之三十。

陈诚在台湾还留下了一项传世之作，那就是和土地改革并称为

"两大奇迹"的石门水库。

在日本统治台湾时，便想在位于桃园县境内的石门峡谷建造水坝，以便引水灌溉。但考虑到工程浩大，始终未能实施。而陈诚完成了这项浩大的工程建设。在经过多次考察筹划后，1954 年，陈诚组建了石门水库设计委员会，第二年该委员会便提出了水库工程的定案计划报告，在得到蒋介石的批准后，陈诚亲自挂帅，出任"行政院石门水库建设筹备委员会"主任委员，主持水库的建设并成功获取美国的援助，使得石门水库历经九年建设，终于完工。

石门水库竣工后，它除了发挥防洪、灌溉、蓄水、发电功能外，还成为台湾的一个著名旅游区，每年接待游客近二百万人。石门水库不仅是造福台湾人民的一项重要工程，也是台湾人民战胜大自然的一笔珍贵财富。

此外，陈诚大力推行计划教育，扩大办学规模，帮助学生尽快就业，同时强化三民主义的政治教育，一方面控制了台湾社会的意识形态，另一方面，则为未来台湾的经济起飞准备了人才。

陈诚在台十七年，还多次主持了处理水、风灾害，致力于灾区的恢复与重建工作，深受社会各界及台湾人民的赞誉。他在这方面做出的贡献，在中华儿女同自然界做斗争的光荣史册中占有重要位置。可以说，陈诚为台湾的经济建设倾注了大量心血，他的努力取得了良好效果，为台湾的繁荣富强做出了巨大贡献。在台湾百姓心中，陈诚享有极高的威望。

蒋介石在任命陈诚出任台湾省主席的同时，还任命他为台湾警备司令。蒋介石深知溃败后的国民党军队不仅鱼龙混杂，而且斗志全无，如果没有陈诚这样的军界要员坐镇台湾必然会引发大规模的骚乱。不仅如此，他还希望陈诚能够借此机会清除杂牌军，把军队完全改造为自己的嫡系。

尽管曾因大规模裁军和拒绝收编东北伪军受到国民党军界的强烈抨击，甚至有人提出要"杀陈诚以谢天下"，但蒋介石仍然相信，只有陈诚有能力重新整顿国民党军队。

共产党的百万大军发起渡江战役后，国民党苏、浙、闽各部队纷纷撤退到台湾。

面对潮水般涌来的残兵败将，陈诚决定以最严厉的方式进行收容整编：所有登陆部队先行缴械，然后集中管训，再行整编、训练。前后三次整编，撤销了十几个兵团部、三十多个军部，裁并七个军事单位，国民党军编制由入台时的六十个军减少为十一个军，总兵力约为五十万人。

8月，陈诚改任东南军政长官，统一指挥台、闽、浙、粤等地的国民党军队。10月25日，金门战役打响。当国民党军陷于被动时，恰逢陈诚下令调防的胡琏所部三个师抵达金门，凭借数量优势击败登陆解放军。随即，11月3日，解放军进攻浙江沿海的登步岛再遭失败。

这两次战役被国民党合称为"金门登步大捷"。而缺少海军和空军力量的解放军也难以组织大规模的登陆作战，两岸隔海对峙的局面基本成形。

1949年12月15日，为争取美援，蒋中正任命"民主先生"吴国桢接替陈诚担任台湾省主席兼保安司令的职务。

至此，陈诚完成了蒋介石交给他的经营台湾的使命。

在这一年中，陈诚一面努力增加生产，一面稳定台湾局势，初步改变了台湾混乱的政治局面，使台湾的经济实力和物资供应有了一定好转，为国民党政权撤离大陆，栖息台岛奠定了基础。

权倾朝野，终将谢幕

蒋介石对陈诚自主政台湾及任东南军政公署长官所做的工作非常满意，给予了高度评价。

在蒋介石1950年3月1日恢复"总统"职权后，即提名陈诚任"行政院长"，在送"立法院"的咨文中称：陈诚"去岁受任东南军政长官兼台湾省政府主席，对于整军御敌、政治经济诸项措施，尤多建树，深为台湾人民所爱戴。现值巩固台湾、策划反攻大陆之际，

285

陈君扬历中外，文武兼备，对于剿匪戡乱，深具坚定信心，出任行政院长，必能胜任愉快。"

陈诚的"行政院长"一职，可以说是就任于风雨飘摇之中，当时台湾形势十分危殆。在陈诚向"立法院"的介绍中可以看出，军事方面，大陆上仅存西昌一个据点，解放军随时可能渡海作战；政治方面，自"中央政府"迁台以来，"部署未定，全社会人心充满了不安和恐惧"；财政经济方面，"因大陆尽失，收入锐减，军民集中台湾，消费增加，负担加重，无论财政经济均潜伏着极严重的危机"。

因此，陈诚提出"政府"当前的中心任务是"竭尽一切力量，确保以台湾为中心的基地，准备反攻大陆"。他把台湾比作一只救生艇，说"救生艇的任务在救人，但在惊涛骇浪之中，又不能不顾到这只救生艇本身的安全"。

为此，陈诚制定了一系列措施，做了大量工作。

他首先从政治思想宣导入手，提倡"精神力量"的重要性，而这种精神力量，"就是自立自强的意志与自力更生的信念"，同时提高行政机构办事效率，加强台湾守备，预防和抵制共产党的"渗透"活动，大力建设台湾经济，等等。

在1952年10月召开的台湾国民党"第七次全国代表大会"上，陈诚当选为"中央委员"，在"七届一中全会"上当选为"中央常委"。此次大会专门做出称颂陈诚的决议，决议称："当三十八年革命遭遇空前挫折之际，大局处于风雨飘摇之中。陈诚同志确能秉承总裁指示，采行确切措施，做中流砥柱，立复兴之基础"；对其"忠贞坚毅、勇敢负责、不辞劳怨、不避险阻之精神，及其对于革命之重大贡献，深致嘉许"。

1954年2月，国民党第七届"中央委员会"举行临时全体会议，推选国民党"总统""副总统"候选人。16日，蒋介石以国民党"总统"候选人的名义，提名陈诚为国民党"副总统"候选人。在3月的"总统""副总统"选举中，陈诚当选"副总统"。"行政院长"由俞鸿钧继任。

三年后，即 1957 年，陈诚被推上宦海生涯的巅峰——当选为国民党"副总裁"。翌年，由于"行政院长"俞鸿钧遭弹劾而辞职，蒋介石再次请出陈诚"组阁"。

　　这样，陈诚身兼"副总统""副总裁"和"行政院长"三要职，成为台湾位居蒋介石一人之下、千万人之上的"二号人物"。

　　陈诚的一路升迁，既得益于他出身准黄埔系、浙江派，更得益于他三十多年跟随蒋介石出生入死，无怨无悔，特别是对蒋介石的忠心耿耿，使他早已成为蒋介石最重要最可靠的亲信，正如蒋介石所说："中正不可一日无辞修。"但蒋介石终究是要把权力移交给儿子的，逃台后政治上的关键一步就是培植蒋家第二代。但蒋经国资历尚浅、年纪尚轻，要想顺利过渡，完成权力交接，首先要有"辅政大臣"为蒋经国保驾护航，蒋介石选中的"首辅"便是陈诚。

　　与此同时，铲除蒋经国接班路上的障碍，也是蒋介石的重要部署。蒋介石利用战败的机会，借口追究失败责任，大搞国民党改造运动，经过一系列的改造、整编，将南京时期的"党国"重臣、封疆大吏、政府要员以及其他派系的骨干统统赶下台去，使一大帮新面孔在台湾党政军中崛起。陈诚、蒋经国成为台湾政坛中炙手可热的人物。

　　陈诚很清楚自己的"责任"，尽可能提携、帮助蒋经国，但有时对蒋氏父子的工作作风不能认同，思想上曾一度与蒋氏父子产生游离。如 1960 年公开表示支持反对党，从而客观上推动了雷震等人组建"中国民主党"；对蒋经国建立的"青年救国团"颇有微词等。

　　当然，陈诚毕竟为识时务者，也颇懂蒋介石的心思，偏离轨道之后能尽快调整过来，于是决心辞去"行政院长"之职。

　　在台湾政权机构中，"行政院长"是仅次于"总统"的第二个实权职务，历来令人瞩目。蒋介石见陈诚主动提出辞职，知道他不会成为传位的"障碍"，直到 1963 年底鉴于陈诚身体原因，才同意陈诚卸任此职。

　　陈诚主政台湾期间，秉承蒋介石意旨，一直叫嚷"反攻大陆"，并将其作为对台湾军民进行"精神动员"的一个中心口号。1962 年

287

初，陈诚参加了由蒋介石为首、五人组成的"反攻行动委员会"，负责做出"反攻大陆"的各项最高决策。

然而，历史注定了"反攻大陆"的计划只是说说而已。1961年陈诚访问美国，美国国务院将1955年以来中美大使级会谈的记录拿给陈诚看，意图拉拢陈诚。陈诚看后对人说："中共拒绝美国一切建议，而坚持美国舰队及武装力量退出台湾的做法，不受欺诈，不图近利，是泱泱大国风度。"大陆朋友几次给他写信后，他托人转告大陆，他会向历史有个交代。

从1964年9月3日起，陈诚的病情突然恶化，整日腹泻不止，体重骤减。经台、美名医会诊，于10月下旬为陈诚做了"肝穿刺"，化验结果表明，陈诚所患为肝癌。这是现代医学技术对陈诚的健康做出的"终审判决"。

常年跟随陈诚做私人医师的沈彦大夫，将这个结果告诉谭祥之后，谭祥异常惊恐，但她理智地要求医生暂时不要把真实病情告诉陈诚，只对陈诚说，他患的是肝硬化。

蒋介石得知陈诚的诊断结果后，即命令"不惜一切代价，来挽救他的生命"，由医疗专家组成"诊疗小组"，在陈诚的私邸建立了家庭诊疗病房，日夜照顾陈诚。

为了治疗的方便，在建立了家庭诊疗病房和医师诊疗小组之后，陈诚即由楼上的卧室搬到楼下来住。谭祥除料理家务外，主要的精力都用来陪护丈夫。她陪陈诚谈笑，照顾他的饮食，用妻子的温情来减轻陈诚痛苦。晚上，陈诚不休息，她不离开病榻。大多是在陈诚的再三催促下，她才依依不舍地回房休息。

每天上午9时，谭祥必定准时出现在陈诚的病榻边。大家都熟悉了这种生活的习惯。稍有迟到的谭祥出现在他面前的时候，他便会莞尔一笑，说："我等你很久了。"

当一切的迹象显示出陈诚的生命已经临近终点的时候，陈夫人再也不肯离开他半步。她不肯睡觉，不肯吃，放了一张半躺半坐的椅子，守在陈诚的病榻旁，目不交睫地注视着陈诚，唯恐陈诚突然弃她而去。

同时，蒋介石指示给陈诚在海外读书的子女寄去飞机票，让他们回台看望父亲。大女儿陈幸带着幼子从海外归来，小女儿陈平整日陪着母亲守候在父亲身边。正在美国哥伦比亚大学攻读博士学位的大儿子履安，与夫人带着刚满一岁的孩子赶到台北。在纽约读书的二儿子履庆、在美国柏克莱加州大学攻读物理学的三子履碚，和同样在纽约读书的四子履洁，都匆匆来到父亲身边。

这次团聚，是陈诚在生命结束以前，最后一次见到了所有的儿孙。陈诚在谭祥的精心护理下，又享受到儿孙团聚的满足，病情一度趋于稳定。有时，他能在花园里散步，逗弄依偎在膝下的孙子、外孙。但是进入 1965 年后，陈诚的健康状况急转而下。

1965 年 1 月 17 日，陈诚突然患重感冒并发支气管炎，病状持续两周。后急性症状虽逐渐消失，但陈诚的体力及精神迅速下降，食欲消失，两腿浮肿，腹水增加，癌肿增大至脐下。2 月 27 日，陈诚体温急降至三十五度以下，每分钟仅呼吸八至十二次，脉搏达每分钟一百次以上，血压逐渐降低，终日呈昏睡状态。当晚，台湾正式发表病情公告，公布陈诚的病状。

自 3 月 3 日起，陈诚已不能饮食。这天早晨 8 时左右，他屏退医生、护士，召长子履安携纸笔来到自己的身边，口授遗言三条：

一、希望同志们一心一德，在总裁领导下，完成国民革命大业。

二、不要消极，地不分东西南北，人不分男女老幼，全国军民，共此患难。

三、党存俱存，务求内部团结，前途大有可为。

这六十五字遗言，思路清晰，内容完整，是他对人们提出的要求，也是对自己一生经验的总结。然而，与陈诚一贯的思想、言论以及当时台湾的政治气候相比较，人们不难发现，遗嘱中并未出现"反共"或者"反攻"这类词语。陈诚曾向蒋介石进言：对中共不能反潮流；不能为外国动用台湾的兵力；不能信任美国；不能受日本愚弄等。陈诚的这种态度，说明他晚年对台湾和大陆的形势、对共产党有了新的思考与认识。遗言发表前，有人要在其中加上"反共""反攻"一类的内容，谭祥不同意，她找到蒋介石，蒋介石同意不做修改。

对于陈诚的病，蒋介石非常关切，经常出面探视和询问病情。3月4日中午，在陈诚去世前一天，蒋介石夫妇前往探视。在蒋介石夫妇到来前，当谭祥把这个消息告诉陈诚时，陈诚坚持下床，坐在椅子上等候。

蒋介石夫妇来到后，陈诚断断续续地对蒋介石说："总裁，我的病恐怕不行了……"

下午，陈诚断断续续吩咐家人："别人要来看我的，你们不必再阻止他们，让他们进来。"陈诚心知自己命不久矣，最后会见了自己的至交好友与部属。

陈诚临终前，宋美龄再次前来探望。她劝谭祥暂时回卧室休息一会儿。日日夜夜的煎熬已使谭祥憔悴不堪，尽管她每每在陈诚面前强颜欢笑，而一离开陈诚便是掩面而泣，她的精神已几近崩溃。在宋美龄的建议下，医生为谭祥注射了镇静药，让她睡一会儿。

谭祥反复叮嘱护士："陈先生要是……你们一定要叫醒我！"说完之后，谭祥不禁抽泣不已，她担心自己一旦睡着了，将再也见不到自己的丈夫。

然而，这一刻始终会来临的。

就在谭祥没有睡多久，护士急促地叫醒了她。谭祥醒来后，短暂地发了一会儿呆，她心里明白应该是诀别的时刻到来了。

在护士的搀扶下，谭祥来到陈诚床边，紧握着陈诚枯瘦的手，泪如雨下地看着共同生活了三十四年的丈夫慢慢闭上了双眼。

1965年3月5日7时，民国风云人物陈诚走完了他不平凡的一生。

陈诚去世后，谭祥抚尸痛哭，在献给丈夫的挽联上深情地写道："伤心成独活，哪堪白首不同归。"每一个看见挽联的人，都不胜怜惜。

3月6日起，台湾各大新闻媒体对陈诚的去世做了连篇累牍的报道，台湾当局更是给予陈诚特殊的哀荣。蒋介石于当天发布"总统令"，特派"总统府秘书长"张群、"行政院长"严家淦、"立法院长"黄国书等台湾政要，以及何应钦、顾祝同、周至柔、薛岳等国民党元老耆彦组成治丧委员会，"敬谨治丧，以示优隆，而昭崇报"。

蒋介石还下令，自3月6日起，全体军政机关、部队、学校、团体等，一律下半旗致哀。公祭及殡葬之日，民间一律悬挂半旗，"国防部"下令三军，为陈诚服丧。

蒋介石送陈诚亲笔挽匾和挽联各一幅。其中，挽匾手书："党国精华。"挽联手书："光复志节已至最后奋斗关头，哪堪吊此国殇，果有数耶！革命事业尚在共同完成阶段，竟忍夺我元辅，岂无天乎？"

陈诚遗体于10日上午在台北殡仪馆入殓，蒋介石、宋美龄前往含泪吊祭。二十八名国民党"中央常委"和治丧委员，包括蒋经国、张群、严家淦等，自10日下午6时起，至翌日上午8时，轮流在市立殡仪馆陪护陈诚灵柩。

公祭之日，蒋介石亲率文武官员，在台北殡仪馆和墓葬地泰山乡两次向陈诚致祭；蒋经国则整日守在灵前，茶饭不进，他在墓旁声泪俱下，对记者说："副总统的逝世，对党国来说，是一件无可比拟的重大损失；对我个人来说，乃是失去了一位追随近三十年的导师。"

经过四个多月的选址，8月30日，陈诚灵柩安葬于台北县泰山乡同荣村塞园的一块海拔四百米的山腰平台上。这里四周是连绵的山峰，山坡上植满了郁郁葱葱的修竹和相思树。

陈诚的墓地与家乡青田县相距仅仅四百公里左右，可谓是近在咫尺，然而，浅浅的台湾海峡像一道无形的墙，将陈诚的墓地分隔在故乡的另一边。

历史上，陈诚是追随蒋介石时间最久、最为忠诚又最受信任的得力助手，是大陆时期继何应钦之后的实力派军事将领，也是台湾时期名副其实的"二号人物"。

和众多黄埔系嫡系将领一样，陈诚在两次东征中以炮兵连长脱颖而出。在北伐和打击各种倒蒋势力的军阀混战中屡建战功，尤以其先后率领的第十一师、十八军骁勇善战而著称，一步步获得蒋介石的宠信，第十一师、十八军也成为陈诚戎马生涯起家的资本。

陈诚自走上政治舞台，其功过基本与国民党对中国历史的作用而同步。蒋介石发动"四一二"反革命政变时，陈诚曾一度徘徊，但最终选定了追随蒋介石，并参加了对红军的第四次、第五次"围剿"。抗战时期陈诚积极主战，并直接指挥和参与指挥多个战役，其功不可没。此间，由于蒋介石的有意栽培，陈诚的势力一天天扩大，终于作为蒋介石的心腹嫡系取何应钦而代之，擢升军政部长。

解放战争时期，陈诚以参谋总长身份，越过被架空的国防部长白崇禧，上对蒋介石，下统陆、海、空三军，成为事实上的国民党第二号人物。尽管此时陈诚羽翼已丰，而且踌躇满志势在必得，却不料指挥连连失误，直接导致了国民党对解放区的重点进攻全部失败。在国民党内部一片谴责声中，蒋介石只好忍痛割爱。陈诚一年后出任东北行辕主任，曾想挽回败绩，不料败得更惨，国民党内便有了"杀陈诚以谢天下"的呼声。

但陈诚退保台湾后，政绩卓著，出任省主席仅一年，便创造了一个较为稳定的政治经济局面，为国民党政权偏居一隅奠定了基础。随后相继出任"行政院长"、"副总统"、国民党"副总裁"，推行改革，发展经济，日后台湾经济蒸蒸日上，成为"亚洲四小龙"之一，成为世界华人的骄傲，与陈诚的施政是密不可分的。陈诚的政绩，以及清正廉洁的品格、雷厉风行的工作作风、严谨踏实的工作态度，都赢得了台湾人民的赞誉，所以，台湾人民发自内心称他为"陈诚伯"。

总之，对国民党来说，丢东北，失大陆，陈诚责无旁贷；保台湾，发展台湾经济，陈诚又有极大的功劳。

纵观陈诚一生，爱国、忠蒋、反共是其最贴切的写照。

参考文献

1. 朱贵生、王振德、张椿年等编著：《第二次世界大战史》，人民出版社2005年版。

2. 中国人民解放军军事学院黄玉章、唐志刚等合著：《第二次世界大战》，世界知识出版社1984年版。

3. 张继平、胡德坤、吴友法编著：《第二次世界大战史》，甘肃人民出版社1984年版。

4. 张海麟等著：《第二次世界大战经验与教训》，世界知识出版社1987年版。

5. 胡德坤、罗志刚主编：《第二次世界大战史纲》，武汉大学出版社1989年版。

6. 军事科学院军事历史研究部著：《中国抗日战争史》（2005年修订版）上、中、下卷，解放军出版社2005年第二版。

7. 何理著：《抗日战争史》，上海人民出版社1985年版。

8. 罗焕章、支绍曾著：《中华民族的抗日战争》，军事科学出版社1987年版。

9. 胡德坤著：《中日战争史（1931—1945）》，武汉大学出版社1988年版。

10. 郭汝瑰、黄玉章主编：《中国抗日战争正面战场作战记》上、下册，江苏人民出版社2002年版。

11. 党德信、杨玉文主编：《抗日战争国民党阵亡将领录》，解放军出版社1987年版。

12. 郭雄等编著：《抗日战争时期国民党正面战场重要战役介

绍》，四川人民出版社 1985 年版。

13. 中国革命博物馆编：《国民党将领传略》，新华出版社 1989 年版。

14. 徐济德著：《陈诚的军政生涯》，吉林文史出版社 1989 年版。

15. 孙宅巍著：《蒋介石的宠将陈诚》，河南人民出版社 1990 年版。

16. 方知今著：《抗战名将：陈诚》，作家出版社 1995 年版。

17. 方知今著：《蒋介石的王牌宠臣：陈诚传》，九州出版社 2009 年版。

图书在版编目(CIP)数据

陈诚传 / 刘波著. — 北京：中国文史出版社，
2019.3
ISBN 978 - 7 - 5034 - 9733 - 9

Ⅰ. ①陈… Ⅱ. ①刘… Ⅲ. ①陈诚(1898 - 1965) -
传记 Ⅳ. ①K827 = 7

中国版本图书馆 CIP 数据核字(2017)第 271826 号

选题企划：萧　笛　段　冉
责任编辑：卢祥秋

出版发行：**中国文史出版社**
社　　址：北京市海淀区西八里庄 69 号院　邮编：100142
电　　话：010 - 81136606　81136602　81136603（发行部）
传　　真：010 - 81136655
印　　装：廊坊市海涛印刷有限公司
经　　销：全国新华书店
开　　本：720 × 1020　1/16
印　　张：19　　　　字数：216 千字
版　　次：2019 年 3 月第 1 版
印　　次：2019 年 3 月第 1 次印刷
定　　价：68.00 元